Para

De parte de

Fecha

Sean imitadores de mí, como también yo lo soy de Cristo.
1 Corintios 11:1

DEVOTO A JESÚS

Desde los PRIMEROS PASOS *hasta la* RENDICIÓN TOTAL

ALEX KENDRICK *y*
STEPHEN KENDRICK
con Lawrence Kimbrough

Devoto a Jesús: Desde los primeros pasos hasta la rendición total

B&H Publishing Group
Brentwood TN, 37027

Diseño de portada: Jon Rodda
Imágenes de la portada: Rawpixel.com/Shutterstock, yotrak/istock,
y Andreas Wagner/unsplash.
Ilustración interior: In Art/Shutterstock

Clasificación decimal Dewey: 248.84
Clasifíquese: DISCIPULADO \ VIDA CRISTIANA \ JESUCRISTO

ISBN: 979-8-3845-2375-8

Impreso en EE. UU.
1 2 3 4 5 * 28 27 26 25

CONTENIDO

Parte IV: ESCRITURA

Parte V: IGLESIA

Parte VI: ORACIÓN

Parte VII: RENDICIÓN

Parte X: DISCIPULADO

INTRODUCCIÓN

Jesucristo no solo ha cambiado millones de vidas a lo largo de miles de años, sino también nuestras propias vidas y familias, radicalmente para bien. Tras crecer en diversas iglesias, servir durante décadas en el ministerio y conocer a increíbles seguidores de Cristo en todo el mundo, podemos dar testimonio de que Dios actúa poderosamente en esta generación y nunca se limita a una tradición eclesiástica o denominación. Su gracia sigue siendo asombrosa y sobrecogedora.

Le hemos visto liberar a drogadictos, resucitar matrimonios muertos, curar profundas heridas emocionales, liberar a familiares de la depresión y transformar a estudiantes durante un avivamiento. Puede hacer cualquier cosa y salvar a cualquiera que esté dispuesto a humillarse y confiarle su vida. Ver cómo el Espíritu de Dios enciende la luz en el corazón de alguien y ver cómo despierta su fe en Cristo es una de las experiencias más asombrosas de la tierra. Luego, es increíble verlos crecer y aprender a caminar íntimamente con Jesús y a derramar amorosamente sus vidas en los demás.

De eso trata este libro: de seguir a Cristo, de amar a Cristo y de convertirse en un discípulo incondicional de Cristo.

La verdadera devoción es integral y abarca todo lo que somos. Cuando encontramos algo digno de todo nuestro corazón y nos dedicamos plenamente a ello, entonces alimentará nuestro enfoque, nuestra pasión y nuestras búsquedas de por vida. Solo Jesús es digno de todo nuestro corazón.

Esperamos que eso sea exactamente lo que ocurra en tu vida espiritual mientras recorres estas páginas. No sientas que estamos amontonando más normas religiosas o aumentando tu ya apretada agenda. Deja que este libro te ayude a bajar el ritmo y a sentarte a los pies de Jesús. Aprende a caminar íntimamente con Él. Permítele que te ame y te cambie profundamente, y que luego te utilice en gran medida.

El contenido. Este libro contiene cincuenta y dos capítulos que presentan algunas de las enseñanzas más importantes de Jesús y de la Biblia, en segmentos breves y prácticos destinados a profundizar en tu vida espiritual y potenciar tu crecimiento. Aborda docenas de temas vitales: el evangelio, la seguridad de la salvación, la identidad en Cristo, el estudio de las Escrituras, la oración eficaz, la superación de la adversidad, la búsqueda de la comunidad, el caminar en amor y mucho más. Esperamos que sea una experiencia alentadora y enriquecedora para ti. Nuestro objetivo no es la educación religiosa, enseñada por personas, ¡sino la verdadera transformación espiritual que se produce al caminar con Dios!

El desafío. Mantén un corazón abierto ante el Señor. Tanto si lees un capítulo al día como uno a la semana, te animamos a que ORES antes de leer, pidiendo a Dios que te hable personalmente, te acerque y te haga más semejante a Él.

Te desafiamos a que LEAS la Biblia cada día junto con este libro. Considera la posibilidad de empezar en el libro de Mateo y leer lentamente los Evangelios, que se centran en los relatos de los testigos oculares y en las enseñanzas de Jesús. Él es la clave de todo lo demás en las Escrituras.

Por último, DEBATE lo que has leído con otra persona y comparte lo que estás aprendiendo en el proceso. La mejor forma de crecer es a través de las relaciones. Deja que Dios utilice este libro como una oportunidad para que establezcas una nueva relación de mentoría basada en conversaciones transformadoras. Hemos escrito este libro en un estilo conversacional, como dos amigos que hablan junto a un fogón. Así que habrá frases incompletas. Fragmentos intencionados. Como si Pablo estuviera derramando su corazón ante Timoteo, alguien a quien ama y está discipulando.

La esperanza. Oramos para que el crecimiento cristiano en esta generación vaya mucho más allá de las experiencias dominicales e incluya relaciones de mentoría de vida a vida durante la semana que alimenten la madurez espiritual y la difusión del evangelio por todo el mundo. Aunque Jesús enseñó a grandes multitudes, pasó la mayor parte de Su tiempo caminando de cerca con unos pocos elegidos. Las masas oían Sus palabras, pero Sus discípulos veían Su vida. Lo conocían personalmente, sentían Su amor y lo observaban entre bastidores.

Contrasta esa experiencia con la generación digital de hoy, que está físicamente desconectada de los demás y necesita desesperadamente relaciones significativas. Pueden encontrar enseñanzas sólidas en Internet, pero no pueden compartir sus luchas privadas o sus preguntas espirituales con una pantalla de video. Necesitan profundamente a alguien que conozca y ame a Jesús, que dedique tiempo a conocerlos y amarlos, que camine con ellos de forma coherente mientras modela una sincera devoción a Jesús.

Tanto si eres un creyente experimentado como un nuevo creyente, este libro es para ti. Como herramienta de discipulado, cada capítulo es un tema de debate que pueden leer de antemano o en voz alta durante el tiempo que pasen juntos. Personaliza el libro. Márcalo. Hazlo tuyo. Comprueba todo con las Escrituras. Pero no te rindas y no te lo guardes para ti. Pídele a Dios que te muestre con quién quiere que lo compartas.

No puedes hacer nada más importante con tu vida que rendirla plenamente a Jesucristo, caminar con Él en una relación permanente y diaria, y dedicarte a servirle. Entonces, podrás caminar junto a los demás para que ellos también puedan conocer y seguir a Cristo.

Que Dios te bendiga poderosamente mientras buscas conocerlo más y más cada día. Y que todos nos convirtamos en auténticos ejemplos de Jesús para las naciones y las generaciones futuras. ¡Esperamos que te tomes en serio este viaje y que lo disfrutes plenamente!

Comencemos.

Parte I

Fundamentos

¿Quién es Jesucristo?

1

LA INVITACIÓN DE JESÚS

¿QUÉ QUIERE DE MÍ?

... Jesús puesto en pie, exclamó en alta voz: «Si alguien tiene sed, que venga a Mí y beba» (Juan 7:37)

Jesucristo nos ha hecho a todos una invitación que debemos considerar sincera y reflexivamente. Nos invita a una relación viva y amorosa con Dios a través de la fe en Él.

Esta relación que nos ofrece no es común ni informal. Nos ha abierto la puerta para que lo conozcamos y caminemos con Él más íntimamente de lo que jamás hubiéramos imaginado. No es una relación que siempre prometa comodidad o facilidad. Algunos aspectos de este viaje de fe pueden resultar extremadamente difíciles, más duros que cualquier otra cosa que hayas hecho jamás. Pero los resultados de desarrollar una auténtica devoción a Él traerán una vida asombrosa de crecimiento, madurez, fecundidad y alegría.

Este libro pretende ayudarte a conocer mejor la invitación de Cristo y, en última instancia, a abrazar el estrecho camino de ser Su discípulo. Al iniciar este viaje, te animamos a que dediques un tiempo a orar sinceramente y a pedirle a Dios que abra tus ojos, hable a tu corazón y te atraiga hacia sí a través de esta experiencia, guiándote hacia todo lo que Él desea para ti, hacia todo lo que significa el discipulado. Que el Señor te acompañe en tu búsqueda de Él.

A lo largo de Su ministerio, Jesús invitó repetidamente a la gente a acudir a Él con sus mayores cargas. Los que sufrían físicamente encontraron sanidad. Los atormentados por el mal encontraron liberación. Los hambrientos de respuestas encontraron guía. Fueran cuales fueran sus problemas, Jesús demostró ser *la* solución. Cuando Él satisfacía sus necesidades inmediatas, a menudo se daban cuenta de que podían confiar en Él para sus necesidades mayores a largo plazo y para sus vidas. Jesús ofrecía constantemente un nuevo tipo de vida. Una vida en la que abunda la gracia. Una vida en la cual la gente corriente experimenta la presencia de Dios a diario y encuentra un propósito y una paz duraderos, independientemente de sus antecedentes o circunstancias.

Una vez, durante el último día de una gran fiesta, Jesús se levantó y exclamó: «Si alguien tiene sed, que venga a Mí y beba» (Juan 7:37). Sabía que vivían con el alma sedienta, siempre anhelante pero nunca satisfecha, y que sólo Él podía proporcionar el refrigerio duradero que necesitaban. Constantemente invitaba a la gente a desprenderse de sus vidas vacías y a recibir libremente lo que nunca podrían ganarse: el don de la vida y el amor de Dios. Una vez, cuando habló a una mujer que había acudido a un pozo a sacar agua, le dijo: «Todo el que beba de esta agua volverá a tener sed, pero el que beba del agua que Yo le daré, no tendrá sed jamás, sino que el agua que Yo le daré se convertirá en él en una fuente de agua que brota para vida eterna» (Juan 4:13-14). La vida de esta mujer cambió para siempre cuando se dio cuenta de quién era Jesús y de que le decía la verdad.

En otra ocasión, Jesús habló a una generación agotada por el legalismo y las normas. Estaban cansados de seguir una religión basada en el rendimiento. Los rituales vacíos se habían convertido para ellos en un yugo de esclavitud (ver Lev. 26:13; Mat. 23:4; Hech. 15:10).

Pero considera la invitación que les hizo Jesús. Dijo: «Vengan a Mí, todos los que están cansados y cargados, y Yo los haré descansar. Tomen Mi yugo sobre ustedes y aprendan de Mí, que Yo soy manso y humilde de corazón, y hallarán descanso para sus almas. Porque Mi yugo es fácil y Mi carga ligera» (Mat. 11:28-30). Reconoció que estaban cansados y sobrecargados por intentar abrirse camino en la vida y hacia Dios. Siempre intentándolo, pero siempre fracasando. Jesús sabía que Él cargaría completamente con el peso de sus pecados mediante Su muerte en la cruz y que ya no necesitaban intentar ganarse la salvación. Podían encontrar el descanso espiritual mediante la simple fe en Él.

Pero más allá de la salvación, Jesús también los invitó a empezar a vivir de otra manera, a someterse a Él y a convertirse en Sus seguidores y discípulos. Sabía que quienes confiaran en Su liderazgo tendrían un camino mucho mejor por delante. Su audiencia estaba familiarizada con la imagen de llevar un «yugo». Cuando dos animales, como bueyes o caballos, se unían en un yugo para tirar de un arado o un carro, podían manejar mucho más y aguantar mucho más tiempo al trabajar juntos.

Aquí es donde la fe creyente se convierte en una vida plena de servicio y discipulado. Donde la paz con Dios se convierte también en un fructífero caminar con Él. Donde nuestras almas pueden encontrar descanso en Cristo, incluso en medio del trabajo.

Jesús nos invita a que lo dejemos ser el más fuerte, unido a nosotros en un yugo. Caminando a nuestro lado. Ayudándonos a llevar todas las cargas de la vida. Podemos lograr cualquier cosa que Él nos pida con menos esfuerzo si nos apoyamos en Su fuerza. Con el Señor a nuestro lado, nos veremos haciendo cosas que nunca creímos posibles.

Qué oferta tan amorosa nos hace. Una relación permanente con Él. Y dentro de esta relación, el poder diario para seguirlo, conocerlo y llegar a ser como Él. Para vivir una vida que dé gloria a Dios. Eso es discipulado.

No solo la liberación del pecado, sino una vida de devoción a Jesús.

No sabemos lo que has traído contigo a este viaje. Pero la Biblia nos dice que Dios predetermina *dónde* y *cuándo* vivirá cada uno de nosotros para que podamos buscarlo y hallarlo, porque «no está lejos de ninguno de nosotros» (Hech. 17:26-27). Deja que eso cale hondo. Vivas donde vivas y lleves lo que lleves ahora mismo, es para ayudarte a *buscar* a Dios y a *encontrarlo*. A escuchar personalmente el llamado de Jesús a seguirlo. A tener una relación con Él.

Deja que hoy sea el día en que levantes los ojos, entregues tus cargas a Jesús y dejes que Él te guíe. Que encuentres descanso en Él y empieces a aprender de Él.

Al comenzar esta travesía, te invitamos a hacer algo que quizás nunca hayas hecho antes: invocar el nombre de Jesús y pedirle que te encuentre allí donde estés. Que te ayude en cada área de tu vida. Que te ayude a dejar de intentar que la vida, el trabajo, la familia y el ministerio sean un esfuerzo personal. Pídele que te abra los ojos y te acerque a Él. Que se encuentre contigo de alguna manera especial que sea muy personal para ti.

Él te invita. Es hora de entrar, aprender de Él y seguirlo.

Querido Dios, te invoco en esta época de mi vida porque te necesito. Toma mis cargas, fortalece mi fe y abre mis ojos a lo que tú eres. Ayúdame a confiar en ti y a seguirte con mi vida. Cambia mi corazón y enséñame lo que significa caminar diariamente con Jesús y encontrar descanso en Él. Utiliza mi vida para tu gloria. Te lo pido en el nombre de Jesús. Amén.

Para profundizar

Deuteronomio 4:7 • Juan 4:7-10 • Juan 14:23

2

La vida de Jesús

¿Cómo reveló que era el Hijo de Dios?

Jesús le dijo: «Yo soy el camino, la verdad y la vida; nadie viene al Padre sino por Mí» (Juan 14:6)

Al empezar, ora y pídele a Dios que te hable y te muestre quién es Jesús.

No hay ningún otro líder espiritual o figura histórica como Jesucristo. Se lo considera la persona y el ejemplo más grande que ha pisado la tierra. Miles de millones conocen Su nombre. Millones lo siguen. Toda la vida de Jesús lo distingue como santo y especial. Diferente de todos los demás. Digno de nuestra confianza y devoción.

Cuando Jesús dijo que Él era el *único* camino a Dios Padre, no estaba siendo odioso u orgulloso. Estaba siendo sincero. La Biblia dice que Jesús es el único Hijo de Dios, la solución perfecta de Dios para salvarnos de nuestros pecados y proporcionarnos la vida eterna (ver Hech. 4:12; 1 Tim. 2:5; 1 Jn. 5:11-12). Dios no nos debe muchos caminos al cielo, y la humanidad no merece ni necesita más de uno. Casi todas las religiones comienzan con una persona que se levanta y alega una revelación divina. Pero si pones en fila a todos los líderes espirituales que a lo largo de milenios han afirmado ofrecer el camino hacia Dios, nadie se acerca a Jesús. ¿Qué separa a Jesús de todos los demás?

Solo Jesús cumplió todas las profecías del Mesías. Los profetas del Antiguo Testamento afirmaron con siglos de antelación que el Salvador de Dios, el Mesías, nacería en Belén (Miq. 5:2) de una madre virgen (Isa. 7:14) y viviría en Galilea (Isa. 9:1). Sería vendido por treinta monedas de plata (Zac. 11:12-13) y Sus manos y pies serían traspasados (Sal. 22:16). Después de ser sepultado en la tumba de un hombre rico (Isa. 53:9), resucitaría físicamente de la tumba (Hech. 2:22-32).

Esta es solo una muestra de las más de 300 profecías que Jesús cumplió a la perfección. Como dijo Su discípulo Pedro: «Y así tenemos la palabra profética más segura, a la cual ustedes hacen bien en prestar atención como a una lámpara que brilla en el lugar oscuro» (2 Ped. 1:19). Todas las profecías apuntan a Jesús. Muchas se cumplieron en Su nacimiento o por Sus enemigos, por lo que no pudo haberlas manipulado.

Jesús vivió una vida sin pecado. Nadie es justo ni puede afirmar legítimamente que está «sin pecado», excepto Jesús (Heb. 4:15). Su nacimiento virginal fue necesario para Su vida sin pecado (Isa. 7:14; Luc. 1:35). Jesús tenía el poder de vencer toda tentación (Luc. 4:1-13) y es el único «Santo y Justo» (Hech. 3:14). Su impecabilidad es lo que lo convirtió en el sacrificio perfecto: no necesitaba morir por Su propio pecado, sino por todos los demás. «Al que no conoció pecado, [Dios] lo hizo pecado por nosotros, para que fuéramos hechos justicia de Dios en Él» (2 Cor. 5:21).

Jesús hizo incontables milagros. No hizo solo uno o dos milagros en la sombra, sin testigos, sino diariamente durante tres años en múltiples ciudades. Dijo: «Si no hago las obras de Mi Padre, no me crean; pero si las hago, aunque a Mí no me crean, crean a las obras; para que sepan y entiendan que el Padre está en Mí y Yo en el Padre» (Juan 10:37-38). Manso y humilde de corazón, Jesús demostró gran compasión por el sufrimiento humano y sanó de buena gana a todo el que lo necesitara, ya fuera rico o pobre, prominente o desconocido, incluidos funcionarios del gobierno y mendigos ciegos (Mat. 9:18-31).

Cumpliendo la profecía mesiánica, Jesús liberó a los «cautivos», dio vista a los «ciegos» y liberó a los «oprimidos» (Luc. 4:18). Sus milagros eran «señales» que revelaban que no era un hombre común y corriente (Juan 3:2). Cada tipo de milagro revelaba un ámbito diferente de autoridad que Jesús controlaba. Convertir el agua en vino, sanar las enfermedades, caminar sobre las aguas y calmar las tormentas revelaron Su poder sobre la naturaleza. Perdonar el pecado y expulsar a los demonios revelaron Su autoridad espiritual sobre el mal. Al resucitar a los muertos y volver Él mismo a la vida, demostró que era el Señor sobre la muerte. Él es «la resurrección y la vida» (Juan 11:25).

Jesús sufrió una muerte sacrificial para pagar por el pecado. Fue presentado en Su nacimiento como el «Salvador» (Luc. 2:11) y dijo repetidamente que era «necesario» que sufriera como parte de Su misión (Luc. 9:22, RVR1960). Juan el Bautista identificó a Jesús como «el Cordero de Dios que quita el pecado del mundo» (Juan 1:29).

Los cuatro Evangelios describen la traición y crucifixión de Jesús para pagar por el pecado con Su propia sangre, «en rescate por muchos» (Mar. 10:45). Siglos antes, Isaías 53 explicó el significado de Sus sufrimientos. Y el Salmo 22, aunque escrito mil años antes, se lee como si alguien estuviera al pie de la cruz, viendo morir a Jesús. Su muerte se verifica además fuera de las Escrituras en los escritos históricos de Tácito, Luciano y Josefo, que dicen que Jesús el Cristo fue juzgado por Poncio Pilato y crucificado en una cruz romana.

Jesús resucitó físicamente de entre los muertos. La resurrección de Cristo cumplió la profecía y demostró que era el Hijo de Dios. Los testimonios de los cuatro Evangelios coinciden. Jesús fue visto vivo por más de 500 personas después de resucitar de entre los muertos (1 Cor. 15:6). Sus temerosos seguidores se convirtieron en audaces predicadores tras Su resurrección. Recorrieron el mundo para contárselo a todos, escribieron el Nuevo Testamento y sufrieron voluntariamente por dar testimonio de Su resurrección. «Porque si cuando éramos enemigos fuimos reconciliados con Dios por la muerte de Su Hijo, mucho más, habiendo sido reconciliados, seremos salvos por Su vida» (Rom. 5:10). Una de las mayores demostraciones de esta verdad es cuando los que hoy creen en Cristo reviven espiritualmente.

Todas estas cosas no son solo hechos. Requieren una respuesta: creer en Él y seguirlo. Necesitamos un Dios que ama a los pecadores, porque somos pecadores (Rom. 5:8). Necesitamos un Dios con el poder de transformar y limpiar, porque nuestros corazones necesitan ser transformados y nuestras conciencias purificadas (Heb. 9:13-14). Necesitamos un Dios que tenga poder sobre la muerte, porque todos moriremos algún día (v. 27). Solo Jesús nos proporciona todo lo que necesitamos.

Cualquiera que acuda a Él con fe puede salvarse, independientemente de su trasfondo religioso o de lo que haya hecho mal. Su amor puede llegar a todos. Su sangre fue derramada por todos, por los pecados «del mundo entero» (1 Jn. 2:2). «... para que todo aquel que cree en Él, no se pierda, sino que tenga vida eterna» (Juan 3:16).

Hay un solo Dios y un solo camino hacia Dios. Jesucristo es el camino. Toda Su vida lo distingue como único de Dios. Absolutamente toda. ¿Qué pecados y necesidades de nuestra vida podemos poner a Sus pies? Absolutamente todos.

Padre Celestial, te ruego que engrandezcas a Cristo en mi mente y en mi corazón. Abre mis ojos más completamente a quién es Él, y enséñame a confiar por completo en Él en cada área de mi vida. Transfórmame con tu verdad, amor y poder de resurrección. Sana mi vida y líbrame de todo mal. Haz de mí un ejemplo de tu amor y un testigo de la verdad de Jesús. En Su nombre. Amén.

Para profundizar

Juan 21:24-25 • 1 Timoteo 2:3-6 • Hebreos 1

3

Las palabras de Jesús

¿Qué enseñaba Jesús?

Cuando Jesús terminó estas palabras, las multitudes se admiraban de Su enseñanza; porque les enseñaba como uno que tiene autoridad, y no como sus escribas
(Mateo 7:28-29)

Las palabras de Jesucristo están vivas y siguen transformando a cualquiera que las abrace y las siga. A diferencia de otros líderes religiosos, que pretendían descubrir misterios en viajes de iluminación, Jesús nunca peregrinó en busca de la verdad. No lo necesitaba. Con solo doce años, ya dejaba atónitos a los maestros del templo, que estaban «asombrados de Su entendimiento y de Sus respuestas» (Luc. 2:47).

Ya adulto, Jesús alarmó a los maestros religiosos de Su tiempo al explicar la naturaleza de Dios, la ley, las Escrituras y la vida mejor que ninguno de ellos. No solo respondió a sus preguntas más difíciles, sino que también se enfrentó a sus normas legalistas y a su continua hipocresía.

Por eso enviaron furiosos soldados para detenerlo. Pero cuando los soldados regresaron sin Jesús, respondieron: «¡Jamás hombre alguno ha hablado como este hombre habla!» (Juan 7:45-46). Su enseñanza confundió sus mentes y se apoderó de sus corazones, como sigue ocurriendo hoy en todo el mundo.

Pensémoslo. Naciones, gobiernos y millones de personas se han visto profundamente influidos por las palabras de Jesús. Si lees Su primer sermón (Mateo 5–7), verás rápidamente perspectivas atemporales y una sabiduría alucinante. Jesús explica las bendiciones, el pecado oculto, las relaciones y el amor incondicional.

Consoló y escandalizó a Su audiencia con la verdad espiritual, humillándola y pidiéndole cuentas. Pero también compartió los inestimables secretos del reino de Dios, al tiempo que ayudaba a la gente a superar su ira y su ansiedad profundamente arraigadas.

Con el tiempo, grandes multitudes de todas las regiones se reunieron para oírlo enseñar. Hablaba con valentía la verdad en amor, y Su doctrina equilibraba perfectamente la justicia con la misericordia. El juicio con la salvación. Todo lo que decía era inestimable y atemporal. Compartía leche introductoria con los jóvenes y alimentaba con carne espiritual a los demás.

Jesús enseñaba con una autoridad incomparable. No como teoría, sino con certeza. Hablaba como portavoz de Dios y podía enseñar magistralmente sobre todo, desde la oración hasta los asuntos del corazón, desde las cuestiones matrimoniales hasta la amistad, no porque lo hubiera estudiado todo, sino porque lo había creado todo (Juan 1:1-5). No se limitaba a explicar, sino que ordenaba con la autoridad de Dios. Obligaba a la gente a sincerarse y a tomar las decisiones necesarias que estaban evitando.

Jesús sabía cosas que solo Dios podía saber y conocía de primera mano el pasado antiguo. «Antes que Abraham naciera, Yo soy» (Juan 8:58). Ya conocía detalles del futuro. «Vean que se lo he dicho de antemano» (Mat. 24:25). Podía hablar abiertamente del cielo y del infierno, aclarando al mismo tiempo lo que ocurrirá en el juicio final. «Pero cuando el Hijo del Hombre venga en Su gloria, [...] serán reunidas delante de Él todas las naciones; y separará a unos de otros» (Mat. 25:31-32). Advirtió: «No todo el que me dice: "Señor, Señor", entrará en el reino de los cielos, sino el que hace la voluntad de Mi Padre que está en los cielos» (Mat. 7:21).

Jesús no habló del juicio venidero como una táctica para motivar a los pecadores, sino como una realidad venidera establecida por un Dios santo, confirmada en nuestras conciencias y reforzada a lo largo de las Escrituras. Dijo: «Yo les digo que de toda palabra vana que hablen los hombres, darán cuenta de ella en el día del juicio» (Mat. 12:36). Conocía el pecado oculto en el corazón de las personas y sabía cómo señalarlo con exactitud, no para condenarlas, sino para ayudarlas a venir a Él y ser perdonadas.

Jesús reveló la verdad eterna. Con parábolas, explicaba la realidad celestial utilizando ilustraciones terrenales, llevando a la gente una nueva revelación espiritual. Pero no todos eran dignos de Sus palabras. Ya fuera hablando a multitudes en público o en privado a unos pocos, Sus parábolas dividían a las audiencias, dando comprensión espiritual a los mansos pero confundiendo a los orgullosos y rebeldes entre ellos. Los humildes tenían «oídos para oír» y recibían lo que Él decía. Pero quien no podía entender a Jesús, ya había cerrado los ojos, los oídos y el corazón insensible a Dios (Mat. 13:15).

Jesús explicaba el reino de Dios utilizando historias. Al revelar la naturaleza y la compasión de Dios, la verdad liberaba a quienes lo escuchaban de verdad (Juan 8:32). Después, la gente se daba cuenta de que Jesús mismo es la «perla de gran valor» de la que habló (Mat. 13:46). Él es el Buen Samaritano que tuvo «compasión» y se acercó al herido (Luc. 10:33-34). Jesús es el «tesoro escondido en el campo» (Mat. 13:44) y el «hijo amado» del dueño de la viña (Luc. 20:13). Algunos se darían cuenta por fin de que todas las Escrituras también apuntaban a Él (Juan 5:39).

Las palabras de Jesús cambiaron vidas. Jesús no se limitó a hablar de Dios, sino que invitó a la gente a entablar una relación con Él. Explicó que la obediencia a Sus mandamientos es como construir tu vida «sobre la roca» (Mat. 7:24). Si lo ignoramos o le desobedecemos, perdemos el conocimiento que tenemos y somos responsables de haber rechazado la Palabra de Dios. Pero si le obedecemos, somos transformados por Él. Entonces crece nuestra fe: para conocerlo, confiar en Él y amarlo aún más.

Por eso enseñaba. Para redimirnos y mostrarnos a cada uno de nosotros el camino hacia la vida eterna. A Él. Para sanar nuestra ceguera espiritual y revelar la verdad que Él ha encarnado desde el principio de los tiempos. Vino para ser «el camino» y «la vida» sobre los cuales enseñaba (Juan 14:6). Para reconciliarnos a cada uno de nosotros de nuevo con Dios, para que podamos pasar la eternidad con Él. «Esta es la vida eterna», dijo, conocer al «único Dios verdadero» y «a Jesucristo, a quien has enviado» (Juan 17:3).

Así que, cuando te acerques a las palabras de Cristo, ora para que Dios abra tus ojos a la verdad eterna y a Su amorosa invitación a que lo conozcas mejor. Cuando tú mismo leas los Evangelios, tómatelos en serio y deja que te cambien. Créelos.

Confía en ellos. Abandona voluntariamente todo lo que te impida recibir la verdad que Jesús comparte o cumplir Sus amorosos mandatos.

El apóstol Pedro concluyó: «Señor, ¿a quién iremos? Tú tienes palabras de vida eterna» (Juan 6:68). Nosotros también debemos escuchar a Jesús, no solo para aprender, ¡sino para seguirlo, ser cambiados por Él y experimentar plenamente una nueva vida en Él!

Padre Celestial, tú me conoces y sabes lo que necesito. Abre mis ojos a la verdad de lo que dijo Jesús. Por favor, ayúdame a amar, aprender y someterme a las palabras de Jesús en cada área de mi vida, porque tú nos has dado vida y esperanza a través de lo que Él nos ha dicho. Te lo ruego en Su nombre. Amén.

Para profundizar

Marcos 4:30-34 • Juan 5:37-40 • Colosenses 2:2-3

4

La cruz de Jesús

¿Cuál es la trascendencia de la muerte de Jesús?

Porque ni aun el Hijo del Hombre vino para ser servido, sino para servir, y para dar Su vida en rescate por muchos (Marcos 10:45)

La muerte de Jesucristo en la cruz y Su resurrección de la tumba son los acontecimientos centrales de la Biblia. Cuanto más comprendas su significado, más podrás crecer en tu amor por Jesús y descansar en Su asombroso amor por ti. Hoy nos centraremos en la cruz. Considerada el mayor símbolo religioso de todos los tiempos, la cruz está en millones de lápidas, edificios de iglesias y joyas de todo el mundo. Pero la gente rara vez comprende su significado.

En una cruz romana del siglo I, Jesucristo de Nazaret hizo voluntariamente lo que nadie más podía hacer en la historia.

Derramó sangre justa y sin pecado (Heb. 7:26-27). Murió la única persona que no merecía la muerte. Sufrió apasionadamente en nuestro lugar, soportando el castigo de la ira de Dios contra toda maldad humana (Rom. 2:5-11; 5:9). Este acto de un solo hombre cambió para siempre la eternidad (Rom. 5:18-19). Jesús ofreció plenamente a cualquiera que fuera culpable de infringir la ley de Dios —incluido tú, incluidos nosotros— una forma de ser perdonado, salvado espiritualmente y reconciliado de nuevo con Dios mediante la fe en Él. Este don nos liberó para siempre del vano intento de ganarnos la vida eterna mediante buenas obras o acciones justas (Ef. 2:8-9).

La magnitud de lo que logró la muerte de Jesús fue muy intencional y afecta a todas las generaciones. Antes de que Dios creara el mundo, sabía que algún día Jesús necesitaría ser sacrificado por nuestro bien. La Biblia dice que estaba «predestinado» desde «la fundación del mundo» (Hech. 4:28; Apoc. 13:8). El nombre *Jesús* significa «Dios es mi salvación», porque no se limitaría a enseñar y sanar, sino que «[salvaría] a Su pueblo de sus pecados» (Mat. 1:21). Los cuatro Evangelios te llevan de viaje a la cruz. Jesús sabía que había venido «para dar Su vida en rescate por muchos» (Mar. 10:45). Sabía exactamente lo que hacía. Explicó: «Yo doy Mi vida para tomarla de nuevo. Nadie me la quita, sino que Yo la doy de Mi propia voluntad» (Juan 10:17-18).

«Ahora subimos a Jerusalén», les dijo a Sus discípulos, «y el Hijo del Hombre será entregado a los principales sacerdotes y a los escribas, y lo condenarán a muerte y lo entregarán a los gentiles. Se burlarán de Él y le escupirán, lo azotarán y lo matarán» (Mar. 10:33-34).

¿Por qué elegiría Dios la crucifixión como medio para que Jesús comprara nuestra salvación?

La cruz permitió a Jesús hacer el mayor de los sacrificios. Un gran pecado tiene grandes consecuencias. Jesús no se limitó a recibir un balazo en una batalla, sino que eligió soportar todo el peso de nuestro castigo y la ira pura y perfecta de Dios contra toda maldad humana (Rom. 2:5-1; 5:9).

La crucifixión era el peor castigo reservado para los peores criminales. Se conoce como el método de tortura más brutal y sangriento. El Imperio romano lo perfeccionó durante siglos para destruir cualquier oposición. Se diseñó para que la muerte fuera lo más vergonzosa y dolorosa posible. Un criminal condenado de Roma era desnudado, golpeado y azotado, y luego clavado a una cruz de madera a través de las terminaciones nerviosas de sus manos y pies. Esto producía un dolor espantoso en brazos y piernas.

Una vez que la víctima era levantada y expuesta a la humillación pública, la suspensión le hacía sentir que se ahogaba al respirar, obligándola a empujarse constantemente hacia arriba desde sus ardientes extremidades para evitar la asfixia. Los criminales sufrían una agonía constante durante horas, a veces días. Era tan tortuoso que los romanos eximían de él a sus ciudadanos. Se inventó una nueva palabra para describir este nivel de tormento. Nuestra palabra *excruciante* procede del latín y significa «salido de la cruz». Es impensable que alguien eligiera voluntariamente ser crucificado. ¿Por qué era tan necesario?

La cruz satisfacía la exigencia de la ley de una ofrenda de sangre. Puesto que la muerte era el salario, la sangre era la moneda. Como «la vida de la carne está en la sangre» (Lev. 17:11), la ley de Dios afirmaba: «Sin derramamiento de sangre no hay perdón» (Heb. 9:22). Pero la sangre animal nunca podría quitar el pecado humano (Heb. 10:4). Se necesitaba una moneda mucho más valiosa. ¿Qué valor tendría que tener una ofrenda para pagar los pecados del mundo? Solo la sangre del Hijo perfecto de Dios estaría a ese nivel.

Se profetizó que el Mesías sería «herido por nuestras transgresiones», derramando sangre abiertamente por nuestros pecados manifiestos. También «molido por nuestras iniquidades», sangrando interiormente por nuestra maldad innata (Isa. 53:5). Jesús asumió todo el castigo que merecíamos para traernos la paz con Dios. «Porque agradó al Padre que en Él [Jesús] habitara toda la plenitud, y por medio de Él reconciliar todas las cosas consigo, habiendo hecho la paz por medio de la sangre de Su cruz, por medio de Él» (Col. 1:19-20). Al dar Su último suspiro, Jesús gritó: «¡Consumado es!» (Juan 19:30). Nuestros pecados habían sido pagados por completo. Había ofrecido fielmente «un solo sacrificio por los pecados para siempre» (Heb. 10:12).

La cruz reveló la profundidad del gran amor de Dios por nosotros. Lo que nuestro Señor hizo por nosotros es demasiado abrumador para comprenderlo plenamente. Las Escrituras son claras sobre la motivación perfecta de Dios. Porque Dios Padre nos amaba, envió a Su amado Hijo «como propiciación por nuestros pecados» (1 Jn. 4:10). Jesús también estaba motivado por el amor. Dijo: «Nadie tiene un amor mayor que este: que uno dé su vida por sus amigos» (Juan 15:13). Él nos «amó y se dio a sí mismo por nosotros, ofrenda y sacrificio a Dios, como fragante aroma» (Ef. 5:2).

Nunca hubo, ni habrá, mayor demostración de amor desinteresado. Es el mayor sacrificio del más grande para satisfacer nuestra mayor necesidad. La realidad y la gloria de la justicia, la ira, la gracia y el amor de Dios se manifestaron simultáneamente a través de Jesús en un solo día (Rom. 5:6-11; 2 Cor. 5:21). La cruz no fue un día de derrota. Incluso antes de que resucitara poderosamente tres días después, ¡el día de Su muerte fue un día de justicia completa, amor perfecto y victoria abrumadora!

Gracias a ello, algunas de las preguntas más vitales de la vida obtienen respuesta:

- ¿A qué líder espiritual debo seguir? Mira la cruz.
- ¿Es Dios realmente bueno y misericordioso? ¿Me ama de verdad? Mira la cruz.
- ¿Qué piensa Dios del pecado? ¿Puede perdonarme? Mira la cruz.
- ¿Por qué no necesito esforzarme para mi salvación? Mira la cruz.
- ¿Cómo puedo conseguir la vida eterna? Confía en Cristo y en lo que hizo en la cruz.
- ¿Cómo recibo ánimo para perseverar? Fija tus ojos en Jesús y en la cruz.
- ¿Cómo debo vivir? Niégate a ti mismo, toma tu cruz cada día, sigue a Jesús.

Jesús lo pagó todo. Su cruz lo dice todo.

Padre que estás en los cielos, hoy te doy gracias por la cruz y por el amor que me has dado. Abre mis ojos y mi corazón a su significado para mi vida. Confío en la cruz como pago completo de mi salvación. Ayúdame a vivir una vida muerta al pecado y viva para Dios por tu poder. En el nombre de Jesús. Amén.

Para profundizar

Salmo 22 • Juan 10:17-18 • 1 Corintios 2:1-2

5

El evangelio de Jesús

¿Cómo obtiene una persona la salvación y la vida eterna?

Porque de tal manera amó Dios al mundo, que dio a Su Hijo unigénito, para que todo aquel que cree en Él, no se pierda, sino que tenga vida eterna (Juan 3:16)

¡Ora para que Dios hable a tu corazón mientras lees hoy!

Después de que Jesucristo muriera por nuestros pecados, fue sepultado y resucitó de entre los muertos al tercer día, cumpliendo perfectamente la profecía de las Escrituras (1 Cor. 15:1-28). Estos dos acontecimientos épicos establecieron el mensaje evangélico que cambia vidas y que sigue difundiéndose por todo el mundo.

El evangelio es la «buena nueva» de la salvación y la vida eterna que llega mediante la fe sincera en Jesucristo. Considerada la mejor noticia de todos los tiempos, nada cambia más corazones, resuelve más problemas y trae más esperanza, alegría y paz que lo que Dios hace a través del evangelio. Tu condición espiritual personal con Dios está directamente relacionada con tu comprensión y tu fe en el evangelio. Nuestra misión como seguidores de Él incluye compartir, explicar y vivir fielmente según el mensaje del evangelio.

Ahora, dediquemos un tiempo a desglosar el evangelio con más detalle para procesarlo más plenamente.

Dios creó a la humanidad para que se relacionara con Él. Las personas fueron hechas a imagen de Dios para conocerlo, amarlo y honrarlo. Como humanos, tenemos una profunda capacidad relacional por encima de cualquier otra cosa en la tierra (Gén. 1:26-28). No somos accidentes evolucionados. Hemos sido diseñados magistralmente con almas vivas. Nuestras mentes desean comprender a Dios, nuestros corazones anhelan Su amor, nuestras conciencias desean Su paz, y nuestras relaciones nos mueven a relacionarnos con Él. Todo padre terrenal debería ser una introducción para conocer a Dios como Padre (Mat. 7:9-11). Toda amistad debería prepararnos para la amistad con Cristo (Juan 15:13). Todo matrimonio debería ser una imagen del amor fiel entre Jesús y Su Iglesia (Ef. 5:25-33). Pero las Escrituras explican que nos hemos apartado voluntariamente de Dios, nos hemos quedado cortos en nuestro propósito y no le hemos dado la gloria que Él desea y merece. «Por cuanto todos pecaron y no alcanzan la gloria de Dios» (Rom. 3:23).

Nuestro pecado nos separó de esa relación. El pecado es un rechazo de la naturaleza y el control de Dios. Dios es verdad, por lo cual mentir es pecado. Dios es amor, por tanto, el odio es pecado. Dios es fiel, entonces, el adulterio es pecado. Pero podemos estar ciegos ante nuestra pecaminosidad y nuestra necesidad espiritual (2 Cor. 4:4).

Por eso Dios utiliza nuestra conciencia y Su ley, los Diez Mandamientos, para revelárnoslo. Intenta ser sincero y ponte a prueba. ¿Cuántas mentiras has dicho a lo largo de tu vida? ¿Cuántas veces has robado? ¿Deshonrado a tus padres? ¿Cometido pecado sexual? Jesús dijo que la lujuria es adulterio en el corazón. ¿Cuántas veces has sentido lujuria? ¿Asesinado? ¿Odiaste a alguien y no perdonaste? ¿Has idolatrado algo como más importante para ti que Dios? Estos son solo algunos ejemplos, pero solo un pecado nos hace culpables. La ley de Dios nos desenmascara y revela que somos muy culpables y que nunca sobreviviremos al juicio de Dios por nosotros mismos.

La Biblia también dice que «la paga del pecado es muerte» (Rom. 6:23). La paga es lo que recibimos por lo que hemos hecho. Todos hemos pecado contra Dios y merecemos la muerte. La muerte es una forma de separación. Así como la muerte física es la separación entre nuestro cuerpo y nuestro espíritu, la muerte espiritual es la separación entre nuestro espíritu y Dios. «Pero las iniquidades de ustedes [sus pecados] han hecho separación entre ustedes y su Dios» (Isa. 59:2). Nuestros pecados no solo nos causan dolorosas consecuencias en esta vida, sino que también nos inhabilitarán para estar con Dios en el cielo tras Su juicio final, si morimos en esa condición perdida.

«Porque todos compareceremos ante el tribunal de Dios» (Rom. 14:10), donde «sacará a la luz las cosas ocultas en las tinieblas», revelando las motivaciones de nuestros corazones (1 Cor. 4:5), juzgando las palabras de nuestra boca (Mat. 12:36), y poniendo a prueba las obras que hayamos hecho (Rom. 2:5-8).

Dios es santo y debe rechazar todo lo que es impío y pecaminoso (Mat. 13:41-43). Y como lo sabe todo y es perfecto en justicia, no puede permitir que los pecados contra Él queden impunes, o no sería un juez bueno y justo.

Los humanos no podemos hacer nada por nuestra cuenta para reconciliar la relación. Estamos muertos a causa del pecado (Ef. 2:1). Los muertos no pueden salvarse a sí mismos. Nuestras prácticas religiosas y buenas acciones no pueden borrar de alguna manera todos nuestros pecados y reconciliarnos con Dios. Si pudieran, entonces podríamos negar la justicia de Dios y ganarnos la salvación sin Jesús. Esto no solo es imposible, sino que niega la gran necesidad de lo que Cristo hizo en la cruz y roba la gloria que Dios merece. Sin ayuda, no tenemos esperanza. Pero hay una muy buena noticia. Dios no solo es santo y justo, sino también amoroso y misericordioso. Ha tomado la iniciativa de proporcionarnos a todos una forma perfecta de obtener el perdón y la vida eterna. Envió a Jesús (Tito 3:4-6).

Jesús hizo por nosotros lo que no podíamos hacer por nosotros mismos. Vivió una vida justa y sin pecado. Cumplió perfectamente la ley de Dios. Luego llevó sobre sí la muerte que merecíamos y murió en nuestro lugar. Jesús satisfizo la justicia y la ira de Dios, pero también demostró la misericordia y el amor divinos (Rom. 5:8). Tres días más tarde, Dios lo levantó de entre los muertos para probar que es el Hijo de Dios (Rom. 1:4). «Porque si cuando éramos enemigos fuimos reconciliados con Dios por la muerte de Su Hijo, mucho más, habiendo sido reconciliados, seremos salvos por Su vida» (Rom. 5:10).

Jesús ofrece la vida eterna (una relación reconciliada) a cualquiera que se arrepienta de sus pecados y deposite su fe en Él. El mandato de Dios a todas las personas del mundo es que se arrepientan y se vuelvan de sus pecados a Jesús, confiando solo en Él para la salvación (Hech. 17:30). El arrepentimiento no es una promesa de impecabilidad futura, sino volverse humildemente del pecado a Dios para obtener Su perdón y liberación de él. La Biblia dice: «Si confiesas con tu boca a Jesús por Señor, y crees en tu corazón que Dios lo resucitó de entre los muertos, serás salvo» (Rom. 10:9). Puede que no parezca real que la salvación sea un don gratuito, pero las Escrituras explican que Dios la concede por gracia para mostrar lo amoroso y bondadoso que es con nosotros (Ef. 2:1-7).

Innumerables personas han encontrado la paz con Dios a través de Jesucristo, pero cada uno de nosotros debe elegir por sí mismo. ¿Dónde estás? ¿Has comprendido realmente el evangelio y has depositado toda tu fe en Jesús? Si no es así, ¿hay alguna razón para que no lo hagas hoy? Si comprendes tu necesidad y estás dispuesto a iniciar una relación con Él, te animamos a invocarlo ahora. Sé sincero sobre tus errores y tu necesidad de Su perdón. Decídete a confiar en Él y en lo que hizo por ti en la cruz. Luego abre tu corazón e invítalo a que te salve, llene tu vida y tome el control.

> *Señor Jesús, sé que he pecado contra ti y merezco el juicio de Dios. Creo que moriste para pagar por mis pecados. Elijo ahora apartarme de mis pecados y volverme a ti, y te pido perdón. Jesús, te invoco como Señor de todo y te doy el control ahora. Sálvame, cámbiame y ayúdame a vivir para ti. Gracias por morir por mí y por darme un hogar en el cielo contigo cuando muera. Amén.*

Si oraste con sinceridad y le entregaste tu vida a Jesucristo, te felicitamos y te alentamos a contarles a otros sobre tu decisión. ¡Hablaremos sobre cómo crecer en Cristo en capítulos posteriores!

Para profundizar

Juan 11:25 • Romanos 1:16 • 1 Corintios 15:1-5

Parte II

Crecimiento

¿Cómo crezco espiritualmente en Cristo?

6

TUS PRIMEROS PASOS PARA SEGUIR A JESÚS

¡SOY SALVO! ¿Y AHORA?

Por tanto, cualquiera que oye estas palabras Mías y las pone en práctica, será semejante a un hombre sabio que edificó su casa sobre la roca
(Mateo 7:24)

¿Estás listo para crecer espiritualmente? Tanto si llevas siendo cristiano una semana como dos décadas, tu camino con Jesús siempre debe seguir floreciendo y dando fruto. Algunas personas crecen más espiritualmente en un año que otras en una década.

La diferencia puede estar en lo rápido que te sumerjas en la comunidad, obedezcas la Palabra de Dios y abraces tu nueva identidad como Su hijo amado. ¡Hablemos de esta nueva identidad!

Si Jesús es tu Señor, entonces Dios es tu Padre celestial. La salvación viene acompañada de muchas bendiciones espirituales (Ef. 1:3). Cuando oíste el evangelio y creíste sinceramente en Jesús, la Biblia dice que Dios te adoptó y te selló con Su Espíritu Santo, que es la garantía de tu herencia celestial (Ef. 1:3-14). Tienes una nueva identidad espiritual en Cristo: eres el hijo amado de Dios. Puedes pensar, hablar, vivir y orar desde esta posición de familia amada. Tienes libertad y acceso a Dios en la oración (Ef. 3:12). Los demás creyentes son tus hermanos y hermanas.

El perdón y el amor de Dios se dan gratuitamente a Sus hijos (Ef. 1:6-7). Ahora puedes caminar con Jesús a diario, apartarte más fácilmente del pecado y someterte en obediencia a Sus amorosos mandatos. Tu adoración y tu servicio ya no se basan en tus propios esfuerzos, sino en el poder del Espíritu Santo que actúa a través de ti. Con la fe de un niño, debes aferrarte a la mano *mucho más fuerte* de Dios, confiar en Su sabiduría *mucho mayor* y seguir Su dirección *mucho más superior*, en lugar de confiar en ti mismo. Esta mentalidad de «fe de niño» se aplica a todos: tanto a los nuevos creyentes como a los seguidores veteranos de Cristo.

Un modelo excelente de crecimiento espiritual rápido se encuentra en el libro de los Hechos. Una gran multitud internacional en Jerusalén escuchaba al apóstol Pedro explicar el evangelio y cómo Jesús era el cumplimiento de la profecía. Entonces Pedro los desafió con valentía, diciéndoles: «Arrepiéntanse y sean bautizados cada uno de ustedes en el nombre de Jesucristo para perdón de sus pecados, y recibirán el don del Espíritu Santo» (Hech. 2:38).

La forma en que respondieron debería guiar también lo que hacemos hoy.

«Entonces los que habían recibido su palabra fueron bautizados; y se añadieron aquel día como 3000 almas. Y se dedicaban continuamente a las enseñanzas de los apóstoles, a la comunión, al partimiento del pan y a la oración. [...] Día tras día continuaban unánimes en el templo y partiendo el pan en los hogares, comían juntos con alegría y sencillez de corazón, alabando a Dios y hallando favor con todo el pueblo. Y el Señor añadía cada día al número de ellos los que iban siendo salvos» (Hech. 2:41-42, 46-47).

Recibieron el mensaje, el Espíritu de Dios actuó, y estos creyentes crecieron tan rápido y fuertes espiritualmente que fundaron la *primera iglesia cristiana de la historia*, pusieron sus ciudades patas arriba para Cristo y difundieron la buena nueva de Jesús a las naciones (Hech. 1:8). ¿Cómo crecieron tan deprisa? ¡Devoción guiada por el Espíritu!

Fe en Jesús. En primer lugar, respondieron humildemente con fe al sencillo mensaje de Jesús y le confiaron sus vidas para el perdón de los pecados y la vida eterna. ¡Dios respondió!

Bautismo en agua. Luego siguieron voluntariamente las instrucciones de Pedro de bautizarse en agua. Hablaremos del bautismo más adelante, pero su rápida obediencia para identificarse con Cristo mediante el bautismo impulsó su fe. ¡Dios bendice la obediencia! ¿Lo has hecho tú?

Devoción a las Escrituras. En tercer lugar, «se dedicaban continuamente a las enseñanzas de los apóstoles», lo que significa que se comprometieron a escuchar, leer y obedecer activamente la Palabra de Dios. Dios los estaba transformando mediante las verdades de Su Palabra. Te animamos a que tú también te dediques a Su Palabra. Si no tienes una buena Biblia, busca una traducción que puedas entender y empieza a leer los Evangelios (Mateo, Marcos, Lucas y Juan). Luego lee el resto de las Escrituras y ¡sigue avanzando y creciendo!

Devoción a la iglesia. También se comprometieron a reunirse con otros creyentes y adorar juntos a Dios. No hay iglesia perfecta, y esta primera tampoco lo era, pero Dios bendijo profundamente su unidad. Todo creyente necesita una iglesia sana, creyente en la Biblia, donde pueda crecer, adorar y servir constantemente con otros cristianos. ¿Participas activamente de una? Si no es así, encuentra una que esté unida, sea amorosa, ore y predique el evangelio. Y luego, ¡asiste!

Devoción a la comunión y la oración. Por último, también se reunían fuera de la iglesia, en las casas de los demás, a dedicarse al «partimiento del pan» y a orar (Hech. 2:42). Esto aceleró su comunión, pues abrieron sus casas y sus corazones a los demás y empezaron a compartir las comidas, sus vidas y sus peticiones de oración durante la semana (no solo los domingos). La iglesia formal tiene un valor increíble, pero complementarla con la comunión de grupos más pequeños en los hogares lleva todo al siguiente nivel. Profundiza la unidad, la confianza y el disfrute de todas las relaciones. Añade la oración, y toda la experiencia aumenta en dulzura y eficacia.

Así que, tanto si eres un nuevo creyente como un seguidor experimentado, estos mismos elementos siguen siendo vitales para tu crecimiento espiritual continuo hoy en día. Búscalos. Ora por ellos. No los pospongas.

Cuando Dios obró profundamente en aquella primera iglesia, su fuego espiritual se avivó por su devoción mutua a las Escrituras, la iglesia, la comunión y la oración. Esto creó un terreno fértil, ¡y Dios se hizo presente y bendijo poderosamente! Su dulce presencia y Su poder eran evidentes para todos.

En muchos sentidos, para eso sirve este libro: para ayudar a los cristianos jóvenes y mayores a experimentar a Dios juntos, estrechando los brazos en comunión e invirtiendo los unos en los otros. Creciendo más fuertes en el amor de Cristo. Transformando sus comunidades mientras hacen nuevos discípulos. Viendo cómo se glorifica a Dios a través de todo ello.

Así que, volviendo a mirar la lista, ¿qué elementos forman parte de tu vida? ¿Qué «devociones» son todavía necesarias en tu agenda y deberías perseguir? ¿Qué pasos de crecimiento puedes dar *ESTA SEMANA* para seguir a tu Padre perfecto con una fe renovada y como la de un niño?

Padre, estoy ansioso por crecer como tu hijo amado. Me has bendecido con tanto. Dame la fe de un niño para que vaya donde tú me guíes. Dame una comunidad de creyentes fuerte y cariñosa que me ayude a crecer en ti. Que tu Espíritu Santo me llene y me guíe en cada paso del camino mientras avanzo en la fe, plenamente dedicado a seguirte. En el nombre de Jesús. Amén.

Para profundizar

Efesios 2:19-22 • 1 Tesalonicenses 2:11-12 • 1 Pedro 2:2

7

La belleza del bautismo

¿Por qué debería bautizarme?

Vayan, pues, y hagan discípulos de todas las naciones, bautizándolos en el nombre del Padre y del Hijo y del Espíritu Santo (Mateo 28:19)

Después de que alguien se arrepiente, cree en el evangelio y deposita su fe en Jesús, debe seguir el mandato de Cristo de bautizarse en agua (Hech. 2:38-41; 8:36-38; Mar. 16:16). El bautismo es una experiencia hermosa y se celebra en casi todas las tradiciones cristianas. Honra a Dios, bendice a los demás y es un hito muy importante en el camino de un creyente.

Para que quede claro, el bautismo es una ceremonia en la que alguien es sumergido o lavado en agua para identificar abiertamente que pertenece a Jesús. No es lo mismo que la salvación ni produce la salvación. Muchos pasajes bíblicos afirman que nuestra salvación es solo por la fe en Cristo, sin ninguna obra adicional (Ef. 2:8-9; Tito 3:5; Ef. 1:13; Rom. 4:2-12; 10:9, 13).

«Porque con el corazón se cree para justicia, y con la boca se confiesa para salvación» (Rom. 10:10). El bautismo debe ir acompañado de una auténtica fe en Cristo o se convierte en un ritual vacío. Nuestra fe está en Jesús y en Su sangre, no en el agua (Heb. 9:14, 22; 1 Jn. 1:7). Sin embargo, una fe verdadera nos transforma y nos lleva a confesar voluntariamente a Cristo delante de los demás y a obedecer Sus mandamientos.

Aunque no tenía pecado, Jesús comenzó Su ministerio siendo bautizado públicamente. Esto fue claramente diferente de Su dedicación como bebé. Aunque fue circuncidado de niño y dedicado en el templo, también fue bautizado en agua por el profeta Juan para cumplir «toda justicia» (Mat. 3:15; Hech. 1:21-22).

«Después de ser bautizado, Jesús salió del agua inmediatamente; y los cielos se abrieron en ese momento y él vio al Espíritu de Dios que descendía como una paloma y venía sobre Él. Y se oyó una voz de los cielos que decía: "Este es Mi Hijo amado en quien me he complacido"» (Mat. 3:16-17).

Dios bendijo claramente el bautismo de Cristo. Fue un momento poderoso y decisivo para Él y para todos los que lo presenciaron. Al final de Su ministerio terrenal, Jesús dijo a Sus discípulos: «Vayan, pues, y hagan discípulos de todas las naciones, bautizándolos en el nombre del Padre y del Hijo y del Espíritu Santo» (Mat. 28:19). Ellos obedecieron Su mandato, y la Iglesia creció vertiginosamente a medida que Dios obraba a través de ellos.

A veces es difícil saber cuándo o dónde cree una persona en Jesús. Pero, al igual que una ceremonia nupcial, el bautismo proporciona una experiencia memorable en un lugar y un momento concretos en los que mostramos abiertamente nuestra devoción a Jesús. Hay muchas razones excelentes para bautizarse, pero he aquí algunas:

Obedecer el mandato de nuestro Señor. El bautismo es una de nuestras primeras oportunidades de demostrar que Jesús es realmente nuestro Señor y que ya no somos los dueños de nuestras vidas. Muchas personas de las Escrituras fueron bautizadas el mismo día en que creyeron en el evangelio. El bautismo muestra vivamente nuestra sumisión a Cristo.

Declarar nuestra fe. Mediante el bautismo, expresamos claramente que nuestra fe está en Jesucristo y en Su muerte, sepultura y resurrección. Al igual que los tres miembros de la Trinidad estuvieron presentes en el bautismo de Jesús (Mat. 3:16-17), los creyentes son bautizados «en el nombre del Padre y del Hijo y del Espíritu Santo» (Mat. 28:19). Nuestras vidas también se identifican con el Dios verdadero y bíblico.

Ilustrar nuestra transformación espiritual. Al igual que Jesús pasó por una muerte, sepultura y resurrección físicas, todo creyente experimenta todo esto espiritualmente (1 Cor. 6:17). La imagen visible del bautismo muestra esta realidad invisible. «¿O no saben ustedes que todos los que hemos sido bautizados en Cristo Jesús, hemos sido bautizados en Su muerte? Por tanto, hemos sido sepultados con Él por medio del bautismo para muerte, a fin de que como Cristo resucitó de entre los muertos por la gloria del Padre, así también nosotros andemos en novedad de vida» (Rom. 6:3-4).

Compartir el evangelio con los perdidos. Cuando un no creyente ve a una persona ser bautizada, también puede sentirse atraído por Cristo. Muchas veces en las Escrituras, una persona creía y sus amigos o familiares también seguían a Cristo. Una mujer griega llamada Lidia (Hech. 16:14-15), un carcelero filipense

(Hech. 16:30-33), un líder judío llamado Crispo (Hech. 18:8) fueron bautizados junto con sus familias. ¿Quién sabe quién podría oír tu testimonio o ver tu bautismo y sentirse atraído también por Cristo?

Ser introducido en la familia de Dios. Ser bautizado es una celebración de «bienvenido a la familia» y una presentación a nuestros nuevos hermanos y hermanas en Cristo. También es una invitación para que los creyentes oren por nuestra nueva vida en Cristo, nos ayuden a crecer y a ser restaurados si nos alejamos del Señor (Heb. 3:13).

Edificar la iglesia. Los bautismos animan mucho al cuerpo de Cristo y le recuerdan poderosamente que sus oraciones están siendo escuchadas, que el evangelio se está compartiendo, que Dios está cambiando vidas y que la familia espiritual está creciendo. Permite que los nuevos creyentes participen en llevar Su alegría a Su iglesia.

Progresar en nuestro crecimiento y servicio. El bautismo puede cambiar las reglas del juego para llevar la fe de un creyente al siguiente nivel. Después del bautismo, Jesús dijo que debíamos aprender a guardar todos Sus mandamientos (Mat. 28:20). Muchas personas dicen que crecieron espiritualmente de forma significativa tras su bautismo. No se trata de un simbolismo vacío. Dios siempre recompensa nuestra fe y bendice nuestra obediencia (Heb. 11:6; Luc. 11:28).

Si no te has bautizado desde que pusiste tu fe en Jesús, te animamos a que sigas el mandato de tu Señor de hacerlo. No tengas miedo. Es una experiencia maravillosa. Jesús ha hecho el trabajo duro por nuestra salvación, sufriendo la vergüenza de la cruz. Es nuestro privilegio demostrarles a Él y a los demás que amamos de verdad al Señor y que le confiamos plenamente nuestras vidas.

Padre, eres fiel y tienes una razón para todo lo que ordenas. Has hecho un camino para que tenga vida en ti. Abre mis ojos al significado y la belleza del bautismo y ayúdame a celebrarlo a través de mi vida y en la vida de los demás. Gracias por preocuparte tanto por mí, por mi iglesia y por un mundo perdido como para darme esta oportunidad de declarar mi fe con valentía y alegría. En el nombre de Jesús. Amén.

Para profundizar

Deuteronomio 6:24-25 • Hechos 8:35-39 • Hechos 10:44-48

8

Permanecer en Jesús

¿Cuál es el secreto para vivir la vida cristiana?

Yo soy la vid, ustedes los sarmientos; el que permanece en Mí y Yo en él, ese da mucho fruto, porque separados de Mí nada pueden hacer (Juan 15:5)

Incluso después de creer que Jesús pagó todo en la cruz, la mayoría de la gente supone falsamente que vivir la vida cristiana y obedecer la Biblia sigue dependiendo de ellos. De su sabiduría y fuerza de voluntad. De su autocontrol y autodisciplina. Esta es una receta para el fracaso y nunca ha sido el plan de Dios.

El pensamiento religioso coloca todo el peso de tu lado, como si la clave estuviera en esforzarte más y comprometerte más. Pero, en realidad, seguir a Jesús consiste más en arrepentirnos de la autosuficiencia, recibir de Él todo lo que necesitamos, y luego llevarlo a cabo por Su gracia y Su fuerza.

Los discípulos maduros y fructíferos no se centran primero en hacer grandes cosas por Cristo. Entienden que no pueden hacer «nada» sin Él. En cambio, se centran en estar bien con Jesús y caminar estrechamente con Él, confiando en que *Él* hará las grandes cosas a través de *ellos*. El apóstol Pablo escribió: «ya no soy yo el que vive, sino que Cristo vive en mí» (Gál. 2:20).

Los guantes no producen grandes obras. Son las manos en los guantes las que hacen grandes cosas.

Jesús explicó que la clave de la vida cristiana es el principio de la *vid* y los *sarmientos*. Compartió este principio épico con Sus discípulos, y alteró para siempre sus vidas. Aquí lo tienes.

Permanecer en Cristo es el secreto de la vitalidad y la fecundidad espirituales.

¿Qué es permanecer? Es simplemente *seguir* en comunión constante con Dios. No solo conocerlo como Señor y Salvador, sino caminar estrechamente con Él a lo largo de cada día. Relación y comunión son cosas muy distintas. La relación es la conexión permanente entre el Padre y Su hijo. La comunión tiene que ver más con la cercanía e intimidad continuas entre ellos. Permanecer no es solo relación, sino comunión.

Tu comunión con Dios no debe ser solo los domingos o durante una necesidad desesperada, sino momento a momento. Todo el día, todos los días. Como una vid y sus sarmientos. Para que nos mantengamos sanos, crezcamos rápidamente y demos fruto, debemos aprender a permanecer en Cristo.

Jesús lo dijo de esta manera: «Permanezcan en Mí, y Yo en ustedes. Como el sarmiento no puede dar fruto por sí mismo si no permanece en la vid, así tampoco ustedes si no permanecen en Mí. Yo soy la vid, ustedes los sarmientos; el que permanece en Mí y Yo en él, ese da mucho fruto, porque separados de Mí nada pueden hacer» (Juan 15:4-5).

Deja que Sus palabras se arraiguen en ti. Esta es una gran diferencia con respecto a la práctica religiosa tradicional. La gente se agota intentando impresionar a Dios y conseguir cosas para Él. A menudo, acaban fracasando y muy decepcionados. Son sarmientos fuera de la comunión con la vid. Pero otras personas parecen vivir de victoria en victoria, llevando regularmente las palabras, las actitudes y el fruto espiritual del Espíritu. ¿Cómo? Han aprendido a permanecer en Cristo, la vid, la fuente de «vida» (Juan 1:4). No tenemos poder en nosotros mismos. Aparte de Él, no podemos producir ni una sola cosa de valor eterno. Nada que dure. Nada que Dios quiera realmente.

Lo necesitamos a Él. De lo contrario, no tenemos nada.

Todos sabemos lo que ocurre cuando se desenchufa un aparato de la corriente. Se vuelve improductivo e inútil. Cuando un ordenador o un teléfono pierden la conexión a Internet, no sirven para consultar páginas web o escribir correos electrónicos. La productividad cae en picado. Sentimos la urgencia de volver a conectarnos rápidamente.

Del mismo modo, nuestra comunión continua con Jesús es la conexión que debemos mantener. Sí, debemos trabajar duro, pero debemos trabajar mientras permanecemos, no *en lugar* de permanecer. Todo lo que necesitamos y todo el fruto que damos procede de esta relación permanente. Y no produce solo un poco de fruto. ¡Produce mucho!

Así que permanecer es la primera prioridad de cada día. Permanecer íntimamente cerca de Jesús. Depender constantemente de Su Espíritu para todo. Disfrutar de Él. Encontrar satisfacción y fuerza en Él. Caminar con Él. Lo invitamos a entrar en cada momento. Nos apoyamos en Él. Y cuando lo hacemos, el fruto empieza a aparecer de forma natural, de maneras inesperadas y sorprendentes.

Pueden ser palabras sabias, actitudes amorosas, decisiones bendecidas u obras útiles, y todas ellas dan gloria a Dios. «En esto es glorificado Mi Padre, en que den mucho fruto, y así prueben que son Mis discípulos» (Juan 15:8).

¿Cómo permanecemos y nos mantenemos unidos? Lee Juan 15 y fíjate en las siguientes características.

Permanecer limpios (Juan 15:3). Permanecer rectos con el Señor, confesando todo pecado (1 Jn. 1:5-9). Incluso un solo pecado, si somos conscientes de él y nos negamos a arrepentirnos, puede obstaculizar nuestra intimidad con el Señor. Debemos permanecer limpios y unidos.

Permanecer en la Palabra de Dios. Escudriñando la Biblia cada día con una mente abierta y un corazón dispuesto y enseñable. Jesús dijo: «Si permanecen en Mí, y Mis palabras permanecen en ustedes, pidan lo que quieran y les será hecho» (Juan 15:7). Permanece en la Palabra diariamente.

Orar. Dejando que la comunicación con Dios sea continua. Empezando y terminando el día en oración. Hablando con Dios siempre que quieras o en cualquier momento de necesidad. Cuando te deleitas en Él y lo buscas, te concede «las peticiones de tu corazón» (Sal. 37:4).

Caminar en obediencia (Juan 15:10). Siguiendo las huellas de nuestro Señor. Sometiéndonos a Él. Cooperando con Su liderazgo. Obedeciendo Su Palabra. Siguiendo Su ejemplo.

Caminar en amor hacia los demás. Este es uno de Sus principales mandamientos (Juan 15:9, 12, 17). No es una regla a seguir ni un ritual que mantener. Su amor es simplemente lo que fluye a través de nosotros cuando permanecemos en comunión amorosa con Jesús. Su fruto es lo que producimos de forma natural y lo que la gente ve. *Su* carácter. *Su* paz. *Su* ternura. *Su* verdad y sabiduría. *Su* cuidado y preocupación amorosos. Lo que importa es Cristo viviendo en nosotros y a través de nosotros.

Así que deja de castigarte por sentirte infructuoso en tus propias fuerzas, por fallar a la hora de obedecer la Biblia, de actuar como Jesús o hacer cosas significativas para Dios. Empieza a *permanecer.* Deja de intentar ganarte el amor de Dios. Recíbelo y descansa en él. Así es como empiezas a disfrutar de la presencia de Dios. Así es como empiezas a vivir con autenticidad espiritual. Así es como obtienes la victoria sobre los pecados ocultos y dejas de estar dominado y esclavizado por ellos. La alegría sobrecogedora que pensabas que estaba reservada solo a los supercristianos es el bendito privilegio de todo creyente en una cercanía íntima con Él en todo momento. Al permanecer en la Vid.

Te alabo, Padre celestial, por buscarme y recibirme como sarmiento en la vid. Perdóname por intentar hacer las cosas a mi manera, con mis fuerzas, y no confiar en tu corazón para mí y en el suministro de tu Espíritu. Te necesito. Solo a través de ti puedo hacer lo que deseas de mí. Me rindo a ti ahora mismo, permaneciendo en tu amor. Vive a través de mí, en el nombre de Jesús. Amén.

Para profundizar

Juan 15:1-8 • 1 Corintios 1:4-9 • 1 Juan 1:3

9

EL HÁBITO MÁS IMPORTANTE

¿CUÁLES SON LOS PASOS PARA UNA BUENA VIDA DEVOCIONAL?

Levantándose muy de mañana, cuando todavía estaba oscuro, Jesús salió y fue a un lugar solitario, y allí oraba (Marcos 1:35)

Mientras buscas una relación duradera con Jesús, una de las cosas más importantes que puedes hacer es desarrollar un tiempo vibrante de devoción cada día con el Señor. Se trata de un momento privado en el que estás a solas con Dios para disfrutar de Él y alinear tu mente y tu corazón con Él.

El propósito de los devocionales no es marcar una casilla religiosa o impresionar a los demás. Se trata de reunirse con Dios y buscar intencionadamente una comunión más profunda con

Jesús. También es una forma práctica de incorporar algunos de los elementos de la *permanencia* a tu rutina diaria.

Jesús dio ejemplo de ello. Él «con frecuencia [...] se retiraba a lugares solitarios» para orar y estar a solas con Su Padre (Luc. 5:16). Se levantaba «muy de mañana» (Mar. 1:35) o se quedaba despierto hasta tarde por la noche (Luc. 6:12) para pasar tiempo de comunión a solas con Dios. Si Jesús buscaba y guardaba esto con constancia durante Su exigente horario, nosotros también deberíamos hacerlo.

Los devocionales son grandes oportunidades para recibir aliento de Dios y ser transparentes ante Él. Muchos creyentes se refieren a ellos como su *tiempo de quietud diario*. La intimidad requiere tiempo. Cuando las personas se aman profundamente, buscan intencionadamente pasar tiempo juntas. Los hijos amados disfrutan arrastrándose a los brazos de su padre. Los mejores amigos buscan la compañía regular. Los amantes buscan tiempo a solas. Y nosotros somos todas esas cosas en nuestra relación con Dios. Como creyentes en Jesús, somos los hijos amados de Dios (1 Jn. 3:1), amigos de Jesús (Juan 15:14-15), y se nos llama la «novia» de Cristo (Apoc. 21:2). Tenemos todos los motivos para pasar tiempo con nuestro amado Señor cada día. ¡Y lo necesitamos desesperadamente! Así que piensa en los devocionales como una oportunidad diaria para que Dios y tú se deleiten mutuamente y se comuniquen con sinceridad.

Apartar tiempo para estar con Dios no se ordena específicamente en las Escrituras ni pretende ser una norma legalista. No debes sentirte culpable ni condenado si no lo haces cada día. En realidad, se trata de permanecer. A medida que crezcas en el Señor y empieces a disfrutar de los devocionales diarios, descubrirás que es un tiempo rico y refrescante con Él. Tiene innumerables beneficios y puede bendecir sorprendentemente tu forma de pensar, tus actitudes y acciones de formas que no esperarías.

Tampoco hay una fórmula o receta establecida. Pero queremos compartir algunas prácticas devocionales habituales que la gente disfruta, con la esperanza de que a ti también te resulten útiles. Considera lo siguiente como una sencilla guía de inicio que puedes utilizar para poner en marcha este hábito en tu propia rutina. Siéntete libre de adaptarla a tu propio camino con el Señor.

Cómo tener un tiempo de devoción o quietud:

Quédate a solas con tu Biblia, un bolígrafo y un bloc de notas. Da un paseo, siéntate en el auto o elige un escritorio tranquilo en alguna parte, pero intenta encontrar un lugar apartado donde puedas concentrarte y disfrutar de este tiempo. Para algunos, puede ser tomar una taza de café y sentarse junto a una ventana luminosa de la casa. Cuando entra la luz del sol por la mañana, es allí donde pasan los primeros minutos del día con el Señor. Encuentra un lugar agradable que te sirva.

Prepara tu corazón. Es bueno respirar hondo, estar quieto y recordar que Dios es bueno y sigue teniendo el control (Sal. 46:10; 103:19). Algunas personas empiezan sus devocionales escuchando una canción de adoración. Otras se arrodillan y oran. Algunas levantan las manos y alaban a Dios por lo que es. Otra buena manera es simplemente abrir las manos, cerrar los ojos y dar gracias al Señor por Su amor y Su fidelidad. Mientras te deleitas en el Señor, sigue adelante y sométete a Él, pidiéndole que te hable a través de Su Palabra y que bendiga este tiempo con Él (Sal. 119:18-38).

Lee la Palabra de Dios. La Biblia es santa y está viva (Heb. 4:12). Es un río de verdades atemporales que nos nutren y nos cambian. El Espíritu de Dios nos enseña, nos revela y nos consuela a través de él. También nos disciplina amorosamente a través de la Palabra, mientras «Sus manos también sanan» y nos acercan (Job 5:18).

¿Cuánto debes leer? Muchas personas leen un capítulo al día. Otras leen durante horas. Considera la posibilidad de empezar con cinco minutos y luego continuar todo el tiempo que desees. De este modo, puedes leer lentamente toda la Biblia a lo largo del tiempo. Lee a un ritmo que te dé tiempo a asimilarla, no solo a pasar por ella. Pero no te limites a leer. *¡Escudriña!* Mantén la curiosidad y haz preguntas. «Señor, ¿qué quieres decirme?». «¿De qué trata realmente este pasaje? ¿Por qué es importante? ¿Qué enseña sobre tu carácter? ¿Sobre tus caminos?». «¿Qué quieres que entienda o haga a partir de esto?».

Anota las cosas clave que descubras. Cuando Dios habla, debemos valorarlo y no ignorarlo. Puede ser muy útil anotar en un papel cualquier verdad o pensamiento importante para captarlo y recordarlo más tarde. También es maravilloso llevar un registro de cómo obra el Señor en ti y reconocer Sus respuestas a la oración que previamente has escrito y le has expresado.

Derrama tu corazón ante el Señor. Ora sobre cualquier cosa que tengas en el corazón. Pídele a Dios que te ayude a recordar y aplicar lo que estás aprendiendo. Luego dedica tiempo a compartir con el Señor tus necesidades, deseos y cargas. Sé respetuoso, pero ve al grano. Confiesa cualquier pecado. Comparte cualquier carga. Ora por las necesidades de los demás. Pídele gracia y fuerza. Pídele que te llene, te guíe y te utilice. Apóyate en el Padrenuestro como guía, si así lo deseas (Mat. 6:9-13).

Ve a hacer lo que Él dijo. Mantente abierto a cualquier cambio en tu forma de pensar, en tus hábitos o en tu horario que puedas incorporar a tu vida a partir de Su Palabra. No ocurrirá de golpe, pero el tiempo constante en la Palabra nos renueva desde adentro y transforma nuestra forma de pensar y nuestra vida con el tiempo (Juan 8:31-32).

Comparte con los demás lo que Dios te está enseñando. Espera que tu tiempo devocional se desborde en la vida y en las conversaciones. Mejorará tus actitudes, bendecirá tu jornada laboral y te hará más consciente de los encuentros divinos que el Señor pone en tu camino. ¡Dios es tan asombroso!

El tiempo a solas con Jesús es verdaderamente transformador. Te animamos a que empieces a hacerlo tú también, o a que empieces de nuevo. ¡Deléitate diariamente en tu Padre, Amigo y Salvador! Como un árbol plantado junto a un río, podemos nutrirnos constantemente de nuestro tiempo juntos (Sal. 1:1-3). ¡Que cada día permanezcas y abundes en Él!

Padre, acércame a ti. Renuévame y refréscame diariamente con tu Palabra viva, tu Espíritu Santo y con tiempo sincero en oración. Cambia mis hábitos y prioridades para que tenga tiempo para ti. Ayúdame a conocerte, a caminar contigo y a permanecer en ti cada día. En el nombre de Jesús. Amén.

Para profundizar

Salmo 119:9-11 • Lucas 10:38-42 • Efesios 5:15-17

10

Evidencia de tu nueva vida en Jesús

¿Cómo sé si verdaderamente soy salvo?

... *«En verdad te digo que el que no nace de nuevo no puede ver el reino de Dios»* (Juan 3:3)

¿Alguna vez te has cuestionado o has dudado de tu salvación? La Biblia dice claramente que Dios quiere que sepamos cuál es nuestra condición delante de Él. Desea que los que aún necesitan la salvación lo reconozcan y acudan a Él con fe (1 Tim. 2:3-4). También quiere que los que se han salvado de verdad tengan la seguridad de que son Sus hijos amados y tienen vida eterna (1 Jn. 5:13).

Jesús advirtió repetidamente que la gente puede engañarse sobre su condición espiritual. La eternidad es demasiado larga para equivocarse al respecto. Por eso se nos reta a probar nuestra fe para ver si Cristo vive realmente en nosotros (2 Cor. 13:5-6). El libro de 1 Juan describe maravillosamente cosas concretas que aparecerán en la vida de un verdadero creyente y revelarán que el Espíritu de Dios lo ha cambiado de verdad. Puedes utilizar estas señales de salvación para poner a prueba tu propia vida y ver si Cristo vive realmente en ti.

SEÑAL N.º 1: Confesión abierta de que Jesús es el HIJO de DIOS. «Todo aquel que cree que Jesús es el Cristo, es nacido de Dios» (1 Jn. 5:1). «Por tanto, todo el que me confiese delante de los hombres, Yo también lo confesaré delante de Mi Padre que está en los cielos» (Mat. 10:32). La gente dice diversas cosas sobre Jesús, pero un auténtico creyente gritará desde la cima de la montaña que Él es el Hijo de Dios. Dios en la carne. Su Salvador y Señor. ¿Quién es Jesús para ti? ¿Es solo un buen profeta, maestro o ejemplo? ¿O lo consideras tu Dios? Tu respuesta ayuda a revelar cuál es tu posición espiritual respecto a Jesús.

SEÑAL N.º 2: Un estilo de vida de OBEDIENCIA a Dios. «Y en esto sabemos que lo hemos llegado a conocer: si guardamos Sus mandamientos» (1 Jn. 2:3). Puesto que la salvación es un regalo, la obediencia no es la *raíz* de la misma, sino un *fruto* de ella. No siempre obedecemos a Dios, pero una persona que ha sido cambiada por el evangelio tendrá un deseo creciente de hacer lo que Cristo manda. El Espíritu Santo nos da esta nueva inclinación interior. Para obedecer y hacer la voluntad de nuestro Padre que está en los cielos. Para vivir la Palabra de Dios y seguir el ejemplo de Cristo (1 Jn. 2:3-6). Los creyentes en crecimiento no obedecerán a la perfección, pero obedecerán *cada vez más*. Y nos molesta cuando no nos sometemos a Cristo. Seguirlo es señal de tener el nombre de Dios escrito en el corazón. ¿Y tú? ¿Obedeces a Cristo? ¿Está aumentando en tu corazón el deseo de ver más áreas de tu vida alineadas con Su Palabra? ¿El pensamiento de que Él es tu Señor guía tus decisiones? Si es así, tu obediencia es señal de que ya eres hijo de Dios.

SEÑAL N.º 3: ARREPENTIMIENTO continuo del pecado. «Ninguno que es nacido de Dios practica el pecado, porque la simiente de Dios permanece en él» (1 Jn. 3:9). Todos pecaron y sienten una atracción a pecar, pero «en esto se reconocen los hijos de Dios [...]: todo aquel que no practica la justicia, no es de Dios» (1 Jn. 3:10). Las personas no suelen arrepentirse por sí solas. Pero el Espíritu Santo ayuda a los hijos de Dios a confrontar el pecado como una práctica habitual. ¿Cómo? Nos advierte de antemano que lo evitemos. Luego nos convence amorosamente cuando pecamos. Nos aflige. Entonces, nos insta a asumir nuestra responsabilidad, confesar el pecado a Dios y alejarnos de él. Cuanto más cerca caminamos de Jesús cada día, más disminuye nuestro deseo de pecar y aumenta nuestra capacidad de resistirlo. Con el tiempo, notaremos que pecamos menos y disfrutamos más de la victoria. Pregúntate: *¿Cómo respondo cuando peco contra Dios?* ¿Con un corazón encallecido o con un corazón convencido? La respuesta del verdadero cristiano es: «Lo confieso. Me arrepiento. Lo quiero fuera de mi vida». Cómo respondemos al pecado es otra prueba de fuego de nuestro verdadero estado espiritual.

SEÑAL N.º 4: AMOR genuino hacia otros creyentes. «Nosotros sabemos que hemos pasado de muerte a vida porque amamos a los hermanos. El que no ama permanece en muerte» (1 Jn. 3:14). ¡Dios es amor! Cuando Su Espíritu entra en nosotros, nos da un amor cada vez mayor por los demás, especialmente por los creyentes. Jesús dijo: «En esto conocerán todos que son Mis discípulos, si se tienen amor los unos a los otros» (Juan 13:35). La nueva vida en Él hace florecer en nosotros el amor verdadero. Nuestra creciente capacidad de perdonar, de desear lo mejor de Dios para los demás, de ser pacientes y amables, de mostrar compasión y apoyo en momentos de necesidad, es una prueba de que «el amor de Dios ha sido derramado en nuestros corazones» (Rom. 5:5). ¿Cómo te sientes hacia los demás creyentes en Cristo y cómo los tratas? ¿Está vivo Su amor en ti?

SEÑAL N.º 5: La presencia del ESPÍRITU SANTO de Dios. «Y en esto sabemos que Él permanece en nosotros: por el Espíritu que nos ha dado» (1 Jn. 3:24). Hablaremos más sobre el Espíritu Santo en futuros capítulos, pero debes saber esto: si te has arrepentido de verdad y has creído en Cristo, has sido «[sellado] en Él con el Espíritu Santo de la promesa». Él es la «garantía» o anticipo de tu herencia en Cristo (Ef. 1:13-14). Si realmente está dentro de ti, empezará a animarte, convencerte, satisfacerte y fortalecerte desde dentro. Aclarará la Palabra de Dios y producirá fruto espiritual en tu vida. Es asombroso. Su presencia continua es un signo resplandeciente de la verdadera salvación.

SEÑAL N.º 6: La DISCIPLINA de tu Padre. Entre las bendiciones de recibir al Hijo de Dios está la de ser adoptado por Su Padre celestial. «Miren cuán gran amor nos ha otorgado el Padre: que seamos llamados hijos de Dios» (1 Jn. 3:1). Pero, ¿qué hacen los buenos padres por sus hijos y no por los extraños? Por un lado, disciplinan con amor (Heb. 12:7). Como cristiano, puedes esperar que tu Padre celestial no te deje desviarte sin que se dé cuenta. Te corregirá amorosamente cuando peques contra Él, no para hacerte daño (aunque pueda resultar doloroso), sino para instruirte, hacerte retroceder y hacer crecer en ti el «fruto apacible de justicia» (Heb. 12:11). Sentir Su disciplina correctiva es una marca de nacimiento de ser Su hijo amado.

SEÑAL N.º 7: Confiar SOLO en JESÚS para la salvación. «El que tiene al Hijo tiene la vida, y el que no tiene al Hijo de Dios, no tiene la vida» (1 Jn. 5:12). Los falsos creyentes confían en sí mismos o en su religión. Un verdadero creyente confía solo en Cristo y en lo que Él hizo en la cruz. ¿Tu fe está en Jesús o en tu iglesia? Los buenos sentimientos, el buen comportamiento y las buenas intenciones no son cosas «malas», pero son completamente insuficientes para la salvación. Las buenas acciones no borran mágicamente los pecados pasados. El apóstol Pablo lo demostró. Tenía un currículum espiritual asombroso (Fil. 3:1-5), pero dejó de lado voluntariamente toda su propia «justicia» cuando descubrió que solo Cristo podía darle «la justicia que procede de Dios» (Fil. 3:7-9). Entonces, ¿en qué confías? ¿En ti mismo o solo en Cristo? Tu fe en Él es una señal de Su obra en ti.

Estas siete señales revelan una auténtica relación salvífica con Jesús. Si son evidentes en tu vida, regocíjate y descansa en ello. Si no lo son, entonces no pospongas el amoroso mandato de las Escrituras de arrepentirte y creer en Jesucristo e invocar Su nombre para una auténtica salvación (Rom. 10:13).

Padre Celestial, gracias por mostrarme cómo puedo saber que soy tuyo, incluso con la incertidumbre que puedo sentir a veces. Muéstrame mi verdadera condición ante ti. Solidifica y ancla mi identidad en Cristo. Haz crecer estas cosas en mí a medida que me acerco más a tu Hijo, mi Salvador, en el nombre de Jesús. Amén.

Para profundizar

2 Corintios 5:17 • 1 Juan 3:1-24 • 1 Juan 5:11-13

Parte III

Identidad

¿Quién soy en Cristo?

11

Tu identidad en Cristo

¿Quién soy en Cristo?

Pero a todos los que lo recibieron, les dio el derecho de llegar a ser hijos de Dios, es decir, a los que creen en Su nombre (Juan 1:12)

Tu identidad, o quién eres, cambia por completo cuando depositas tu fe en Jesús.

¡Para mejor! Es verdaderamente increíble. Ya no te definen los títulos que posees, las etiquetas de este mundo, los trabajos que realizas, las emociones que sientes, las opiniones de los demás ni los errores que has cometido.

Ahora te define Dios. Aquel que te hizo, te conoce mejor y te ama más.

El Creador siempre define a Su creación. Eres quien Él dice que eres. Y punto.

Esto es fundamental para nuestro caminar con Dios. Nuestras acciones y palabras fluyen de lo que somos. Las manzanas siempre caen del manzano. Ser es antes que hacer. Cuando Dios cambia nuestra identidad y nuestros corazones por dentro, eso también afectará lo que digamos y hagamos por fuera.

Entonces, ¿quién eres en Cristo? ¿Cuál es tu identidad? Bueno, empecemos diciendo que es maravillosa (1 Ped. 2:9). Pero entre muchas cosas buenas, centrémonos en cuatro:

Eres amado. El amor no es solo lo que se te da, sino quién eres. Él nos amó *antes* de que fuéramos salvos; nos ama *ahora*; y nos amará *siempre*. Y habiendo muerto para salvarnos, no permitirá que nada «nos [separe] del amor de Dios que es en Cristo Jesús Señor nuestro» (Rom. 8:38-39). Nada puede hacerlo. Nada lo hará. Mediante la fe en Él como tu Salvador, has pasado de estar muerto a estar vivo. De ser un extraño separado a ser Su amado (Rom. 9:25). Ahora se te conoce a través de la lente del gran amor de Dios por ti (1 Jn. 4:10).

A muchas personas les cuesta creer que pueden ser amadas en gran medida, conociendo la profundidad de su propio quebrantamiento y sus defectos. Cualquiera puede tener dificultades para recibir el amor de Dios o confiar plenamente en él. Nuestras experiencias de ser rechazados o profundamente heridos por otros pueden cegarnos ante el amor de Dios. Por eso Pablo, orando por los creyentes, pidió a Dios que fortaleciera espiritualmente sus corazones para que pudieran «comprender [...] cuál es la anchura, la longitud, la altura y la profundidad» del amor de Dios (Ef. 3:18). Dios ya los amaba profundamente como hijos suyos, pero ellos no se daban cuenta ni lo recibían plenamente. Así es como Dios nos ama a todos nosotros. Más de lo que cualquier padre de la tierra ama a su hijo. Él es el Padre perfecto, que te da un amor perfecto, no porque te hayas ganado Su amor, sino porque Él es amor. La cruz de Jesús es una prueba de esto (Rom. 5:8). De esa manera podemos llegar «a conocer y [creer] el amor que Dios tiene para nosotros» (1 Jn. 4:16). ¡Créelo! ¡Pídele a Dios que te ayude a recibirlo y a caminar en él!

Eres hijo de Dios. Si Jesús es tu Señor, entonces Dios es tu Padre. Le perteneces. No eres solo un ser amado al otro lado del universo de Dios. Ahora eres Su hijo, acercado a través de Jesús como miembro amado de Su familia. La Biblia dice que has sido adoptado (Ef. 1:5). Los cristianos nacidos de nuevo «no nacieron de sangre, ni de la voluntad de la carne, ni de la voluntad del hombre, sino de Dios» (Juan 1:13).

Como Padre adoptivo, Él no se limitó a recibirte como hijo suyo, sino que intencionadamente puso Su corazón en ti «conforme a la buena intención de Su voluntad» (Ef. 1:5). Ningún creyente es un accidente o una ocurrencia tardía. Él te conocía mucho antes de que nacieras. Te eligió en Cristo «antes de la fundación del mundo» (Ef. 1:4) y te tiene aún en Su mano (Juan 10:29).

Eres una nueva criatura. Jesús no murió para dar a la gente un lavado de cara o una mano de pintura. Nos hace radicalmente nuevos. «De modo que si alguno está en Cristo, nueva criatura es; las cosas viejas pasaron, ahora han sido hechas nuevas» (2 Cor. 5:17). Esta es una verdad profunda: por medio de Cristo, Dios crucificó espiritualmente nuestro viejo yo, nos sepultó con Cristo y luego nos resucitó nuevos y vivos en Él (Rom. 6:3-11). Antes estabas muerto en tus «delitos y pecados» (Ef. 2:1). Vivías en la tierra de los moribundos. Estabas separado espiritualmente de Dios. «Pero Dios, que es rico en misericordia» y amor, te hizo vivo y nuevo (vv. 4-5).

¿Qué parte de nosotros es hecha nueva? Todo nuestro ser. Nuestro espíritu es hecho nuevo en la salvación (Rom. 8:8-11).

Nuestras almas son salvadas y hechas nuevas por Su Palabra (Sant. 1:21). Nuestros cuerpos serán hechos nuevos cuando Él vuelva (Fil. 3:20-21). Y esto es solo una muestra de lo que está por venir, porque «el que está sentado en el trono» dice: «Yo hago nuevas todas las cosas» (Apoc. 21:5). Su plan eterno es épico, y nosotros podemos formar parte de él.

Eres perdonado de todos tus pecados. Piensa en todas las veces que te has sentido abatido por las maldades que cometiste o por las muchas cosas buenas que deberías haber hecho, por todos esos pecados que siguen apareciendo. ¿Puede haber mayor alivio que saber que, en Cristo y mediante Su cruz, tenemos plenamente «redención: el perdón de los pecados» (Col. 1:14)? Nuestras deudas eternas están totalmente pagadas. Escúchalo gritar claramente: «¡Consumado es!» (Juan 19:30). ¡Fuiste perdonado! Por Su gracia, tu expediente queda limpio, sustituido por Su justicia perfecta (Fil. 3:7-9). Has sido liberado en Cristo. Además, «ahora no hay condenación para los que están en Cristo Jesús» (Rom. 8:1). Ha vencido el pecado que había en ti y que iba a destruirte y condenarte. ¡Todo por Su gracia y para Su gloria! (Ef. 1:6, 14). Quiere que ahora te consideres plenamente muerto a ese pecado y vivo para Dios (Rom. 6:11).

En el próximo capítulo, veremos la asombrosa *herencia* que Dios nos da en Cristo.

Pero si no estamos dispuestos a aceptar estas verdades sobre nosotros, corremos el riesgo de vivir cada día como si siguiéramos perdidos y siendo indeseados. Si nos negamos a creer lo mucho que Dios nos ama y lo completamente que nos ha cambiado y nos está cambiando, seguiremos dando tumbos hacia atrás, pensando que seguimos siendo esclavos del pecado. Estaremos innecesariamente retenidos por las mentiras. Si no descubrimos y seguimos recordándonos quiénes somos en Cristo, vagaremos por la vida todavía dudando y sintiéndonos deprimidos. Nos definiremos por nuestras circunstancias cambiantes en vez de por la Palabra inmutable de Dios.

Así pues, los días en que no te sientas amado y nuevo o aceptado y perdonado, mírate al espejo y predícate el evangelio. Recuérdale a tu propio corazón y a tu alma su verdad.

En Cristo, eres el hijo amado de Dios, perdonado y nuevo.

Todas estas cosas y muchas más son tuyas, ¡y bastan para dejarte paz y alegría para toda la vida!

Padre, me has amado. Te alabo por ello. Me has elegido y adoptado para ser tu hijo amado. Te doy gracias por eso. Me has hecho una nueva creación. No sé cómo alabarte lo suficiente. Me has perdonado todos mis pecados. Ayúdame a no dejar nunca de alabarte por esto. Abre plenamente mis ojos a lo que soy en ti. En el nombre de Cristo. Amén.

Para profundizar

Efesios 1:3-10 • 2 Tesalonicenses 2:13-17 • 2 Pedro 1:3-4

12

Tu herencia en Cristo

¿Qué he recibido de Él?

No temas, rebaño pequeño, porque el Padre de ustedes ha decidido darles el reino (Lucas 12:32)

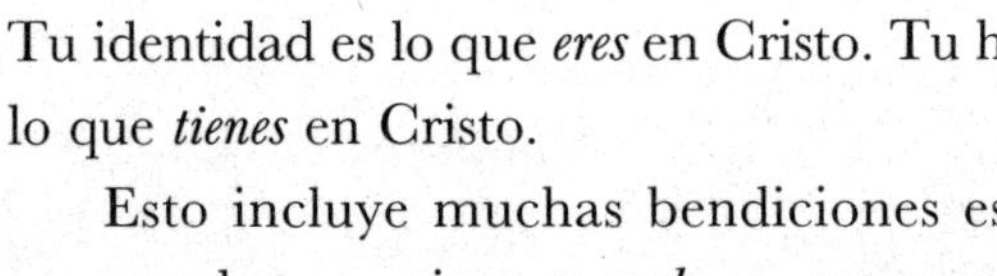

Tu identidad es lo que *eres* en Cristo. Tu herencia es lo que *tienes* en Cristo.

Esto incluye muchas bendiciones espirituales que puedes experimentar *ahora* y otras que experimentarás un día en el cielo. Nuestro Padre celestial concede amorosa y generosamente a todos los creyentes bendiciones espirituales. No las merecemos, pero Su gracia se glorifica a través de ellas. La Biblia dice claramente que Él «nos ha bendecido con toda bendición espiritual en los lugares celestiales en Cristo» (Ef. 1:3). No se trata de placeres vacíos, sino de recursos eternos que vienen con nuestra adopción y enriquecen diariamente nuestras vidas de innumerables maneras.

Empecemos por la esperanza. La esperanza duradera es exclusiva de los seguidores de Cristo. La esperanza en este mundo decepciona. Si la esperanza no está anclada en algo firme, no es segura. Nuestro «Dios de la esperanza» puede llenarte de alegría y paz que no dependen de las circunstancias de este mundo, «para que [abundes] en esperanza por el poder del Espíritu Santo» (Rom. 15:13). Como dijo el apóstol Pedro: «nos ha hecho nacer de nuevo a una esperanza viva» —que podemos disfrutar *ahora*—, y a «una herencia incorruptible, inmaculada, y que no se marchitará, reservada en los cielos para ustedes» (1 Ped. 1:3-4). ¡Para disfrutarla después!

Así que, mientras desenvolvemos muchos beneficios inestimables que hemos heredado de nuestro Padre, intenta recordarlos en los días en que te sientas como si no tuvieras suficiente. Cuando fracases o caigas, cuando te sientas decaído o sufras pérdidas, recuerda estas bendiciones eternas que siempre tienes en Cristo. Tienes un Padre rico que te ha bendecido amorosamente con verdaderas riquezas (Ef. 1:18).

Tienes al Espíritu Santo. Dios mismo entra en nosotros en el momento de la salvación. Entró en tu corazón cuando creíste en Cristo, y fuiste sellado como hijo de Dios (Ef. 1:13). En la antigüedad, poner un sello en un documento significaba que el decreto o la transacción que contenía era irrevocable. El Espíritu te ha sellado de este modo «para el día de la redención» (Ef. 4:30). Él es la garantía de lo que está por venir, revelado por Su presencia continua. La salvación futura es ahora tu herencia imperecedera.

Pero incluso hoy, mientras esperas, el Espíritu sirve como tu Ayudador y Consejero interno, como tu discernidor de la verdad

(Juan 14:16-17). Él te ama, da fruto en ti y te capacita para vivir más fiel y fructíferamente para Cristo. Te capacita para hacer lo que de otro modo nunca podrías hacer (Mar. 13:11; Luc. 21:15). El Espíritu Santo es tu compañero siempre presente, que te bendice desde adentro y te convierte en una bendición. Es el don precioso e inestimable de la presencia permanente de Dios, que puedes disfrutar y en el que puedes confiar cada día.

Tienes acceso a Dios a través de la oración. Gracias a lo que Jesús ha hecho por nosotros, ahora podemos acercarnos al Dios del universo, nuestro Padre, en cualquier momento y lugar. A través de la oración. No como extraños inoportunos, sino como Sus hijos amados. Ahora «tenemos libertad y acceso a Dios con confianza por medio de la fe en Él» (Ef. 3:12).

Después de que Dios nos salva y nos adopta, ¿cuán solos nos sentiríamos si no nos escuchara? Pero Él escucha perfectamente y se preocupa profundamente. Jesús no solo ora al Padre por nosotros, sino que ha tendido un puente para que podamos orar directamente a Dios (Juan 14:6). Hay «un solo Mediador entre Dios y los hombres, Cristo Jesús hombre» (1 Tim. 2:5), que «vive perpetuamente para interceder» por nosotros (Heb. 7:25). Por Su sangre, se nos invita a acercarnos a Dios «con plena certidumbre de fe» (Heb. 10:22). Podemos acercarnos a nuestro Padre amoroso para hablar de cualquier cosa. Esto nos permite orar libremente por todo (Ef. 2:18; Fil. 4:6-7). Podemos confiar en que Él escuchará y responderá en Su tiempo paciente y perfecto. ¡Lleva un registro y celébralo!

Tienes una familia espiritual. Tendemos a ver la vida cristiana a través de una lente individual, pero no es una aventura en solitario. Dios es una comunidad en sí mismo y nos invita a la comunión con Él y con otros creyentes. Cada uno de nosotros es miembro de un «cuerpo» (1 Cor. 12:14), el cuerpo de Cristo, la

Iglesia. Él nunca pretendió que funcionáramos solos. Nos pertenecemos unos a otros como hermanos en Cristo y estamos llamados a amarnos, apoyarnos, animarnos y consolarnos mutuamente.

El propio Pablo, uno de los seguidores más firmes de Cristo, dependía abiertamente de las oraciones y el apoyo de otros creyentes. Prosperaba gracias a la unidad que compartían mientras difundían el evangelio y hacían discípulos juntos. Tendremos más que decir sobre la iglesia en este libro, pero es un elemento esencial e inestimable de tu herencia en Cristo.

Tienes una provisión ilimitada. Dios es el dueño de todo y bendice a Sus hijos con vida abundante en Él (Juan 10:10). Puede suministrar cualquier cosa a toda persona en cualquier cantidad y en cualquier momento (Fil. 4:19). Preocuparse es vivir innecesariamente como un huérfano abandonado. Como seguidores de Cristo, no tenemos nada más de qué preocuparnos. Dios siempre suplirá de alguna manera. Él cumple fielmente.

«No se preocupen por su vida», dijo Jesús (Mat. 6:25). Eso es lo que hacen los incrédulos. Naturalmente, se preocupan y temen, comparan y se quejan. Pero nosotros no, ya no. Como creyentes, aunque debemos trabajar duro de buena gana y cumplir con nuestras responsabilidades, no necesitamos perder ni un segundo más pensando que nuestro Padre celestial no nos proporcionará lo que necesitamos. Él tiene poder y recursos ilimitados. Nuestra prioridad es buscar «primero Su reino» y caminar en «Su justicia», sabiendo que nuestras necesidades «serán añadidas» como provisiones de Su amor en tiempo real (Mat. 6:33).

Hay un lugar para ti en el cielo. Algunas cosas sobre el cielo seguirán siendo un misterio para nosotros hasta que lleguemos allí. Será infinitamente mejor de lo que cualquiera de nosotros pueda imaginar (1 Cor. 2:9). Jesús dijo a Sus discípulos que iría allí para «[prepararles] un lugar». Y cuando regrese, prometió llevárselos consigo, «para que donde Yo esté, allí estén ustedes también» (Juan 14:3). Aunque estemos temporalmente en la tierra, «nuestra ciudadanía está en los cielos, de donde también ansiosamente esperamos a un Salvador, el Señor Jesucristo» (Fil. 3:20).

Esta es nuestra esperanza viva, una «esperanza» que «no desilusiona». ¿Cómo lo sabemos? Porque Dios ya ha «derramado en nuestros corazones» Su amor como primera muestra de esta herencia celestial «por medio del Espíritu Santo que nos fue dado» (Rom. 5:5). El cielo nos espera. Es nuestro en Cristo. Así que podemos abrazar esta promesa de nuestro Padre, que nos salvó, nos llena, nos escucha, cuida de nosotros y nunca nos abandonará (Heb. 13:5).

Señor, abre nuestros ojos a la gloria de nuestra herencia en Cristo y a la riqueza de tu generosidad para con nosotros. Eres más de lo que podemos comprender o asimilar. Gracias por tu abrumadora gracia y misericordia derramadas sobre nosotros. Gracias por la esperanza que tenemos en ti, por tu Espíritu que llevamos dentro, por el acceso que nos has dado en la oración y por nuestro lugar contigo en el cielo. Que vivamos siempre agradecidos, siempre en paz y siempre alabándote. En el nombre de Jesús. Amén.

Para profundizar

Salmo 16:5-6 • Efesios 1:11-14 • Colosenses 1:9-12

13

Vivir tu identidad

¿Cómo debería afectar mi identidad la manera en que vivo?

Así, todo árbol bueno da frutos buenos... (Mateo 7:17)

¿Y si Dios te pidiera que te levantaras mañana por la mañana y fueras a pagar todas las hipotecas y deudas de tarjetas de crédito de todos los habitantes de tu ciudad? ¿Cómo responderías? Probablemente abrumado. Posiblemente, lleno de confusión, miedo y ansiedad. *¿Cómo, Señor? No tengo la capacidad ni los recursos. ¡Nunca podría realizar una hazaña tan imposible!*

Así responden muchas personas a los mandatos de las Escrituras y a lo que Dios les pide que hagan. Tras cuestionarlo, tras tantear y fracasar, acaban exhaustos y derrotados.

Pero imagínate que Dios dijera primero: «Aquí tienes un talonario de cheques gigante con billones de dólares en la cuenta. Ahora ve a pagar las deudas de todos». ¿Cómo responderías de forma diferente? Con menos miedo y mucha más alegría. ¡Incluso con entusiasmo! Irías de buena gana a cumplir Su asombrosa misión.

Esto es lo que Dios hace por los creyentes en los tres primeros capítulos del libro de Efesios del Nuevo Testamento. Antes de pedirte que hagas nada, te revela las grandes riquezas y recursos que tienes en Cristo. Te dice que tienes una nueva identidad como Su hijo amado. Su plena bendición y apoyo. Amor incondicional. El perdón completo de tus pecados. El poder del Espíritu Santo dentro de ti. Un hogar en el cielo esperándote. Pleno acceso a Dios en oración. Comunidad con el cuerpo de Cristo. Gracia y dones para cumplir Sus encargos. Su poder y presencia contigo en el camino. Efesios 1–3 es el «talonario» que se te ha dado para trabajar.

Después, a partir del capítulo 4, aprendemos sobre lo que se nos encarga. Pero gracias a lo que ahora sabemos sobre nuestra identidad y herencia en Cristo, no necesitamos tener miedo ni sentirnos abrumados por nada de lo que Él nos llame a hacer. Ya tenemos lo que necesitamos para todo ello, en cada paso del camino.

Sigue este patrón. Ahora que hemos sido plenamente perdonados (Ef. 1:7), se nos encarga perdonar plenamente a los demás (Ef. 4:32). Puesto que estamos arraigados en amor (Ef. 3:17), somos llamados a andar en amor hacia todos (Ef. 5:1-2). Sabiendo que Dios provee, podemos dejar de robar y empezar a dar (Ef. 4:28). Como nos ha concedido gracia (Ef. 4:7), podemos impartir gracia a los demás (Ef. 4:29). Al ser bendecidos, bendecimos. Al ser amados, amamos. Al ser servidos, servimos. *Aquí está el talonario de Dios, ¡compártelo!* Cosas que antes no podíamos hacer, ahora podemos hacerlas libremente a través de Él.

Esta comprensión debería afectar a tu manera de ver toda la Escritura. Cuando la Palabra de Dios te ordena hacer algo, no espera que lo hagas por tu propio poder o recursos, sino que accedas plenamente a Su poder y recursos por la fe y en la oración, por el poder de Su Espíritu, no por autosuficiencia. «Porque Dios es quien obra en ustedes tanto el querer como el hacer, para Su buena intención» (Fil. 2:13).

Ahora descansa y ora: «¡Dios, yo no puedo, pero tú sí!». Todo creyente puede ahora sonreír ante Sus órdenes y decir: «Todo lo puedo en Cristo que me fortalece» (Fil. 4:13). La vid dará fruto a través de Sus sarmientos. Cristo en ti. Cristo a través de ti.

Así que, para que este pensamiento cale hondo, la Escritura utiliza la imagen de quitarse la ropa vieja y sucia y ponerse un vestuario nuevo y limpio que se ajuste a tu nueva identidad. Debes «[despojarte] del viejo hombre, que se corrompe según los deseos engañosos» (Ef. 4:22) y «[vestirte] del nuevo hombre [creado según] la semejanza de Dios» (v. 24). Ahora puedes despojarte de los viejos hábitos y mentalidades que antes te definían, y revestirte de Su nueva forma de caminar en la luz (Ef. 5:8). Por la fe. Como hijo de Dios. Perdonado y amado. Listo para seguir.

¿Cómo deberían cambiarte tu nueva identidad y herencia según la Palabra de Dios?

Deberías pensar de forma diferente. Somos transformados mediante la renovación de nuestra mente (Rom. 12:2). Como un individuo «piensa dentro de sí, así es él» (Prov. 23:7). Entonces, ya no deberíamos andar en la vanidad de nuestra mente (Ef. 4:17). Los pensamientos vacíos, insensatos y derrochadores formaban parte de nuestra antigua vida muerta. Pero ya no. Es hora de crecer y ser «renovados en el espíritu de [nuestra] mente» y de «[vestirnos] del nuevo hombre» (Ef. 4:23-24). Es hora de vivir «no como insensatos sino como sabios, aprovechando bien el tiempo, porque los días son malos. Así pues, no sean necios, sino entiendan cuál es la voluntad del Señor (Ef. 5:15-17). Dejemos de pensar que seguimos siendo esclavos del pecado, rechazados por Dios e impotentes para hacer Su voluntad. Nuestra salvación es como un casco que debe afectar a todo nuestro pensamiento. ¡Somos nuevas criaturas en Él! ¡Vamos!

Deberías hablar de forma diferente. La Biblia declara: «Muerte y vida están en poder de la lengua» (Prov. 18:21). Las mentiras, las palabrotas, el chisme y las quejas son como una podredumbre que fluye de una boca moribunda y en descomposición. Puede que la lengua sea «un miembro pequeño» (Sant. 3:5), pero ejerce un enorme poder, ya sea para reflejar tu identidad en Cristo o para destrozar tu testimonio. La Palabra de Dios dice: «No salga de la boca de ustedes ninguna palabra mala, sino solo la que sea buena para edificación» (Ef. 4:29). Nada de «gritos [e] insultos» (v. 31). Nada de «obscenidades, ni necedades, ni groserías» (Ef. 5:4). Así éramos antes de Cristo. Pero ahora hemos sido limpiados y renovados. Nuestra nueva identidad debe afectar cada palabra que digamos de aquí en adelante. Debemos «hablar la verdad en amor» constantemente (Ef. 4:15). Nuestros labios deben ser como fuentes frescas de gracia, compartiendo solo lo que es bueno y útil para bendecir a los que nos rodean.

Debes comportarte de forma diferente. Cuando el Espíritu Santo vino a vivir en ti, hizo de tu «cuerpo» Su «templo» (1 Cor. 6:19). Eres un santuario andante. Sabiendo que Él está presente en tu interior, ¿cómo influye esta conciencia en la forma en que utilizas tu cuerpo? ¿Cómo influye en dónde vas con él? ¿En lo que haces con él? ¿En cómo lo cuidas? Ahora compartes el espacio vital con el Espíritu de Dios, que está ahí para ayudarte a experimentar la belleza y la pureza de Su «santidad», sin toda la culpa, el remordimiento y el daño de la «impureza» (1 Tes. 4:7, NVI). Los incrédulos no comprenden la libertad de ser purificados por Dios, pero tú sí puedes. Párate firme, levanta la mirada y camina en honor y pureza cada día. Es tu herencia como Su hijo bendito. ¡Puedes hacerlo!

Deberías relacionarte de forma diferente. Nuestra nueva identidad debería bendecir todas nuestras relaciones. Su amor nos hace pacientes y amables. Antes éramos despiadados, ahora somos piadosos. Esto se derrama a tu matrimonio, tu familia, tu trabajo, tu vecindario. Se acabaron los engaños. ¡Verdad! Se acabaron los arrebatos de ira. ¡Paciencia! Se acabaron las discusiones y las peleas. ¡Paz! Dirige ahora toda tu guerra «contra las insidias del diablo» (Ef. 6:11), no contra las personas que Dios ha traído a tu vida.

En los días duros y difíciles, Satanás intentará que dudes del amor y la bondad de Dios, que no entiendas quién eres. Te dirá lo contrario de Efesios 1–3 y argumentará que no eres el hijo bendito y amado de Dios. Cuando esto ocurra, sé fuerte en el Señor, recuerda quién eres y lo que tienes en Cristo. Resiste al diablo por la fe, con la Palabra y en oración. Mantente firme en la victoria que Cristo ya ha ganado para ti. ¡Cree en la verdad y mantente firme por la fe!

«Sean, pues, imitadores de Dios como hijos amados» (Ef. 5:1), no solo sabiendo quién eres, no solo sabiendo qué tienes, sino al ser conocido por la forma en que tu vida imita a Cristo. ¡En pensamiento, en palabra, en obra, en vida!

Oh, Padre, sólo tú puedes hacer estas cosas en mí. Hoy me ofrezco a ti, para que obres tu justicia en mí. Ayúdame a despojarme de aquellas cosas que solo han conseguido destruirme, y ayúdame a ponerme las ropas nuevas y la armadura completa de un seguidor de Cristo. Te lo pido en Su nombre. Amén.

Para profundizar

Romanos 6:11-13 • Romanos 8:5-10 • Gálatas 5:24-26

Parte IV

Escritura

¿Cómo puedo confiar en la Palabra de Dios y aplicarla?

14

Cómo abrirse paso por la Biblia

¿Cuál sería un pantallazo general de la Biblia?

En el principio ya existía el Verbo,
y el Verbo estaba con Dios, y el Verbo era Dios
(Juan 1:1)

La Biblia es el libro más grande de todos los tiempos. Es el primer libro publicado y el que se ha traducido a más idiomas. Con un estimado de 5000 millones de ejemplares impresos, es también el libro más vendido de la historia. Sigue siendo el libro más leído y estudiado, pero también el más criticado de todos. Las verdades que contiene han influido positivamente en la moral de generaciones y en las leyes de las naciones. Muchos de los mayores líderes y personas influyentes de la historia buscaban a diario las verdades de las Escrituras para obtener comprensión, sabiduría y dirección.

Cada domingo, cientos de millones de personas de todo el mundo siguen reuniéndose para escuchar la explicación y la enseñanza de la Biblia. La Biblia sigue iluminando y cambiando los corazones de quienes la creen. Cuando Dios abre los ojos de una persona para que se dé cuenta de que la Biblia es verdadera y fiable, se convierte en una poderosa fuente de claridad y consuelo. Revelación e inspiración. Sanidad y esperanza.

La Escritura es como la luz del sol. Nos ayuda a ver todo lo demás más claramente a su luz. Revela el bien y el mal en cualquier situación. Honra lo noble y desenmascara lo pecaminoso. Por esta razón, la Biblia es a la vez muy amada y muy odiada, dependiendo del corazón del lector. Los que aman la verdad la perciben como amor, pero aquellos que la odian, la perciben como odio. Si la recibes, la Escritura te hará su amigo, te convencerá, te consolará y luego te inspirará.

Si mantienes tus ojos físicos en las Escrituras, Dios puede utilizar Su Palabra para abrir tus ojos espirituales, limpiar tus tinieblas ocultas, renovar tu mente y liberarte (Juan 8:31-32).

Entonces, ¿cómo debe alguien acercarse a la Biblia? Como la Palabra santa de Dios. ¿Cómo debemos considerarla? Como un tesoro que hay que apreciar. ¿Cómo debemos leerla? Abiertamente. Con humildad. Con gratitud.

He aquí algunas cosas a tener en cuenta sobre cómo está diseñada y dispuesta la Biblia:

La Biblia es una biblioteca. Piensa en ella no como un solo libro, sino como un conjunto de sesenta y seis volúmenes. Contada a través de diversos géneros, la Biblia contiene detallados registros históricos, leyes morales, hermosa poesía, profecías precisas y cartas teológicas, cada una de las cuales revela algo nuevo sobre Dios y sobre cómo se relaciona con nosotros. Al estudiar las Escrituras, experimentarás tanto el quebrantamiento de la humanidad como el poder y la gloria de Dios a través de un diálogo extraordinario, una adoración íntima, sabiduría espiritual y un amplio despliegue de personajes y emociones. Esta biblioteca viviente no es solo para que los antiguos escritores compartan su corazón, sino para que Dios hable directamente a tu corazón y se comprometa contigo personalmente hoy.

La Biblia es una revelación sistemática de quién es Dios. Dios revela algo nuevo y asombroso sobre sí mismo y sobre Jesús en cada libro de la Biblia. Pero donde mejor revela Su profundidad relacional y Su amor fiel es a través de los distintos pactos que estableció con Su pueblo a lo largo de las generaciones. La Biblia habla de ellos.

Más poderoso que un contrato legal, un pacto es el compromiso más fuerte que existe. Basado en el amor leal, un pacto se establece permanentemente sobre promesas o votos fieles. Los pactos se toman muy en serio e incluyen grandes recompensas por cumplirlos, así como graves consecuencias por romperlos. El matrimonio, por ejemplo, es un pacto (Mal. 2:14-16).

Al igual que un anillo de boda, Dios proporcionó una señal para revelar cada pacto que hizo. El arcoíris fue la señal de Su pacto con Noé, tras el diluvio (Gén. 9:13-17). La circuncisión fue la señal de Su alianza con Abraham y la nación de Israel (Gén. 17:10-12). Cuando vino Jesús, no solo cumplió la ley del antiguo pacto, sino que estableció un nuevo pacto con los creyentes utilizando Su propia sangre. El bautismo muestra nuestra fe en Su muerte y resurrección (Rom. 6:3-6), y la Cena del Señor es un recordatorio continuo de nuestro pacto con Él hasta que regrese (Luc. 22:17-20; 1 Cor. 11:23-26).

La Biblia consta de dos partes principales. El Antiguo Testamento y el Nuevo Testamento. La palabra *testamento* significa *pacto*. El Antiguo Testamento consta de treinta y nueve libros e incluye lo que ocurrió entre Dios y Su pueblo antes de que viniera Jesús. Narra la historia de la creación de Dios, cómo el pecado y la muerte entraron en el mundo (la caída) y el pacto que Dios estableció con una persona llena de fe (Abraham), cuyos descendientes se convirtieron en el pueblo elegido de Dios (Israel). Más tarde, Dios liberó a Israel de la esclavitud en Egipto (el éxodo) e hizo un pacto con él mediante la Ley de Moisés (resumida en los Diez Mandamientos).

El resto del Antiguo Testamento despliega los relatos generacionales de cómo Dios siguió revelando Su amorosa compasión y fidelidad al pueblo de Su pacto. Hizo exactamente lo que prometió, en provisión, liberación, juicio y misericordia. Fueron abrumadoramente bendecidos cuando cumplieron Su pacto y sufrieron cuando lo rompieron. Pero cuando se rebelaban, Dios enviaba profetas para ayudarlos a volver a Él, de modo que pudieran evitar el juicio o ser liberados. Al mismo tiempo, siempre se estaba preparando para enviar a un Mesías que cumpliría la profecía y, en última instancia, rescataría a Su pueblo y a toda la humanidad.

El Nuevo Testamento comienza con la revelación de Jesús como el Mesías largamente esperado y cómo todo en Él es superior en todos los sentidos. Comienza con cuatro relatos históricos distintos (los Evangelios) sobre el nacimiento de Jesús, Su vida, Su muerte en la cruz y Su resurrección de la tumba. Como cuatro testigos en un tribunal, los Evangelios presentan perspectivas únicas, pero se respaldan mutuamente.

Después de morir y resucitar, Jesús fundó la Iglesia. El libro de los Hechos cuenta su historia, cómo Dios dio a los primeros discípulos de Cristo el poder del Espíritu Santo para establecer la iglesia en Jerusalén y llevar Su mensaje —la salvación solo por la fe en Jesús— a los pueblos del mundo.

El resto de los libros del Nuevo Testamento son poderosas cartas de estos primeros líderes de la Iglesia (sobre todo Pablo) a los creyentes que empezaban a conocerse como cristianos. Termina con un mensaje profético de esperanza y advertencia —el libro del Apocalipsis— con profecías detalladas del futuro, incluido el juicio a los enemigos de Dios y la vida eterna para los que conocen y siguen a Cristo.

La Biblia es una sola historia. Aunque tiene dos partes, está perfectamente unida en un todo: el relato de la gloria de Dios revelada a lo largo de la historia y nuestra redención mediante Jesús. Todas las promesas y profecías, todos los símbolos y sacrificios tienen que ver con Jesús. Apuntan a Su vida, amor, ministerio, muerte y resurrección perfectos, que eliminarían la necesidad de sacrificios continuos. Jesús está oculto en el Antiguo Testamento, y luego se revela en el Nuevo Testamento. En el Antiguo Testamento, *Jesús está en camino*. En los Evangelios, *Jesús está aquí*. Y el resto del Nuevo Testamento explica por qué *vino Jesús y volverá*.

Esa es una breve introducción a la gran historia de la Biblia. Y, sin embargo, su narración es tan rica, y las bendiciones que se derivan de ella son tan abundantes, que podemos beber de ella todos los días y no quedarnos nunca secos de cosas nuevas que aprender y experimentar.

Pero considera esto: ¿cómo sabemos que la Biblia es poderosa y verdadera? ¿Cómo se puede confiar en un libro tan antiguo como auténtico y fiable? ¿Cómo sabemos que es la Palabra de Dios y no solo un texto religioso? Responderemos a estas preguntas en el próximo capítulo.

Padre, abre mis ojos y dame comprensión de las Escrituras. Abre mi corazón para recibir plenamente su verdad. Ayúdame a captar e incorporar la Palabra de Dios a mi pensamiento y a mi horario. Úsala para darme revelación, sabiduría, comprensión y dirección. Haz que sea pan fresco para mi alma, alimento para mi mente, lámpara para mis pies y luz para mi camino. En el nombre de Jesús. Amén.

Para profundizar

Josué 1:8 • Salmo 119:33-38 • Hebreos 1:1-2

15

Confiar en la Palabra de Dios

¿Cómo puedo saber que la Biblia es verdad?

> ... *Aquel que me envió es veraz; y Yo, las cosas que oí de Él, estas digo al mundo* (Juan 8:26)

Puedes confiar plenamente en la Biblia como la Palabra de Dios. Es fiable y transformadora. Y cuanto más profundices en ella, más creíble y poderosa demostrará ser en tu vida.

Pregúntate: «¿Podría un Dios perfecto inspirar la escritura de un libro exacto a través de personas imperfectas?». Si Él creó el universo, puede hacer cualquier cosa.

Pero, ¿cómo sería un libro verdaderamente inspirado por Dios? Sería santo, único, fascinante y mejor que todos los demás. Espiritualmente vivo. Sólido en todas sus partes. Amoroso pero sincero. Esclarecedor pero humilde. Asombroso pero accesible.

A través de él, Dios podría explicar el diseño y la finalidad de todo: de dónde venimos, por qué estamos aquí, cómo vivir y prosperar, y qué ocurrirá en el futuro. Podría ser relevante para cualquier persona en cualquier momento. Podría revelar cosas que solo Dios sabría y ser al mismo tiempo bello, reconfortante y transformador.

La Biblia es y hace TODAS estas cosas. Por eso ha bendecido innumerables vidas durante siglos. Aunque los escépticos de todas las generaciones intentan dudar de ella, burlarse y atacarla, ningún otro libro de la antigüedad se acerca a ser tan monumental y verificable como la Palabra de Dios.

Entonces, ¿cuáles son algunas de las razones específicas por las que sabemos que podemos confiar en ella?

La Biblia es históricamente exacta. Las Escrituras siguen vívidamente a personas reales a través de acontecimientos reales en lugares reales. Los registros históricos y la arqueología destruyen la afirmación de que la Biblia es ficción. Ahora hay decenas de miles de manuscritos que la respaldan.

El descubrimiento de los Rollos del Mar Muerto en 1948 reveló con qué fidelidad se han conservado las Escrituras a lo largo de los siglos. La Biblia explica meticulosamente los orígenes de naciones que aún existen, la caída de ciudades que aún están en escombros y las decisiones de gobernantes que aún están grabadas en piedra.

Más de doce guerras detalladas en la Biblia han sido confirmadas fuera de ella. Miles de yacimientos desenterrados e innumerables artefactos verifican acontecimientos de las Escrituras. Entre ellos, hay pruebas fidedignas de nuestra ascendencia mundial común (Gén. 1–2), un diluvio universal (Gén. 6–9), la destrucción de Sodoma y Gomorra (Gén. 19), el éxodo de Israel desde Egipto (Ex. 12–13), la caída de los muros de Jericó

(Jos. 6), el incendio de Hazor (Jos. 11), el túnel del rey Ezequías (2 Rey. 20:20), el reinado del rey Nabucodonosor (Jer. 39), y el gobierno de Poncio Pilato (Luc. 3:1; 23:1), que crucificó a Jesús.

Aún puedes visitar el valle de Ela, donde David mató a Goliat, el monte Carmelo, donde Elías se enfrentó a los profetas de Baal, Belén, donde nació Jesús, el río Jordán, donde Juan lo bautizó, la puerta de las ovejas, por donde Cristo entró en Jerusalén, y el monte de los Olivos, donde oró y fue traicionado.

La Biblia es científicamente superior. Aunque la ciencia siempre está cambiando, la Biblia permanece sólida a través de los siglos. En 1 Pedro 1:24-25, dice: «Sécase la hierba, cáese la flor, pero la palabra del Señor permanece para siempre».

Los antiguos egipcios creían que la tierra se sostenía sobre pilares, los griegos afirmaban que era transportada en la espalda de Atlas, y los hindúes decían que descansaba sobre elefantes. Pero la Biblia afirmaba que Dios «cuelga la tierra sobre la nada» (Job 26:7). Ahora sabemos que la tierra está suspendida en el espacio exactamente como describen las Escrituras.

Los astrónomos intentaron contar las estrellas. Hiparco confirmó 1022. Siglos más tarde, Ptolomeo contó 1056. Después de que los telescopios revelaran miles de millones, solo confirmaron lo que las Escrituras siempre habían dicho: «No se puede contar el ejército del cielo» (Jer. 33:22).

Antes de los satélites, los barómetros y los microscopios electrónicos, las Escrituras revelaban el ciclo del agua (Job 36:27), el peso del aire (Job 28:25), las corrientes oceánicas submarinas (Sal. 8:8), las corrientes en chorro (Ecl. 1:6), la vida en la sangre humana (Lev. 17:11), la existencia de los dinosaurios (Job 40:15-24) y la segunda ley de la termodinámica (Sal. 102:25-26). Todos estos pasajes fueron inspirados miles de años antes de que se desarrollara el método científico. «Porque el Señor da sabiduría, de Su boca vienen el conocimiento y la inteligencia» (Prov. 2:6).

A un nivel macro, los científicos intentan observar el universo a través del tiempo, el espacio, la materia y la energía. Sin embargo, la Palabra de Dios introdujo este método en los primeros versículos del Génesis. «En el principio [tiempo] Dios creó [energía] los cielos [espacio] y la tierra [materia] (v. 1). La ciencia sólida no refuta la Escritura. La respalda. «No vale sabiduría, ni entendimiento, ni consejo, ante el Señor» (Prov. 21:30).

Las profecías de la Biblia son fiables. Cientos de profecías cumplidas distinguen a la Biblia de cualquier otro libro. Dios se juega Su reputación en cada una de ellas, pero no tiene ninguna dificultad en cumplirlas (2 Ped. 1:21).

Por ejemplo, Dios prometió a Abraham, en su vejez, que sus descendientes llegarían a ser una gran nación (Gén. 12:2), vivirían como forasteros en tierra extranjera, serían esclavizados durante 400 años, serían liberados con muchas posesiones (Gén. 15:13-16), y finalmente bendecirían a las naciones del mundo. Todas las profecías se hicieron realidad (Hech. 7:1-7). Las más impresionantes son las más de 300 profecías hechas específicamente sobre Jesús en el Antiguo Testamento, cada una cumplida en Su vida terrenal.

Después de que Jesús caminara por la tierra, se han cumplido más profecías, como la destrucción de Jerusalén en el año 70 d.C. (Luc. 21:20-24), la difusión del evangelio por todo el mundo (Mat. 24:14), la resurrección de la nación de Israel en un día (Isa. 66:7-8), y noticias mundiales en directo (Apoc. 11:9-12). Dios dice que Su Palabra «no volverá a Mí vacía sin haber realizado lo que deseo» (Isa. 55:11).

La Biblia tiene una unidad insuperable. La Biblia fue compuesta por más de 40 autores inspirados por Dios, a lo largo de 1600 años, en tres continentes y en tres lenguas diferentes. Sin embargo, los sesenta y seis libros forman un todo asombroso y unido, como sesenta y seis testigos que coinciden en el tribunal de la historia. Todos se apoyan, equilibran y aclaran mutuamente.

Por ejemplo, el Evangelio de Mateo conecta el Antiguo Testamento desde Abraham hasta Jesús, pasando por David, todo en un linaje de profecías y promesas cumplidas. El libro de los Hechos vincula los Evangelios con el resto de las Escrituras y explica cómo nació la Iglesia, de unos pocos fieles a incontables miles. Romanos explica la teología de la salvación de toda la Biblia. Hebreos establece un paralelismo entre el Antiguo y el Nuevo Testamento para revelar que Jesús proporcionó mejores promesas mediante un sacerdocio y un sacrificio mejores, a través de un pacto mejor. El Apocalipsis lo une todo en el juicio final del mundo y el final de la redención, al tiempo que aporta claridad, advertencia y esperanza para la eternidad.

La Biblia es sencillamente el libro más exacto e incomparable de todos los tiempos. No es solo información veraz. Es una invitación épica a conocer a Dios, ser transformado por Dios y caminar con Él en esta vida y un día en la eternidad.[1]

La Palabra de Dios es un regalo para nosotros. ¡Y para ti! En los próximos capítulos, hablaremos de cómo leerla, estudiarla y vivirla. Pero debes saber que puedes confiar en su narración: el plan redentor de Dios. Puedes confiar en su Salvador: Jesucristo. Y puedes participar de su objetivo: la gloria de Dios. Cuando te sumerjas y vivas la Escritura, te bendecirá y transformará radicalmente. Y también al mundo que te rodea. A medida que te dediques a leerla, te enamorarás de ella y del Dios que la inspiró y quiere que lo experimentes a través de ella.

1. Ver la página 288 para encontrar un inspirador resumen de la Biblia.

Señor, gracias por darme tu Palabra viva y perdurable. Te alabo porque podemos construir nuestras vidas sobre ella y descubrir la maravilla de quién eres tú y quiénes somos nosotros en ti. Dame sed para leerla, fe para creerla y gracia para obedecerla. Transfórmame y renuévame a través de tu Palabra cada día, te lo ruego, en el nombre de Jesús. Amén.

Para profundizar

Salmo 19:7-11 • Jeremías 23:25-29 • 2 Pedro 1:16-19

16

Meterse en la Biblia

¿Cómo la leo y la estudio?

... *«Si ustedes permanecen en Mi palabra, verdaderamente son Mis discípulos»* (Juan 8:31)

Estudiar la Palabra de Dios es como abrir un cofre lleno de oro. Cuanto más profundo buceas, más valiosa se vuelve para ti. La mejor manera de pensar en la Biblia no es como un texto religioso, sino como una comunicación amorosa de Aquel que más te ama.

Adentrarte en Su Palabra es tu oportunidad diaria para conocer mejor a Dios, para acercarte más y tener una mayor intimidad con Él. No es una tarea ni un trabajo académico. Es la carta de amor que tu Padre perfecto te dirige.

Así que, cuando te dispongas a abrir la Escritura cada día, detente primero a hablar con Él. Humilla tu corazón delante de Él.

Ábrela en oración. Pide al Señor que te «abra» Su Palabra para ti. El salmista escribió: «Abre mis ojos, para que vea las maravillas de Tu ley» (Sal. 119:18). El Espíritu Santo que mora en ti es un maestro. Jesús les dijo a Sus discípulos la noche antes de que se lo llevaran: «el Espíritu Santo, a quien el Padre enviará en Mi nombre, Él les enseñará todas las cosas, y les recordará todo lo que les he dicho» (Juan 14:26). Así que invítalo como instructor en tu caminar diario por Su Palabra. Él te mostrará cosas que nunca verías a menos que te las señalara activamente, haciendo que salten de la página para hablarte.

Sé muy observador. Independientemente de que estés leyendo el Antiguo o el Nuevo Testamento —sea un pasaje histórico, un pasaje de enseñanza, una palabra profética o una oración de alabanza—, acércate a él con curiosidad y el corazón abierto. Haz muchas preguntas. ¿Quién está hablando aquí? ¿Quién es el público? ¿Cuál es la circunstancia? ¿Quiénes son estas personas en este libro y capítulo? ¿Cuál es el punto principal de este texto? ¿Qué está intentando enseñarme Dios personalmente a través de esto?

Al leer los Evangelios, resulta útil conocer la finalidad de los escritos de cada autor. Por ejemplo, considera la trascendencia de esto: *Mateo* era judío y escribía a los judíos de su época, tratando de mostrar cómo Jesús cumplía la profecía judía y era su Mesías largamente esperado. *Marcos* escribió en el estilo rápido y directo del hombre de la calle. Podía llegar a un público romano con la verdad destilada. *Lucas*, que era médico, entrevistó a los testigos oculares y escribió con detalle ordenado. Comprobó las fuentes como haría un historiador culto y cuidadoso. *Juan*, cuyo Evangelio es notablemente único, estaba más interesado en dar un relato íntimo de lo que dijo Jesús que una narración cronológica. Como amigo querido de Jesús, Juan escribió para un público universal y declaró abiertamente su objetivo: «Y muchas otras señales hizo también Jesús en presencia de Sus discípulos, que no están escritas en este libro; pero estas se han escrito para que ustedes crean que Jesús es el Cristo, el Hijo de Dios; y para que al creer, tengan vida en Su nombre» (Juan 20:30-31).

Observarás claras diferencias en la forma en que cada Evangelio presenta la vida y las palabras de Jesús. Los autores tenían distintos testimonios oculares, escribían por motivos diferentes y destacaron los detalles que serían más útiles para su público. Una duplicación palabra por palabra habría significado que colaboraron, que se limitaron a copiar de la misma fuente. Pero cuando dos relatos tienen detalles diferentes, es intencionado. *Ambos* son verdaderos. No se refutan mutuamente, sino que se complementan. Los relatos distintos en realidad verifican su autenticidad y validez, y reflejan la vida cotidiana.

Interpreta en contexto. La Biblia puede ser mal utilizada para decir casi cualquier cosa si sacas palabras o versículos al azar y los despojas del contexto en el que fueron colocados intencionadamente. Así que fíjate en lo que viene antes y después de ellos. Comprueba los acontecimientos y la historia que se cuenta a su alrededor. Considera el género o estilo de escritura que utiliza el escritor. ¿Es poesía? ¿Un proverbio general? ¿Un relato histórico? ¿Una profecía? ¿Un resumen de acontecimientos? A medida que leas la Biblia, estas cosas te resultarán más claras. ¡Y se vuelve muy emocionante!

El contexto siempre es clave. Si entraras en una sala de cine a la mitad de una película, vieras solo un minuto y luego volvieras a salir corriendo, te resultaría difícil comprender lo que ocurre realmente, el panorama general y cómo encaja todo. Del mismo modo, interpretar los versículos en el contexto de sus capítulos, sus libros y, lo que es más importante, de toda la Biblia, te proporcionará la mayor comprensión y la interpretación más equilibrada y clara de todas.

Así que intenta comenzar tu lectura por el principio de los libros y luego ve avanzando hasta el final. Pide al Espíritu de Dios que te muestre la verdad a través del cuadro más amplio de las Escrituras. Compara pasajes y permite que arrojen más luz unos sobre otros. La Biblia es el mejor comentario sobre sí misma. El significado de las palabras de un libro te ayudará a comprender su uso en otros libros.

Cuando la Biblia describe un acontecimiento o relata líneas de diálogo entre personas, el propósito general no es que recuerdes todos los detalles. El propósito es mostrarte algo sobre Dios y sobre cómo puedes conocerlo íntimamente y relacionarte con Él y con los demás. La Escritura es un río de verdad. Nunca entenderás todo lo que hay en cada versículo, pero siempre puedes aprender cosas nuevas y obtener el alimento espiritual fresco y la dirección que necesitas. Es «viva y eficaz [...] para discernir los pensamientos y las intenciones del corazón» (Heb. 4:12). Dios nos ha dado lo suficiente para conocerlo personalmente, amarlo profundamente y vivir fielmente para Él.

También hay muchas herramientas maravillosas que pueden ser útiles para extraer la riqueza de la Biblia: un diccionario bíblico (una lista de la A a la Z de personas, lugares y cosas); un manual bíblico (con resúmenes de libros y capítulos); una concordancia bíblica (que muestra los lugares donde aparece una palabra hebrea o griega concreta); una Biblia de estudio (que suele incluir notas y comentarios en la misma página), y mucho más.

No hace falta ser pastor para profundizar y disfrutar plenamente de la Palabra de Dios. Cuando observas las Escrituras con curiosidad, haciendo preguntas como un detective en la escena de un crimen, anotando las palabras clave y los detalles, estás dando el primer paso que los pastores suelen utilizar: *la observación.* En segundo lugar, cuando procesas lo que encuentras en el contexto, y luego buscas referencias cruzadas, definiciones de palabras clave y el trasfondo de personas, lugares o acontecimientos clave, estás dando el siguiente paso: *la interpretación.* Cuando la verdad y el significado de un pasaje quedan claros, entonces puedes hacer algo con él, responsabilizarte de él y, en oración, utilizarlo en la vida: *aplicación.*

Por eso, cada vez que lees la Biblia, cobra más sentido para ti: ¡porque estás buscando que viva en ti! Al recibir la Palabra de Dios, te estás relacionando con el Autor, que está en la habitación contigo, guiándote activamente para que aprendas de Él y te acerques más a Él.

El resultado final de estudiar y obedecer Su Palabra es una fe y un amor mucho más fuertes hacia Él, el desarrollo de tu carácter hacia una mayor semejanza a Cristo, ¡y tu mayor utilidad en el reino de Dios e impacto en el mundo para Su gloria!

Padre, tu Palabra es un tesoro. Por favor, revélamela cada día al abrirla ante ti. Ayúdame a recordar que eres tú quien me habla, no solo yo quien lee las palabras. Muéstrame cómo hacer de ella mi compromiso de por vida, para que pueda conocerte mejor y amarte más plenamente. Amén.

Para profundizar

Nehemías 8:8 • 2 Timoteo 3:14-15 • 2 Pedro 3:16-17

17

Obedecer a la Palabra

¿Cómo puedo aplicar la Biblia a mi vida?

... *«Mi madre y Mis hermanos son estos que oyen la palabra de Dios y la hacen»* (Lucas 8:21)

La madurez espiritual puede revelarse por la rapidez con que alguien obedece la Palabra de Dios. Las Escrituras siempre te desafiarán a tomar decisiones sabias y llenas de fe. Pero, ¿las cumplirás? La forma en que elijas responder a lo que Dios dice es algo muy importante. Cambiará tu vida para mejor o endurecerá aún más tu corazón (Heb. 3:12-15).

Los cristianos inmaduros son lentos para obedecer las Escrituras. Dudan y se retrasan. Temen y olvidan. Racionalizan por qué siempre es mejor esperar y contenerse, pensando que deben comprenderlo todo antes de poder obedecer a Dios. Pero eso no es confianza. Dios no actúa así. Nos pide que confiemos en Él y lo sigamos *primero*, y Él nos aclarará el camino *más tarde*, mientras obedecemos (Prov. 3:5-6). Cada vez que deshonramos a Dios, lamentablemente nos perdemos las cosas asombrosas que Él desea hacer a través de nuestra fidelidad. Porque ¿de qué sirve un mandato si lo desobedecemos? ¿De qué sirve una advertencia si no le hacemos caso? Dios bendice enormemente la obediencia a Su Palabra, recompensando nuestra fe (Heb. 11:6), pero también disciplinará amorosamente nuestra desobediencia (Heb. 12:5-11).

Los creyentes maduros se toman la Palabra de Dios más en serio. La reciben con humildad, fe y alegría. Con voluntad y sabiduría. No elaboran excusas, sino que se concentran en formas de cumplirla, sabiendo que pueden confiar en que el Espíritu de Dios y Su gracia los ayudarán. Oran: «Oh, Padre, gracias por tu preciosa Palabra. ¡Te amo y la recibo! Por favor, cambia mi corazón y mi vida para que confíe plenamente en ti y haga lo que me pides».

Cada uno de nosotros es responsable y decidirá si se aleja de los mandatos de Cristo o si se toma a pecho Su Palabra y disfruta de las recompensas de lo que Él le ordena. Mientras permanezcamos en Jesús, Él seguirá transformándonos —nuestras prioridades, nuestras actitudes, nuestros horarios, nuestros hábitos, ¡todo!— hasta que Su Palabra esté viva en nosotros. Liberando, transformando y dando fruto. Bendiciendo a los demás. Entonces, incluso cuando tropecemos y no le obedezcamos, podremos humillarnos, confiar en la cruz, descansar en la gracia y volver a levantarnos y seguir creciendo hacia delante. ¡Él es tan paciente con nosotros! ¡Todos necesitamos Sus nuevas misericordias cada mañana!

Pero al pensar en todo esto, es útil comprender cómo funciona la Palabra de Dios. El siguiente pasaje comparte cuatro cosas clave que hace por nosotros:

Toda Escritura es inspirada por Dios y útil
para enseñar, para reprender, para corregir,
para instruir en justicia, a fin de que el hombre de Dios
sea perfecto, equipado para toda buena obra
(2 Tim. 3:16-17)

Cada aspecto de la Escritura es muy necesario para madurarnos y equiparnos para el futuro.

La Palabra de Dios nos ENSEÑA. La Escritura enciende la luz de la verdad para que podamos ver todo con más claridad. Este tipo de enseñanza es la doctrina: instrucción llena de verdad sobre Dios, sobre las personas, sobre el mundo y sobre cómo conocerlo a Él y la vida abundante que Jesús ofrece. La doctrina no se compone solo de órdenes que obedecer, sino de verdades que creer. La Biblia utiliza historias verdaderas, testimonios verdaderos y enseñanzas veraces para aclarar lo que es realidad y lo que es fantasía, la diferencia entre el bien y el mal. Revela la verdadera naturaleza de todo. Las cosas se aclaran a la luz de la Palabra de Dios. No solo descubrimos Su naturaleza, sino también la nuestra.

La Palabra de Dios nos REPRENDE. La verdad nos ayuda a darnos cuenta de cuándo estamos totalmente equivocados o engañados de alguna manera, cuándo estamos caminando hacia atrás o viviendo al revés. Así que algunos versículos dispararán directamente con amor firme y nos dirán que despertemos, nos detengamos y demos la vuelta. Que reconozcamos la insensatez y nos bajemos en la siguiente salida. La Biblia es «una plomada» en la mano de Dios (Amós 7:7), que pone al descubierto dónde no damos la talla, no para condenarnos ni desanimarnos, sino para librarnos del mal y de la mentira, de la vanidad y de la estupidez. Incluso un solo versículo puede liberar muchas ataduras y cargas en tu vida. La Escritura realmente nos limpia (Juan 15:3; Ef. 5:26). Si un pasaje te trae convicción, no lo ignores, no reacciones exageradamente ni te ofendas. Dios es amor, y siempre tiene en mente tus mejores intereses a largo plazo. También es digno de tu vida y quiere purificarte. Por lo tanto, puede hacer a través de ti más de lo que puedas imaginar (Ef. 3:20).

La Palabra de Dios nos CORRIGE. Dios nos aparta de lo peor para devolvernos a lo mejor que Él tiene. «Porque el mandamiento es lámpara, y la enseñanza luz, y camino de vida las reprensiones de la instrucción» (Prov. 6:23). Los versículos correctivos nos instruyen hacia una nueva y mejor normalidad. Hacia lo mejor de Dios. Funcionan como un médico que vuelve a alinear perfectamente un hueso roto. La Biblia no solo dice que dejemos de mentir, sino que nos muestra con qué debemos sustituir la mentira: hablando la verdad en amor (Ef. 4:15-29). Su reprensión nos detiene y Su corrección nos reinicia, de caminar en la amargura a caminar en el amor y el perdón. Las Escrituras nos muestran bellamente la perfecta voluntad de Dios para las distintas áreas de nuestra vida. Siempre nos proporciona la mejor manera de alinearnos con Su naturaleza.

¿Reconoces la progresión hasta ahora? Necesitamos *enseñanza* para darnos cuenta de lo que ocurre. Necesitamos *reprensión* para que pongamos el freno y el intermitente. Necesitamos *corrección* para hacer «sendas derechas para [nuestros] pies, para que la pierna coja no se descoyunte, sino que se sane» (Heb. 12:13). Sin embargo, hay más…

La Palabra de Dios nos ENTRENA. Cuando volvemos al buen camino, la Biblia nos ayuda a mantenernos en él. Jesús no nos rescata y luego nos abandona. Sigue fielmente caminando con nosotros y equipándonos a través de Su Palabra para una intimidad cada vez más profunda con Él y para una fidelidad duradera. Muchos versículos nos ofrecen un «adiestramiento en justicia» duradero para establecer una forma de pensar más sabia, relaciones más fiables, mejores límites y hábitos más saludables, de modo que podamos disfrutar de todas las bendiciones de la libertad y de una devoción fructífera.

Estas cuatro cosas —la *enseñanza*, la *reprensión*, la *corrección* y el *entrenamiento*— funcionan magistralmente juntas para limpiarnos, madurarnos y completarnos. Nos equipan verdaderamente para toda buena obra que Dios nos asigne.

Entonces, cuando escuches las Escrituras, ¿cómo debes aplicarlas? De buena gana, con alegría, oración e intención. ¡Poniendo en práctica la Palabra! ¡Obedeciendo a tu Señor! Nunca pienses en nada de lo que dice como una ligera sugerencia, sino que recíbela como la santa Palabra de Dios. Verdad eterna. Revelación transformadora. Permanece en ella y apóyate en ella. Apréciala y disfrútala. Órala y vívela… incluso en las pequeñas cosas.

Porque «el que es fiel en lo muy poco», dijo Jesús, será «fiel también en lo mucho» (Luc. 16:10). Entonces, serás como el sabio que construyó su casa sobre la roca y no sobre la arena (Mat. 7:24, 26). Anclada mediante la obediencia. Sólida como una roca en cada tormenta.

Señor, planta tu Palabra en mi interior y ayúdame a obedecerla por tu Espíritu. Por favor, enséñame, repréndeme, corrígeme y adiéstrame en la justicia. Hazme tu discípulo devoto, para seguir y obedecer tu Palabra viva, por amor a Cristo y en Su nombre. Amén.

Para profundizar

2 Samuel 22:31-34 • Juan 14:21 • 1 Juan 2:3-6

Parte V

Iglesia

¿Cómo tengo comunión con otros creyentes?

18

La familia de Dios

¿Cuál es el propósito de la iglesia?

... edificaré Mi iglesia; y las puertas del Hades no prevalecerán contra ella (Mateo 16:18)

Cuando creemos en el evangelio y recibimos a Jesús como nuestro Salvador, Dios Padre nos adopta en Su familia. Entonces nos unimos a Cristo, Su Hijo, que nos llama Sus «hermanos» (Heb. 2:11). Pasamos instantáneamente a formar parte de Su iglesia global. Su pueblo. Su cuerpo en la tierra.

La propia palabra *iglesia* significa «los llamados». Hemos sido «llamados» por Dios para salir de las tinieblas y entrar a una comunión con Él, junto con «todos los que en cualquier parte invocan el nombre de nuestro Señor Jesucristo, Señor de ellos y nuestro» (1 Cor. 1:2). Todo creyente en Cristo, en cualquier lugar del mundo, en cualquier generación, forma parte de Su Iglesia. No se trata de un edificio ni un lugar. No es una única institución o denominación. No está formado por un color, un grupo etario, una clase o casta de personas. Todo el que se somete humildemente a Cristo y lo conoce es un miembro valioso y vital de Su cuerpo.

Cuando creímos, Dios podría habernos llevado directamente al cielo. En cambio, nos mantiene aquí intencionalmente, donde podemos crecer juntos como una familia unida, compartir nuestras vidas en comunión unos con otros y glorificarlo con un ejemplo amoroso de unidad en todo el mundo (Juan 17:21).

Muchas personas no comprenden el valor incalculable de la Iglesia. Pero nunca se cortarían una mano o un pie y lo separarían de su cuerpo. Cada miembro del cuerpo de Cristo necesita y edifica a todos los demás. La gente supone que está bien relacionándose con Dios a solas en privado. Pero la Iglesia tiene muchos propósitos poderosos de los cuales todo creyente debe participar, disfrutar, contribuir y beneficiarse. Todo lo que hacemos como iglesia podemos hacerlo mejor juntos.

He aquí algunas de las cosas más importantes:

La iglesia adora. ¿No podemos adorar solos? Sí, y deberíamos. Pero la adoración colectiva —todos juntos unos con otros— es la forma armoniosa y unificada en que adoraremos en el cielo. Cuando dos o más se reúnen «en Mi nombre», Jesús promete que está con nosotros (Mat. 18:20). Dios bendice y habita en las alabanzas unidas de Su pueblo.

«Hablaré de Tu nombre a mis hermanos; en medio de la congregación te alabaré» (Sal. 22:22). «*Entre mucha gente te* alabaré» (Sal. 35:18, énfasis añadido). «Una generación alabará Tus obras a otra generación» (Sal. 145:4). «En la congregación de los santos» (Sal. 149:1). «Te cantaré alabanzas entre las naciones» (Sal. 108:3). Habrá creyentes de todas las naciones, tribus y lenguas en el cielo, que adorarán a Dios y se amarán unos a otros en perfecta comunión.

No toda nuestra adoración sonará igual, ni tendrá el mismo aspecto, ni se sentirá igual, ni se cantará igual. Pero como vivimos en «el mismo sentir los unos para con los otros conforme a Cristo Jesús», podemos «[glorificar] al Dios y Padre de nuestro Señor Jesucristo» (Rom. 15:5-6).

La iglesia evangeliza. Cuando el Cristo resucitado se disponía a regresar al cielo, miró a los apóstoles que quedaban —que serían los líderes de la iglesia del Nuevo Testamento— y les dijo: «Pero recibirán poder cuando el Espíritu Santo venga sobre ustedes; y serán Mis testigos en Jerusalén, en toda Judea y Samaria, y hasta los confines de la tierra» (Hech. 1:8). Llegar a los perdidos con la transformadora buena nueva del evangelio es una prioridad clave en la descripción del trabajo de la Iglesia, un trabajo que hacemos mucho mejor *juntos* que solos. Cuando los apóstoles, impulsados por el Espíritu, pusieron en marcha esta prioridad, miles de personas acudieron a Cristo. «Y el Señor añadía cada día al número de ellos los que iban siendo salvos» (Hech. 2:47). ¡Toda iglesia debe dedicarse constantemente a compartir el evangelio en sus comunidades y más allá!

La iglesia discipula. La Gran Comisión que Jesús asignó a la iglesia (Mat. 28:19-20) no es solo ir y hacer conversos, sino ir y hacer «discípulos». Las personas que viven juntas en una familia no permanecen de la misma edad toda su vida. Crecen. Cambian y maduran. Y en la familia de Dios, debemos «[crecer] en todos los aspectos en [...] Cristo» (Ef. 4:15). Este es nuestro compromiso compartido: que no nos limitaremos a estar unos junto a otros los domingos por la mañana, sino que nos edificaremos unos a otros durante la semana, hasta que todos hayamos madurado en

Cristo y seamos capaces de hacer discípulos de otros (Ef. 4:12-13; 2 Tim. 2:2).

La iglesia sirve. La iglesia siempre ha sido conocida por ser sal y luz, por convertirse intencionalmente en las manos y los pies de Jesús, mostrando compasión y ayudando a los demás en la comunidad. ¡Y en todo el mundo! Las Escrituras dicen que las iglesias deben atender «a las necesidades apremiantes, para que no estén sin fruto» (Tito 3:14). Suplir necesidades prácticas es una forma importante e imperativa de modelar claramente el amor de Dios. Es una extensión de nuestra misión de proclamar y modelar a Cristo en todas partes: en las cárceles, en las calles de la ciudad, en los lugares heridos y desesperanzados, en cualquier lugar donde se nos conduzca a servir a Dios al servir a otros.

La iglesia intercede. Jesús dijo: «Mi casa será llamada casa de oración» (Mat. 21:13). No solo el edificio, sino las personas. La oración es un componente vital y necesario de todo lo demás que la Iglesia está llamada a hacer. Pablo dijo: «Exhorto, pues, ante todo que se hagan plegarias, oraciones, peticiones y acciones de gracias por todos los hombres» (1 Tim. 2:1). La oración es el viento en las velas de todo ministerio. Podemos hacer tanto bien, vencer tanto mal y llegar a tantos inalcanzables —podemos hacer lo imposible— si primero nos tomamos en serio lo de ponernos de rodillas e interceder por las almas de los hombres. Dios responde a las oraciones de Su iglesia que ora (Hech. 12:5-11). Debemos velar «con toda perseverancia y súplica por todos los santos» (Ef. 6:18).

Primera de Pedro 2 lo resume bien. ¿Quién eres, Iglesia? «Ustedes son linaje escogido, real sacerdocio, nación santa, pueblo adquirido para posesión de Dios, a fin de que anuncien las virtudes de Aquel que los llamó de las tinieblas a Su luz admirable» (v. 9). La Iglesia es, como dijo Jesús, «la luz del mundo» (Mat. 5:14). Él ha «resplandecido en nuestros corazones» (2 Cor. 4:6) para que podamos hacer brillar Su luz de verdad como un faro de esperanza en la oscuridad.

Entonces, ¿por qué formar parte de una iglesia? Porque nos necesitamos unos a otros, nos divertimos más, conseguimos más cosas y nos parecemos más a Jesús a través de la interacción. Cuando el mundo vea a los creyentes unidos en el cumplimiento de la misión de Cristo, verán a Jesús de formas que nunca podríamos mostrarles por nosotros mismos. Por favor, ven a ocupar tu lugar en esta familia. Aquí eres más que bienvenido. ¡Aquí perteneces!

Padre, gracias por recibirnos en tu familia por amor a Cristo, y por reunirnos como familia para vivir la misión de Cristo. Amplía mi visión del papel que quieres que desempeñe para ayudar a tu iglesia a crecer en alcance e impacto. Te lo pido en el nombre de Jesús. Amén.

Para profundizar

Juan 17:20-23 • Romanos 9:25-26 • Efesios 4:11-16

19

Comunión familiar

¿Cómo puedo sacar el mayor provecho de la iglesia?

... que todos sean uno. Como Tú, oh Padre, estás en Mí y Yo en Ti... (Juan 17:21)

Vivir para Jesús nunca ha sido un deporte en solitario. Toda iglesia que sigue las Escrituras se convierte en un ecosistema fértil, en el que los cristianos de esa iglesia crecen y prosperan juntos. Es un viaje compartido que Dios ha establecido para cada uno de nosotros. Mantenemos esta relación viva en común. En consecuencia, toda la experiencia de estar juntos en la iglesia está destinada a ser muy relacional y muy cooperativa. Unidad. Amor. Edificación mutua. Todos bendecidos, y todos una bendición.

Del mismo modo que no jugamos solos al fútbol ni luchamos solos en la guerra, ni tocamos solos todos los instrumentos de una sinfonía, necesitamos un equipo, un ejército y una orquesta unificada si queremos crecer eficazmente y glorificar a Dios en la tierra. Ciertas tareas nos resultan imposibles de realizar como individuos. De hecho, hay hasta cincuenta mandamientos en la Biblia que no podemos obedecer si intentamos seguir a Cristo separados de Su Iglesia.

Así que no se trata solo de una sugerencia. La Iglesia es esencial para nuestra vida con Cristo. Él no ha creado la iglesia para interrumpir los planes del domingo, sino para darnos una *comunión* unida. Para ser la familia y el equipo más grande de la tierra. Para disfrutar de ricas relaciones unos con otros. Para compartir alegrías y penas. Para compartir necesidades y recursos. Para compartir pedidos de oración y respuestas. No toda iglesia es así, pero bíblicamente, es lo que deberían ser todas las iglesias locales.

Es como un *cuerpo*. Así es como Pablo describe la iglesia. «Así nosotros, que somos muchos, somos un cuerpo en Cristo e individualmente miembros los unos de los otros» (Rom. 12:5), «ajustado y unido por la cohesión que las coyunturas proveen» (Ef. 4:16). Tenemos una cabeza —Jesús— que «es también la cabeza del cuerpo que es la iglesia» (Col. 1:18). Todos los creyentes son miembros del cuerpo. *El cuerpo de Cristo.*

Un cuerpo humano se compone de muchas partes. Cada una hace cosas distintas, está colocada en lugares diferentes; ninguna tiene el mismo aspecto ni funciona exactamente igual que las demás. Sin embargo, funcionan juntas. Sus funciones se interconectan e interrelacionan entre sí. Suelen unir sus fuerzas —brazos y manos, ojos y oídos— para hacer juntas más de lo que cualquiera puede hacer por separado. Se cuidan mutuamente. La mano limpia el ojo. Los oídos oyen el peligro, entonces la mente alerta a las piernas y a los pies para que pongan a salvo todo el cuerpo.

Es este aspecto de «los unos a los otros» de la Iglesia el que tenemos que abrazar y encarnar. Considera los muchos «los unos a los otros» que la Escritura destaca:

«Que se amen los unos a los otros» (Juan 13:34). «Acéptense los unos a los otros» (Rom. 15:7). «[Amonéstense] los unos a los otros» (Rom. 15:14). «Salúdense los unos a los otros» (1 Cor. 16:20). «Sírvanse por amor los unos a los otros» (Gál. 5:13). «Sean más bien amables unos con otros» (Ef. 4:32). «Soportándose unos a otros y perdonándose unos a otros» (Col. 3:13). «Enseñándose y amonestándose unos a otros» (Col. 3:16).

«Confórtense los unos a los otros» (1 Tes. 5:11). «Confórtense unos a otros» (1 Tes. 4:18). «Procuren siempre lo bueno los unos para con los otros» (1 Tes. 5:15). «Confiésense sus pecados unos a otros, y oren unos por otros» (Sant. 5:16). «Sean hospitalarios los unos para con los otros» (1 Ped. 4:9).

En otras palabras, como pueblo bendecido que ha recibido la comunión con Cristo vivo, «tenemos comunión los unos con los otros» (1 Jn. 1:6-7) en nuestra vida cotidiana.

Así es como sacas el máximo partido de la iglesia. No solo sentándote, escuchando y marchándote, sino acercándote y conociendo a los demás en este viaje compartido de fe en Jesús.

Cada vez que te reúnes con otros creyentes y pasan tiempo juntos, están funcionando como iglesia, dondequiera que se encuentren, por pocos o muchos que sean (Mat. 18:20). Y cada vez que lo hacen, el amor de Cristo debería derramarse de cada uno de ustedes. Descubriendo y sirviendo para suplir las necesidades de los demás. Cada miembro bendiciendo a los demás. Incluso en los momentos en que haya que decir cosas difíciles —lo cual forma parte de tu responsabilidad como cuerpo de Cristo, «no sea que alguno de ustedes sea endurecido por el engaño del pecado» (Heb. 3:13)—, todo lo que digan debería ser para edificarse y animarse unos a otros.

Dios les dio dones específicos para hacerlo. «Si el de servicio, en servir; o el que enseña, en la enseñanza; el que exhorta, en la exhortación; el que da, con liberalidad; el que dirige, con diligencia; el que muestra misericordia, con alegría» (Rom. 12:7-8). Ninguna persona o líder es responsable de hacer todo el trabajo. Por el contrario, cada parte del cuerpo es vital y valiosa.

Pero quizás, tú no lo sientas así. Tal vez pienses que tus dones o tu presencia no son tan necesarios para que la iglesia funcione a pleno rendimiento. Pero «si el pie dijera: "Porque no soy mano, no soy parte del cuerpo", no por eso deja de ser parte del cuerpo» (1 Cor. 12:15). Si todos los miembros no hacen lo que están dotados y equipados para hacer, todo el cuerpo sufre. Debemos *apoyarnos* unos a otros y *recibir* unos de otros. Llevamos «los unos las cargas de los otros», y «[cumplimos] así la ley de Cristo», al cuidar los unos de los otros (Gál. 6:2).

Es algo hermoso.

Lo haremos para siempre en el cielo. No estaremos divididos por denominaciones o grupos demográficos. Adoraremos juntos al Señor y disfrutaremos siempre los unos de los otros. Así que considera este próximo domingo, y todos los días intermedios, tu oportunidad de practicar. Ven a dar, ven a recibir. Ven a disfrutar del cuerpo de Cristo en la tierra.

Padre, tú nos has reunido y nos has invitado a la comunión unos con otros. Muéstrame dónde me he resistido a esta bendición. Ámame a través de la Iglesia y ama a la Iglesia a través de mí.

Guíame a los lugares donde pueda servir y ser bendecido. Te lo ruego a través de Cristo. Amén.

Para profundizar

1 Corintios 12:12-27 • Hebreos 10:24-25 • 1 Pedro 4:8-11

20

IMPERFECCIONES FAMILIARES

¿CÓMO MANEJO TODO LO QUE ESTÁ CAÍDO EN LA IGLESIA?

... *Padre santo, guárdalos en Tu nombre, el nombre que me has dado, para que sean uno, así como Nosotros somos uno* (Juan 17:11)

Hemos estado hablando de la Iglesia de Dios tal como puede y debe ser. En las iglesias sanas, se predica la Palabra de Dios, el pueblo de Dios ora, se siente la presencia de Dios, el Espíritu de Dios actúa, el amor de Dios fluye, el poder de Dios es evidente, el reino de Dios avanza y los hijos de Dios caminan en amor, alegría, gracia y paz.

Formar parte de un cuerpo de creyentes amoroso y unificado es una muestra del cielo. Estas iglesias transforman sus comunidades. Brillan como estrellas en el universo (Fil. 2:15). Esto es lo que ocurrió en Hechos, donde la iglesia funcionaba unida, y todos estaban «juntos» durante la semana, «alabando a Dios y hallando favor con todo el pueblo» (Hech. 2:44, 47).

Y sigue ocurriendo hoy en muchos lugares del mundo. En un mundo perfecto, ¡todas las iglesias serían así!

Pero no todas lo son. Algunas iglesias no se parecen en *nada* a las Escrituras. ¡Son basureros espirituales! Están distraídas, divididas, deprimidas y básicamente muertas. No vale la pena unirse a cualquier iglesia. No todos los supuestos líderes espirituales son salvos y caminan con Dios. Algunos son malvados engañadores que no creen, enseñan ni obedecen la Biblia. Enseñan sus propias filosofías humanas y descarrían a la gente. La Biblia advierte a los creyentes que estén alerta contra los falsos maestros que no están cualificados espiritualmente (2 Cor. 11:13-15), que profieren herejías, niegan el señorío de Jesús y caminan en la codicia y el pecado (2 Ped. 2:1-3). Debemos reconocerlos y evitarlos. Dios promete juzgarlos.

Otras iglesias están dirigidas por maestros creyentes en la Biblia, personas que empezaron bien, pero que con el tiempo han ido deslizándose lentamente hacia el pecado y la apatía. Antes eran obedientes, pero han dejado de permanecer, han sido lastimados, han cedido ante la presión o se han distraído en el ajetreo y se han consumido en el ministerio. Ahora viven en modo de supervivencia constante. Están centrados en sí mismos. Agotados espiritualmente.

No se ven muchas vidas cambiadas en estas iglesias: ni muchas oraciones respondidas ni muchas necesidades satisfechas, ni muchas personas salvadas, bautizadas y discipuladas. Puede que estén ocupadas con actividades religiosas, pero no muestran muchas pruebas de unidad, crecimiento o fecundidad duradera.

En algunos lugares, personas impías que dicen ser espirituales han llevado a cabo grandes cantidades de maldad y abusos. Algo inimaginable e inaceptable. Tóxico y demoníaco. Debería ser aleccionador que cualquier iglesia, si no tiene cuidado, puede desviarse de su objetivo, caer en la comodidad y deslizarse a la apatía o la división. Jesús se enfrentó repetidamente y reprendió con dureza a los escribas y fariseos de Su tiempo por su hipocresía y su mal liderazgo. Los desenmascaró, los llamó hijos del infierno y advirtió enérgicamente a la gente sobre ellos.

Con todo esto en mente, date cuenta de la importancia de pedir a Dios que te guíe hacia la iglesia adecuada.[1] Pero no esperes que ninguna iglesia sea perfecta. Debes mantener siempre la mirada en Jesús, no en las personas. Toda congregación está formada por hombres y mujeres imperfectos con líderes imperfectos. Todos de orígenes variados y en distintas etapas de madurez espiritual. Eso es lo que hace que el evangelio sea tan necesario y hermoso. ¡Tan transformador!

Ni siquiera la iglesia de los Hechos estaba libre de problemas. Como todas las iglesias, la primera estaba llena de personas imperfectas, muchas de las cuales traían su propio drama a la comunidad. Algunos se mentían unos a otros, encubrían sus corrupciones (Hech. 5:1-3) o se quejaban de que la iglesia no hacía lo suficiente por ellos (Hech. 6:1).

Pero en vez de plegarse todos al fracaso o abandonar la iglesia, se reunían y resolvían juntos cada problema. Mantenían los ojos puestos en Jesús. Confiaban en Su Espíritu. Priorizaban la oración y la Palabra. No huían, se unían. Y mientras caminaban por la fe, ¡Dios seguía convirtiendo tanto mal en tanto bien para Su gloria!

---

1. Consulta la página 306 para saber cómo elegir una iglesia.

Este es un gran ejemplo para nosotros hoy. Nos anima. Esta iglesia estaba llena de problemas, pero Dios estaba en ella. La utilizó poderosamente y la bendijo sin cesar. Debemos la existencia de las iglesias vivas de hoy en todo el mundo a las personas fieles de aquella primera iglesia.

Todos deberíamos buscar y disfrutar de una rica comunión con otros creyentes. Pero cuando somos agraviados o nos sentimos desilusionados por lo que ocurre en nuestra iglesia o por un líder en el que pensábamos que podíamos confiar, es hora de orar, perdonar, reunirnos y hablar la verdad en amor. No de enfurruñarse, amargarse y aislarse.

En las iglesias prósperas, las personas están dispuestas a buscar a Dios juntas, a humillarse, a orar juntas, a caminar en Su gracia y Su perdón, y a resolver los problemas practicando el amor sacrificial. Persiguen constantemente lo que es bueno, y tienen estándares elevados para ellas mismas y sus líderes. Construyen y protegen la unidad en todo sentido. Cuando el mal, la división, las distracciones o el pecado aparecen —y siempre lo harán—, los creyentes espiritualmente maduros colaboran humilde e inmediatamente para resolverlos (Gál. 6:1), sabiendo que las pequeñas chispas pueden convertirse en fuegos arrasadores si no se abordan con rapidez.

¿De qué otra forma experimentaremos la unidad que disfrutó la primera iglesia si no caminamos en gracia constante? La gracia nos salva y nos sostiene. Es nuestra sangre vital, que nos ayuda a caminar con paciencia, bondad y perdón, tratando sinceramente con el pecado, pero extendiendo la gracia a lo largo del camino hacia el arrepentimiento y la restauración. Jesús nunca huyó de la gente rota. La amaba y la servía como el Hijo amado de Dios que había sido enviado. Sin embargo, exhortó, reprendió e instruyó amorosamente a los pastores de las iglesias enfermas para que se arrepintieran y volvieran a Él como su primer amor (Apoc. 2:4-5). Dios puede resucitar una iglesia muerta si los líderes y los miembros mueren a sí mismos y se entregan plenamente a Jesús.

Ninguno de los problemas de la Iglesia de Cristo es culpa de Él. El «autor» de nuestra salvación es eternamente «perfecto» (Heb. 2:10). Ama profundamente y murió voluntariamente por Su novia. La está purificando, preparándonos para Su regreso. Y nosotros podemos unirnos a Él en esto, permaneciendo dedicados a Su iglesia, caminando con Él íntimamente y ayudando a otros a seguir haciéndolo también. Le debemos nuestra mayor alabanza. Él nunca aparta la mirada de Su amada.

¡Este mundo necesita desesperadamente iglesias sanas! Debemos seguir plantándolas y construyéndolas. Orando por los que nos rodean para que sigan vivos y prosperen. No dejando nunca de congregarnos con otros creyentes (Heb. 10:25), ¡sino uniéndonos a nuestro Señor en el cumplimiento de Su gran misión en la tierra!

Siempre que te sientas desanimado y frustrado por algo de lo que ves que ocurre en tu iglesia o en cualquier iglesia, mira la Palabra de Dios, donde se ve a Jesús, de pie en los cielos, de aspecto brillante, deslumbrante (Apoc. 1:12-16). Y en Su mano, segura en Su mano, está Su iglesia. Eternamente cuidada. Eternamente protegida. Eternamente cumpliendo lo que solo Su mano es capaz de hacer.

Padre Celestial, te pedimos hoy que establezcas iglesias vibrantes y vivas en nuestras comunidades y entre las naciones. Haz que nazcan iglesias nuevas. Sana a las que están rotas. Elimina a los líderes malvados. Levanta líderes piadosos. Prometiste que construirías tu Iglesia. Perdónanos siempre que hayamos actuado en contra de tu misión. Que nos arrepintamos y volvamos a ti. Purifica y unifica a tu novia. Que te sirvamos fielmente en la comunión que nos das para esta misión del reino. En el nombre de Jesús. Amén.

Para profundizar

1 Corintios 10:32-33 • Efesios 3:20-21 • Apocalipsis 3:11-13

PARTE VI

ORACIÓN

¿Cómo puedo orar con eficacia?

21

El ejemplo de oración de Jesús

¿Cómo puedo orar con eficacia?

Después de despedir a la multitud, subió al monte a solas para orar... (Mateo 14:23)

Jesús priorizaba la oración por encima de casi todo lo demás, lo cual es sorprendente, si lo piensas. Si alguien no parecía necesitar la oración, sería el Hijo de Dios que caminaba en la perfección, que siempre tenía consigo la sabiduría, el conocimiento y el poder de Dios.

¿Por qué era la oración tan importante para *Él*?

La respuesta podría decirnos por qué la oración es tan importante para nosotros.

La oración, en el fondo, es muy relacional. Es la forma en que nos comunicamos y disfrutamos mejor de nuestra comunión con Dios. Mientras Jesús el Hijo estuvo aquí en la tierra, estuvo habitado por el Espíritu de Dios, pero estuvo temporalmente separado de la gloriosa presencia de Su Padre en el cielo (Juan 17:11; 20:17). Pero como disponía de la oración, Jesús podía hablar constantemente con Él en cualquier lugar y en cualquier momento sobre cualquier cosa. Estaban en constante comunión. *Necesitaba* la oración como hombre, del mismo modo que nosotros necesitamos la oración para permanecer íntimamente cerca de nuestro Padre celestial. En constante comunicación con nuestro Dios. Accediendo en todo momento a Su gracia y guía, a Su fuerza y consuelo, a Su provisión y protección.

Así, mientras Jesús modelaba la oración a Sus discípulos, demostrando lo imperativa que era en Su vida diaria, también permanecía y dependía constantemente de ella. Así, modeló el camino para nosotros.

¿Qué ejemplos concretos de oración nos dio Jesús?

Oraba en privado. «Con frecuencia Él se retiraba a lugares solitarios y oraba» (Luc. 5:16). Jesús hablaba regularmente en secreto con Su Padre como única audiencia. Pedía y recibía. Amaba y disfrutaba de Su Padre. Lo honraba y se sometía a Él. Entonces, Jesús entraba en el día con audacia, con sabiduría y disposición para llevar a cabo la perfecta voluntad de Su Padre. En lugar de querer agradar a las multitudes, dejando que dictaran Su agenda, Jesús sabía cuándo era el momento de despedirlas y retirarse a orar, lejos del ruido (Mar. 6:45-46).

Oraba en público. Aunque oraba principalmente en privado, Jesús se unía a veces a los ejemplos bíblicos de Moisés, Josué, David, Salomón y Elías, que oraban con valentía ante reuniones de personas. Por ejemplo, en la resurrección de Lázaro de entre los muertos, Jesús oró intencionalmente en público «por causa de la multitud que me rodea», para que después supieran que el Padre había oído Su petición y creyeran que Él era el Mesías (Juan 11:42).

Oír orar sinceramente a personas piadosas es una forma útil de aprender a orar nosotros mismos. El único problema de la oración pública, advirtió Jesús, es cuando el motivo se convierte en «ser vistos por los hombres» (Mat. 6:5). Para impresionar. Para fingir que somos más espirituales de lo que somos. Jesús dijo que no esperáramos respuesta a estas oraciones insinceras. La oración pública debe ser humilde y directa. Cuando ores delante de otros, muere a ti mismo y concéntrate en el Señor de los señores, no en la gente que te escucha. Dios es tu público, y Él es suficiente.

Oraba ANTES de los acontecimientos importantes. Antes de elegir a Sus doce apóstoles, Jesús «se fue al monte a orar, y pasó toda la noche en oración a Dios» (Luc. 6:12). Bañaba Sus decisiones y Su ministerio en oración, buscando primero la voluntad del Padre, preparándose para lo que estaba por venir. Después de orar hasta el anochecer, partió para reunirse con Sus discípulos en un mar embravecido, caminando sobre el agua para rescatarlos en su barca asaltada por la tormenta (Mat. 14:23). No lo hizo para impresionarlos, sino para animarlos, para revelarles Su verdadera identidad.

Oraba DURANTE acontecimientos importantes. Más de una vez, después de ministrar en lugares remotos, Jesús se encontró con miles de personas necesitadas de comida. A pesar de la insistencia de Sus discípulos en que los despidiera, les dijo que le trajeran lo poco que pudieran recoger. Antes de multiplicar milagrosamente los panes y los peces, Jesús «levantó los ojos al cielo, los bendijo, los partió y los iba dando a los discípulos para que los sirvieran a la gente» (Luc. 9:16). Cualquier acontecimiento puede convertirse en una ocasión para orar. Para hablar con el Padre. Para gloria del Padre.

Oraba DESPUÉS de acontecimientos importantes. Tras Su crítica última conversación con los discípulos en las horas previas a Su muerte —un acontecimiento increíble, de letras rojas, que abarca tres capítulos de la Biblia (Juan 14–16)—, cerró permitiéndonos ver tras el velo y escuchar una conversación íntima con Su Padre (Juan 17). Oró para que el Padre lo glorificara (v. 1), que guardara a Sus discípulos (v. 11), y los santificara en la verdad de Su palabra (v. 17). Incluso oró por nosotros, los que «[habrían] de creer en Mí» mediante la predicación de Su evangelio (v. 20).

Oraba en una conversación perfectamente integrada. Podía estar «orando a solas» un segundo, y al siguiente enseñando a Sus discípulos (Luc. 9:18). Los asombraba con Su capacidad de orar «sin cesar» (1 Tes. 5:17) como un ritmo natural y continuo de Su vida.

Y ahora Él hace posible que nosotros oremos así. No disfrutaríamos del privilegio de la oración si no fuera por Jesús. Pero en Su nombre —a través de Su papel como nuestro gran Sumo Sacerdote— «tenemos confianza para entrar al Lugar Santísimo por la sangre de Jesús» (Heb. 10:19). Podemos acercarnos «con confianza al trono de la gracia» en todo momento, bajo cualquier circunstancia como Sus hijos redimidos, «para que recibamos misericordia, y hallemos gracia para la ayuda oportuna» 4:16).

Jesús lo demostró. Y, en Su gracia, nos invita a esta relación. Dice con confianza: «Y todo lo que pidan en Mi nombre, lo haré, para que el Padre sea glorificado en el Hijo» (Juan 14:13). Ora como Jesús, a través de Jesús, en el nombre de Jesús, y orarás con eficacia. De esto no cabe duda.

Padre, acudo a ti en el nombre de Jesús, pidiéndote que hagas de mí una persona de oración eficaz. Ayúdame a seguir el ejemplo de Jesús. Te pido que hagas crecer en mí la clase de fe, deseo y audacia que me harán caminar cerca de ti en oración permanente en cada etapa. Por el nombre puro y sin mancha de Jesús. Amén.

Para profundizar

Salmo 5:1-7 • Marcos 11:22-24 • Hebreos 5:7-9

22

La oración modelo de Jesús

¿Qué puedo aprender del Padrenuestro?

... *Señor, enséñanos a orar...* (Lucas 11:1)

«Aconteció que estando Jesús orando en cierto lugar, cuando terminó», Sus discípulos se dieron cuenta de que, fuera lo que fuera que sabían sobre la oración, Jesús sabía inmensamente más (Luc. 11:1). Respecto a la prioridad de la oración. A su intimidad. Su especificidad. Su evidente poder.

Qué momento tan significativo. Imagina *el deleite consciente* en Su rostro, al verlos tan curiosos y abiertos, dispuestos a aprender. «Ustedes, pues, oren de esta manera», les dijo (Mat. 6:9). Lo que compartió a continuación influiría para siempre en millones de oraciones de todo el mundo.

Era un modelo poderoso. No un mero guion. Dijo que oráramos «de esta manera». No tenemos que orar Sus palabras exactas en el mismo orden, aunque no hay nada malo en ello. Pero no era una oración para repetir sin pensar. Y, sin embargo, en esta asombrosa clase magistral del maestro de la oración, se incluyen tantas claves que deberíamos acercarnos y aprender de Él.

Para aprender sobre la oración, debes centrarte en aprender sobre Dios. Quién es Él. Lo que puede hacer. Lo que desea. Cómo relacionarte con Él. Cómo hablarle. Esto es lo que nos muestra la oración modelo de Jesús.

Dios es Padre. «Padre nuestro que estás en los cielos» (Mat. 6:9). Pronto profundizaremos en lo que significa que Dios sea nuestro Padre perfecto, pero qué privilegio es ser Su hijo. Empezamos a centrarnos en Dios, confiando en Su naturaleza revelada. La oración es mucho más que decir palabras que suenen religiosas. Siempre es una conversación real en una relación real. Cae en la cuenta de que Él puede verte y oírte, y te escucha. Venimos como hijos suyos, amados y aceptados por Él, como Jesús es amado y aceptado. Él es muy personal: no solo *el* Padre, sino nuestro Padre. No solo *mi* Padre, sino el de todos los que creen en Él. Jesús amplía nuestro pensamiento para incluir automáticamente a los demás mientras oramos.

Dios es santo. «Santificado sea Tu nombre» (Mat. 6:9). Ser personal con Él no significa que seamos Sus pares. Él es santificado. Santo. Apartado y extremadamente especial. Diferente de los demás. Incomparable. Todo lo que hace es santo. Su nombre es santo. Si no fuera por la sangre de Jesús, nunca podríamos acercarnos a Su imponente presencia ni hablar con Él en absoluto.

Qué honor ser invitados. Acogidos gracias a Jesús. Y nunca deberíamos tomárnoslo a la ligera. Siempre deberíamos considerar la oración como algo sagrado. Es bueno hacer una pausa antes de empezar a orar, respirar hondo y recordar que Él es sagrado.

Alto y elevado. Digno de tu mayor adoración y de tu mayor respeto. Plenamente capaz de hacer cualquier cosa.

Dios es Rey. «Venga Tu reino» (Mat. 6:10). Es un Rey que reina plenamente en los cielos. «El Señor ha establecido Su trono en los cielos, y Su reino domina sobre todo» (Sal. 103:19). En el cielo se lo adora y obedece constantemente. Lo que Él desea se hace y debe hacerse siempre: «Hágase Tu voluntad». Pero, ¿se hace Su voluntad en nuestra vida personal? ¿En nuestras familias, iglesias y ciudades? ¿«Así en la tierra como en el cielo» (Mat. 6:10)? En la oración, invitamos a Su gobierno a nuestro territorio rebelde. Sometemos a Él nuestros corazones que tienden a gobernarse a sí mismos. Así oró Jesús: «no se haga Mi voluntad, sino la Tuya» (Luc. 22:42). *Ven y gobierna en nosotros, gobierna sobre nosotros, cada día, en todos los sentidos.* No solo ahora, sino hasta que Él vuelva.

Dios es nuestro proveedor. «Danos hoy el pan nuestro de cada día» (Mat. 6:11). Debemos orar diariamente por lo que necesitemos para ese día. No tenemos nada a menos que Dios nos lo dé. Y Su método de entrega consiste en suministrarnos fielmente lo que necesitamos cada nuevo día. Como los hijos de Israel en el desierto, que dependían de Él para obtener maná cada mañana, nosotros empezamos cada día necesitados de Él. No solo del «pan» físico, sino de «toda palabra que sale de la boca de Dios» (Mat. 4:4), de Jesús, «el pan de la vida» (Juan 6:35). Dios tiene una palabra fresca de Su Palabra para nosotros cada día, y la oración nos ayuda a asegurarnos de que no nos la perdemos. Pídele. Más que nadie ni nada en la tierra, Dios es tu proveedor. Jesús nos dijo que pidiéramos, creyendo que recibiríamos (Mar. 11:24). ¿Qué necesitas hoy? ¿Te has detenido a orar al respecto?

Dios es misericordioso y perdonador. «Y perdónanos nuestras deudas, como también nosotros hemos perdonado a nuestros deudores» (Mat. 6:12). Tu Dios misericordioso quiere que experimentes la plena alegría de saber que tu «transgresión es perdonada», que tu «pecado es cubierto» (Sal. 32:1), que Él lo ha alejado de ti «como está de lejos el oriente del occidente» (Sal. 103:12). En la oración, puedes recordarlo y experimentarlo cada día. La «abundancia» de Su misericordia, el «río» refrescante de Su perdón (Sal. 36:8). Puedes disfrutarlo confesándole tus pecados, y soltando todo. Rápidamente. En contrición.

Y al depender de Su gracia, la extendemos libremente a los demás. También soltamos a los demás, a las personas que nos han hecho daño o nos han ofendido y que no hemos perdonado. Esto no es una proposición de lo uno o lo otro. Jesús dijo que era necesario. Si mantenemos a los demás como rehenes de nuestros rencores, sin perdonarlos «así como también Dios [nos] perdonó en Cristo» (Ef. 4:32), estamos volviendo a pecar nosotros mismos. Estamos fuera de la comunión con Dios. Ya no permanecemos en íntima comunión con Él. Pero es en la oración donde lo arreglamos, presentándonos ante nuestro Padre misericordioso y perdonador. Recibiendo el perdón, extendiendo el perdón. Siempre. Todos los días.

Dios es nuestro líder protector. «No nos dejes caer en tentación» (Mat. 6:13). La oración proporciona un ataque preventivo contra el pecado futuro. Debemos acudir a nuestro omnisapiente Dios, que ya conoce todas las posibles trampas y situaciones difíciles que podrían amenazar la estabilidad de nuestro camino. Puede alejarnos de ellas con Su Espíritu. Puede advertirnos con Su Palabra. Puede enseñarnos a seguir el camino de escape que nos ha proporcionado (1 Cor. 10:13). Él quiere que caminemos en fidelidad y plenitud. Seguros y protegidos (Sal. 91). Firmes y abundantes (Juan 10:10).

Dios es nuestro libertador. «Líbranos del mal» (Mat. 6:13). Igual que puede protegernos de antemano, también puede librarnos del mal en tiempo real. «Su adversario, el diablo, anda al acecho como león rugiente, buscando a quien devorar» (1 Ped. 5:8). David oró pidiendo liberación. Moisés oró por liberación. Ester oró por liberación. Daniel oró pidiendo liberación. Y Dios escuchó y rescató fielmente a cada uno de ellos. «El Señor, pues, sabe rescatar de tentación a los piadosos» (2 Ped. 2:9).

Cada nuevo día, cada nueva necesidad y cada nuevo reto son una nueva oportunidad para acercarnos a nuestro Padre celestial y pedirle una nueva gracia, una nueva provisión, una nueva dirección y una nueva protección. La oración no es una ocurrencia tardía; debería ser nuestro primer pensamiento. Y cuando Él es lo primero en nuestros corazones, nuestras oraciones se convierten en una forma poderosa y eficaz de descansar en Sus amorosos brazos y de poner toda nuestra vida en Sus amorosas manos.

Padre celestial, enséñame a orar. Haz de mí un guerrero de oración poderoso y eficaz. Abre mis ojos a quién eres tú y a cómo puedo conocerte, amarte y honrarte mejor como mi Padre. Gracias por invitarme a entrar. Que siempre me acerque a ti con confianza y respeto. Fortalece mi vida de oración y mi fe. Ayúdame a glorificarte con cada respuesta. En el nombre de Jesús. Amén.

Para profundizar

2 Crónicas 6:34-39 • Efesios 3:14-21 • Judas 24–25

23

La enseñanza de Jesús sobre la oración

¿Qué puedo pedir cuando oro?

Si permanecen en Mí, y Mis palabras permanecen en ustedes, pidan lo que quieran y les será hecho
(Juan 15:7)

La oración es poderosa y puede lograr lo que Dios puede lograr. Sea lo que sea a lo que nos enfrentemos, la oración puede abordarlo. Jesús nos invita a orar por cualquier cosa y por todo (Juan 16:23).

Dijo: «Pidan, y se les dará; busquen, y hallarán; llamen, y se les abrirá. Porque todo el que pide, recibe; y el que busca, halla; y al que llama, se le abrirá» (Mat. 7:7-8).

Pero la mayoría de la gente, en vez de orar, tiende a preocuparse toda la noche y a trabajar todo el día, como si suplir sus necesidades dependiera exclusivamente de ellos. No se dan cuenta de que cinco minutos de oración pueden hacer más que cinco días de trabajo. Dios no envió a Su Hijo para que muriera en la cruz, rasgara el velo y nos diera «libertad y acceso [...] con confianza» a Su trono en la oración (Ef. 3:12) solo para decirnos «¡No!» cuando oramos. Por supuesto, tiene todo el derecho a negar o retrasar una petición. Los padres amorosos lo hacen a veces por sus hijos. Pero el deseo de nuestro Padre es acercarnos, hacer crecer nuestra fe y llevarnos hacia un estilo de vida de oraciones constantes que traigan Sus constantes respuestas. Eso es lo que Jesús modeló y cómo vivió.

Explicó que cuando oramos y nuestro Padre responde, ocurren dos cosas muy buenas: nuestro Padre es glorificado en Jesús (Juan 14:13) y nuestro gozo como hijos suyos se hace pleno (Juan 16:24). Cuando esto ocurre, Dios se complace en nosotros y nosotros nos complacemos en Él.

Jesús es el secreto aquí. No pedimos en *nuestro* nombre, sino en Su nombre. No acudimos basándonos en *nuestra* justicia, sino en la de Cristo, pues no somos justos. No por lo que *nosotros* hemos hecho, sino por lo que Él ha hecho.

Por eso, para orar con eficacia, debemos conocer primero a Cristo. Él es el camino al Padre. Pero luego, debemos permanecer en Cristo. Debemos conseguir que nuestros corazones estén en correcta comunión con Él (sin pecados no confesados) y estar bien con otras personas (perdonándolas). Después, podemos ocuparnos de orar con fe. De presentar las peticiones que tengamos. Y de confiar en el corazón de Dios y en Su tiempo para las respuestas. A veces, responde con rapidez, a veces espera días, años o décadas, pero Su tiempo es perfecto como un láser. Nunca es lento, sino paciente (2 Ped. 3:9).

Para ayudarnos a ampliar nuestras oraciones, Jesús nos da algunas categorías de cosas que podemos pedir:

Pide por tus necesidades. ¿Oras regularmente por lo que necesitas? La oración no es solo un privilegio. Es necesaria para nuestras necesidades. Dios ya conoce nuestras necesidades antes de que pidamos, pero quiere que lo busquemos. Esto nos mantiene humildes, profundiza nuestro caminar y fortalece nuestra fe. Además, cuando Él suple nuestras necesidades, lo hace de un modo que lo glorifica.

En lugar de preocuparnos, Jesús nos enseñó a orar por cualquier cosa que necesitemos. Si necesitas dinero o un trabajo, pídelo. Si necesitas una casa, un hotel o un hospital en tu ciudad, no tengas miedo de pedírselo. «No tienen, porque no piden» (Sant. 4:2).

Dios lo sabe todo y sabe qué es mejor. Puede negarnos lo que quiera, pero nunca debemos dejar que sea porque no pedimos. Él hará lo que le plazca, ¡pero se complace en responder a nuestras oraciones y es glorificado en gran manera a través de ellas! ¿Qué necesitas? Pide y sigue pidiendo.

Pide según la voluntad de Dios. «Si pedimos cualquier cosa *conforme a Su voluntad*, Él nos oye. Y si sabemos que Él nos oye en cualquier cosa que pidamos, sabemos que tenemos las peticiones que le hemos hecho» (1 Jn. 5:14-15, cursiva añadida). ¿Cómo podemos saber que estamos orando «conforme a Su voluntad»? ¿Qué dice la Palabra de Dios que es Su voluntad? Siempre podemos orar en consonancia con esas cosas. Pregúntate: ¿Qué haría avanzar enormemente el reino de Dios en mi situación? ¿Qué lo glorificaría realmente? ¿Qué se alinearía con Su Palabra y Sus caminos? Dios ya está obrando para que estas cosas sucedan. Así que podemos alinear nuestras oraciones con Sus propósitos. Luego, observa y espera con confianza a que Él nos sorprenda.

Pide cosas buenas. Quizás lo que pidas no sea una necesidad, pero puede ser algo realmente bueno. Jesús dijo: «Pues si ustedes, siendo malos, saben dar *buenas dádivas* a sus hijos, ¿cuánto más su Padre que está en los cielos dará *cosas buenas* a los que le piden?» (Mat. 7:11, énfasis añadido). Podemos pedir cosas buenas porque Dios es muy bueno. «Nada bueno niega a los que andan en integridad» (Sal. 84:11).

Cuando estés orando por tu matrimonio, tu familia, tu pastor o tu ciudad, pregúntate: ¿Qué puedo orar por ellos que demuestre más amor? ¿Qué podría hacer Dios aquí que fuera abrumadoramente bueno? Considera lo siguiente. Ana no *necesitaba* un hijo, pero tener un hijo era algo bueno, y por eso Dios le dio a Samuel (1 Sam. 1:27-28). Jesús no *necesitaba* que la higuera se marchitara, pero eso le ayudó a establecer un punto que fortaleció la fe de Sus discípulos (Mar. 11:20-25). ¡Empieza a orar por cosas realmente buenas!

Pide el deseo de tu corazón. Jesús dijo: «Si permanecen en Mí, y Mis palabras permanecen en ustedes, pidan lo que quieran y les será hecho» (Juan 15:7). La frase «lo que quieran» significa los deseos de tu corazón. Permanecer en Cristo es el secreto de la oración eficaz. Puede venir con una especie de cheque en blanco. Jesús estaba compartiendo una versión actualizada de una antigua promesa: «Pon tu delicia en el Señor, y Él te dará las peticiones de tu corazón» (Sal. 37:4).

Cuando Dios se convierte en el deleite de tu corazón, y Su Palabra es bien recibida en ti, tu vida de oración comienza a escalar a un nivel emocionante. Si el anhelo de tu corazón es decir: «¿Qué puedo hacer por ti, Padre mío?», entonces el deleite de Su corazón se convierte en: «¿Qué puedo hacer por ti, hijo mío?». Cuando *Él* es el deseo de tu corazón, puedes pedir el deseo de *tu* corazón. Esto es increíble. Nuestro bondadoso Padre celestial «nos da abundantemente todas las cosas para que las disfrutemos» (1 Tim. 6:17). No solo hace que la comida sea necesaria y nutritiva, sino también deliciosa y agradable. No solo hizo el universo funcional, sino también hermoso. Nuestro Dios «es poderoso para hacer todo mucho más abundantemente de lo que pedimos o entendemos» (Ef. 3:20). Así que soñemos a lo grande y pidamos. Entonces, cuando Él responda, podremos celebrar y decir: «a Él sea la gloria en la iglesia y en Cristo Jesús por todas las generaciones, por los siglos de los siglos. Amén» (Ef. 3:21).[1]

Padre, hoy acudo a ti en nombre de Jesús, pidiendo lo que necesito, pidiendo que se haga tu voluntad, pidiéndote cosas buenas porque tú eres mi Padre bueno. Enséñame, Señor, que todo lo que necesito se encuentra en ti, en permanecer en ti, en deleitarme en ti. Llénanos de alegría y glorifícate a través de nuestras oraciones poderosamente contestadas, en el nombre de Jesús. Amén.

Para profundizar

1 Reyes 3:5-14 • Salmo 20:1-4 • Santiago 4:1-6

1. Consulta la página 308 para saber cómo hacer un seguimiento de tus peticiones de oración.

Parte VII

Rendición

¿Cómo puedo transformar a Cristo en Señor?

24

Padre, Hijo y Espíritu Santo

¿Qué puedo aprender de la Trinidad?

... y él vio al Espíritu de Dios que descendía como una paloma y venía sobre Él. Y se oyó una voz de los cielos que decía: «Este es Mi Hijo amado en quien me he complacido» (Mateo 3:16-17)

Hay un solo Dios verdadero y vivo (1 Tim. 2:5). Como escribió Moisés: «Escucha, oh Israel, el Señor es nuestro Dios, el Señor uno es» (Deut. 6:4). El salmista cantaba: «Solo Tú eres Dios» (Sal. 86:10). Y Dios declaró a través de Isaías: «Antes de Mí no fue formado otro dios, ni después de Mí lo habrá. Yo, Yo soy el Señor, y fuera de Mí no hay salvador» (Isa. 43:10-11).

Sin embargo, cuando Dios nos revela Su identidad en las Escrituras, descubrimos que este «Dios único» existe como Padre,

Hijo y Espíritu Santo: *tres* en Uno. ¿Cómo puede ser esto? ¿Cómo es posible que 1+1+1=1?

Esto puede cambiarnos la mente. Parece imposible. Un misterio profundo. Los tres son distintos, pero divinos. Los tres tienen todos los atributos y la naturaleza de Dios. Los tres reciben honra como Dios, poseen el poder de Dios y la gloria de Dios. Los tres *son* Dios. Sin embargo, en ninguna parte de la Biblia se describe al Padre, al Hijo y al Espíritu Santo como tres Dioses. Siempre son uno.

Pero no debería sorprendernos que Dios sea más grande que nuestra capacidad humana para comprenderlo. *Necesitamos* un Dios que sea más grande que nosotros. Más allá de nosotros. Solo Satanás, el engañador, trataría de convencernos de que hay que dudar de Dios o negarlo, simplemente porque no se lo puede comprender plenamente. A los científicos, por ejemplo, les desconcierta que la luz pueda funcionar como partícula y como onda, pero eso no nos impide encender una lámpara o disfrutar de un amanecer. Aunque nuestros intentos de describir a Dios se queden cortos, está claro que podemos confiar en Él, amarlo y disfrutar de una relación creciente con Él.

Pero la Trinidad no solo nos dice quién es *Dios*. Nos proporciona una ventana para comprender quiénes somos *nosotros*. Él es nuestro Creador. Llevamos Su imagen. Su naturaleza trina modela para nosotros un modelo que nos ayuda. La unidad que existe en la Trinidad es fundamental para nuestros matrimonios (Gén. 2:24), para los objetivos de Cristo para la Iglesia (Juan 17:21), así como para los fundamentos de las amistades profundas y el trabajo eficaz en equipo.

La Trinidad no es solo un concepto en un libro de texto teológico. Es la manera en que nos relacionamos personalmente con Dios y entre nosotros. Y se revela a lo largo de toda la Escritura.

En el primer versículo de la Biblia —«En el principio Dios creó los cielos y la tierra» (Gén. 1:1)— la palabra hebrea para Dios (*Elohim*) es plural, no singular. Cuando Dios habló de Su intención de crear al primer ser humano, lo dijo de esta manera: «Hagamos al hombre a Nuestra imagen, conforme a Nuestra semejanza» (Gén. 1:26). *Hagamos*, no «haga». *Nuestra*, no «mi». Este es el Dios que nos hizo. Aquí hay una rica revelación.

Hay relación dentro de la Deidad. Amor perfecto. Respeto mutuo, honor y servicio amoroso de unos a otros. La razón por la que somos criaturas tan relacionales no es un accidente cuántico de la teoría evolutiva. Es porque Dios mismo, Aquel que nos creó y nos hizo a Su semejanza, es relacional en Su naturaleza. Disfruta eternamente de Sus relaciones dentro de la Deidad.

Lo vemos en el bautismo de Jesús, el acto inicial que inauguró Su ministerio terrenal. Cuando el Hijo salió del agua, «vio al Espíritu de Dios que descendía como una paloma y venía sobre Él» (Mat. 3:16). Entonces, casi de inmediato, una voz resonó desde el cielo. La voz de Su Padre: «Este es Mi Hijo amado en quien me he complacido» (v. 17).

Ahí está la Trinidad. La vemos cuando miramos a Jesús. Ahora comprendemos por qué se retiraba tan a menudo a lugares solitarios, mucho después de oscurecer, por la mañana temprano, para orar a Su Padre, mientras permanecía en comunión con el Espíritu Santo. No eran lugares solitarios; eran lugares de encuentro. No estaba solo. Y nosotros tampoco. Siempre estamos con Su Espíritu. Él nunca nos abandona. Y nos ha invitado a profundizar en una relación siempre duradera. Dulce comunión. Intimidad amorosa.

Hay unidad dentro de la Deidad. La unidad es siempre el procedimiento operativo estándar de Dios. Los miembros de la Trinidad siempre están sincronizados. No solo lo vemos en la creación, sino también en el nacimiento virginal (Luc. 1:35) y en la resurrección (Rom. 6:4; 8:11; Juan 10:17).

Jesús oró para que el Padre enviara al Espíritu Santo (Juan 14:16), que vendría y luego honraría a Jesús, el cual glorificaba constantemente al Padre (Juan 13:31). Por eso Jesús pudo decir: «No busco Mi voluntad, sino la voluntad del que me envió» (Juan 5:30). El Padre, el Hijo y el Espíritu están juntos en todo. Como Su discípulo, eres bautizado intencionadamente en el nombre del Padre, del Hijo y del Espíritu Santo (Mat. 28:19).

Por eso, cuando Jesús oró para que Sus discípulos «sean uno, así como Nosotros somos uno», para que fueran «perfeccionados en unidad» (Juan 17:22-23), estaba expresando Su profundo deseo de que experimentáramos y reflejáramos la naturaleza del Dios que nos creó y nos incorpora a Su familia. Nuestra unidad tiene un propósito glorioso. No solo es útil, sino también piadosa y hermosa.

«Miren cuán bueno y cuán agradable es que los hermanos habiten juntos en armonía. [...] Porque allí mandó el Señor la bendición, la vida para siempre» (Sal. 133:1, 3). Por eso Pablo instruyó a los creyentes a esforzarse «por preservar la unidad del Espíritu en el vínculo de la paz» (Ef. 4:3). Debemos construir la unidad, protegerla, orar por ella y restaurarla rápidamente cuando se rompa. Cuando los creyentes se pelean y están divididos, eso deshonra a Dios y aleja a la gente de Él. Pero cuando el mundo ve a los creyentes viviendo, sirviendo y funcionando en completa unidad y amor, Dios se complace y la gente se siente atraída a conocer y creer en Jesús (Juan 17:21).

Sencillamente, no hay forma de fabricar esta unidad por nuestra cuenta sin la ayuda continua del Señor. Él es quien nos une en Su Iglesia con «un solo cuerpo y un solo Espíritu, [...] un solo Señor, una sola fe, un solo bautismo» (Ef. 4:4-5). El Espíritu de Dios y Su Palabra nos mueven siempre hacia la humildad, la mansedumbre y el amor: «el vínculo de la unidad» (Col. 3:14). Porque cuando cerramos nuestros escudos y seguimos el ejemplo de la Trinidad, la gente se da cuenta. Los creyentes unidos, al igual que las familias unidas, resultan muy atractivos y revelan el amor de Jesús a los demás.

Si te cuesta entender la Trinidad, deja de complicar tus pensamientos y céntrate en Jesús. «El que me ha visto a Mí, ha visto al Padre», dijo Él (Juan 14:9). Cuando Jesús hablaba, Dios hablaba. La forma de vivir de Jesús es la forma de ser de Dios. «[El Hijo] es el resplandor de [la] gloria [de Dios] y la expresión exacta de Su naturaleza» (Heb. 1:3).

Si quieres ser seguidor de Dios, sigue a Jesús. Míralo a Él. Sumérgete en tu relación con Él. Allí encontrarás lo que todos los títulos doctrinales avanzados del mundo pretenden transmitir en última instancia. Dios es uno. Amor perfecto.

A medida que crezcas en Él, que conozcas «el amor de Cristo que sobrepasa el conocimiento, para que [seas lleno] hasta la medida de toda la plenitud de Dios» (Ef. 3:19).

Te alabo, Padre, Hijo y Espíritu Santo, por la maravilla de tu grandeza, por la inmensidad de tu sabiduría, por la unidad eterna que posees. Haz crecer en mí, Señor –en nosotros– esta misma unidad de corazón, misión y propósito, para que podamos glorificarte en la tierra. Que muchas personas se sientan atraídas a ti a través de nosotros, de nuestro amor unido y de tu evangelio. En el nombre de Jesús. Amén.

Para profundizar

Salmo 133 • Juan 14:7-10 • Romanos 15:5-6

25

SEGUIR A DIOS COMO PADRE

¿QUÉ SIGNIFICA QUE DIOS ES MI PADRE?

Y no llamen a nadie padre suyo en la tierra, porque Uno es su Padre, el que está en los cielos (Mateo 23:9)

La paternidad en la tierra procede de la paternidad de Dios. La primera persona de la Trinidad —Dios Padre— es eternamente «Padre» por identidad y naturaleza. Todos los creyentes, tanto hombres como mujeres, nos relacionamos con Él como nuestro Padre celestial porque eso es lo que Él es en realidad (1 Jn. 3:1).

Una de las primeras palabras del diccionario hebreo (la lengua del Antiguo Testamento) es la diminuta palabra *ab*, formada por las dos primeras letras del alfabeto hebreo… la primera palabra que es capaz de decir un niño pequeño. *Ab* significa «padre».

La oyes en el nombre *Abraham*, que significa «padre de una multitud». La oyes en la voz de Jesús, orando en el huerto de Getsemaní: «¡*Abba*, Padre!» (Mar. 14:36). La oyes en el Espíritu Santo, que nos impulsa a gritar «¡*Abba*, Padre!» desde nuestro propio corazón a Dios en oración (Gál. 4:6).

Abba también puede significar Papi. Todos nacemos buscando y anhelando un padre. Esto no es una coincidencia. Necesitamos y deseamos profundamente el amor y la aceptación de nuestro padre.

Dios nos ha creado para Dios.

Este hecho no disminuye el papel inestimable de las madres. ¡Gracias a Dios por las madres! Pero cuando los niños son pequeños, su padre tiende a ser su héroe (Prov. 17:6). A menudo, derivan de él gran parte del concepto que tienen de sí mismos, de lo que les dice y hace. Cuando los niños no reciben la atención o la aprobación de su padre, pueden pasarse el resto de la vida intentando llenar ese vacío. O si están enfadados con su padre, muchas de sus acciones pueden estar motivadas por ese dolor, demostrándole que está equivocado. Ya sean positivos o negativos, los padres siguen siendo un gran foco de atención.

Pero Dios no solo puso este hambre de un padre cariñoso en nuestros corazones, sino que la satisface con Él mismo, al ser nuestro Padre *perfecto*. El Padre supremo.

Incluso los mejores padres terrenales son pecadores y limitados, sujetos a defraudarnos. Pero Jesús dijo: «su Padre celestial es perfecto» (Mat. 5:48). Él es lo que siempre hemos anhelado pero nunca hemos tenido plenamente en la tierra. «Toda buena dádiva y todo don perfecto viene de lo alto, desciende del Padre de las luces, con el cual no hay cambio ni sombra de variación» (Sant. 1:17). Eligió atraernos hacia sí enviando a Su Hijo para rescatarnos, para proporcionarnos un camino a casa con pleno acceso a Él como nuestro Padre. «En el ejercicio de Su voluntad, Él nos hizo nacer por la palabra de verdad» (Sant. 1:18).

Todo lo que siempre hemos necesitado de un padre, podemos tenerlo en Dios por medio de Cristo.

Independientemente de cómo fuera tu padre terrenal, Jesús es ahora tu camino hacia tu Padre eterno (Juan 14:6). Habló las palabras del Padre, hizo la voluntad del Padre y representó perfectamente al Padre (Juan 14:7-11). Tu relación con Dios Padre a través de Jesús es la epítome de la vida eterna (Juan 17:3). Él es el Padre por el que todos nuestros corazones nacieron clamando, y seguimos necesitándolo todos los días. No estaremos plenamente asentados ni satisfechos hasta que estemos en los brazos de nuestro Padre. Y a través de Su Hijo, ahora lo tenemos y podemos relacionarnos con Él a diario.

En el momento de la salvación, nuestro Padre celestial interviene para desempeñar todas las funciones de un padre terrenal, solo que a la perfección. Lo hace mediante Su Palabra, Su Espíritu, Su Iglesia y a través de nuestras circunstancias y relaciones. Él obra activamente todas las cosas para nuestro bien, para los que creen en Él (Rom. 8:28-29).

Así que, cuando ores a Él como Padre y te relaciones con Él como Padre, ten en cuenta las siguientes funciones paternales que desempeña ahora en tu vida.

Es tu proveedor fiel. Uno de los nombres de Dios, *Jehová-jireh*, significa «El Señor Proveerá» (Gén. 22:14). Jesús dijo: «No se preocupen por su vida, qué comerán o qué beberán; ni por su cuerpo, qué vestirán» (Mat. 6:25), sabiendo que el Padre es dueño de todo y Él proveerá (Sal. 50:10). ¿Cómo pudo Jesús alimentar a miles de personas con cinco panes y dos peces? Porque sabía que el Padre siempre provee. Eso nunca es un problema para Él. Físicamente. Espiritualmente. De la forma que sea necesaria. Tu

Padre tiene más que suficiente para cuidar de ti. Ora a Él con fe sabiendo que es tu proveedor fiel y que puede enviarte lo que necesites cuando lo necesites. ¡Puedes confiar en Él (Fil. 4:19)!

Él es tu fuerte protector. Los padres buenos protegen a sus hijos. El Salmo 91 es un homenaje a la naturaleza protectora de Dios, tu Padre. Cuando te refugies en Él, descubrirás que no necesitas temer al mal ni a ningún daño (Sal. 91:5-6). Esto no es un permiso para ser imprudente, sino que puedes correr hacia Él y descansar en Él como tu fuerte protector. Jesús estuvo plenamente protegido por Su Padre durante todo Su ministerio, y solo se le permitió sufrir en momentos concretos por Su voluntad y para Su gloria. Cualquier sufrimiento o daño físico en nuestras vidas debe pasar primero por Sus poderosas y amorosas manos. Debemos orar y ser cuidadosos, ¡pero no tener miedo!

Él es tu líder amoroso. El Padre es el líder de la Trinidad. Planifica sabiamente y dirige con amor fiel. Jesús dijo: «El Padre ama al Hijo, y le muestra todo lo que Él mismo hace» (Juan 5:20). Él inicia y dirige estratégicamente. «De tal manera amó Dios al mundo, que dio a Su Hijo unigénito, para que todo aquel que cree en Él, no se pierda, sino que tenga vida eterna» (Juan 3:16). Dios tiene un plan y un propósito específicos para tu vida. ¡Y son perfectos! Cuando oras: «Venga Tu reino. Hágase Tu voluntad» (Mat. 6:10), estás buscando Su liderazgo. ¡Todas las personas necesitan un líder amoroso! Ahora tienes ese líder a través de Cristo.

Él es tu maestro veraz. Los buenos padres enseñan (Ef. 6:4). El rey Salomón escribió: «Oigan, hijos, la instrucción de un padre, y presten atención para que ganen entendimiento» (Prov. 4:1). No es solo Salomón enseñando a su hijo, sino Dios enseñándonos a nosotros a través de Su Palabra. Él nos da estratégicamente «el Espíritu de verdad» (Juan 14:17) para guiarnos «a toda la verdad»

(Juan 16:13). Cada día, mientras lees la Palabra de Dios, mientras escuchas las palabras de Jesús y eres guiado por Su Espíritu, tu Padre te está enseñando (1 Jn. 2:27).

Él es tu ayudador dispuesto. La Biblia lo llama «amparo del huérfano», el ayudante del «desvalido» (Sal. 10:14). «Levantaré mis ojos a los montes; ¿de dónde vendrá mi ayuda? Mi ayuda viene del Señor, que hizo los cielos y la tierra» (Sal. 121:1-2). Todos los hijos necesitan la ayuda de su padre: alguien fuerte que soporte sus cargas, que alivie su estrés, que haga lo que ellos no pueden hacer y que esté a su lado cuando tengan dificultades. Por eso Dios también suministra el Espíritu como el que nos ayuda (ver Juan 14:16, 26, TLA). Tu Padre sabe que no puedes sobrevivir solo, que necesitas Su apoyo continuo. Puedes apoyarte en Él a diario en busca de ayuda.

Él es tu alentador servicial. Todos necesitamos aliento y esperanza diarios (Heb. 3:13). Nuestro Padre nos proporciona ambas cosas. Para bendecirnos y recordarnos nuestra identidad. Para volver a ponernos en pie después de haber caído. Para prometernos un futuro y la esperanza de la eternidad. El Padre estaba allí al comienzo del ministerio de Jesús, diciendo: «Este es Mi Hijo amado en quien me he complacido» (Mat. 3:17). Y en el huerto, cuando Jesús anticipaba un gran sufrimiento, el Padre envió «un ángel del cielo» para consolarlo (Luc. 22:43). Él no nos abandona y ha prometido que nunca nos dejará ni nos abandonará (Heb. 13:5).

Él es tu amigo compasivo. «Como un padre se compadece de sus hijos, así se compadece el Señor de los que le temen» (Sal. 103:13). Es «Padre de misericordias y Dios de toda consolación» (2 Cor. 1:3). Es nuestro amigo (Juan 15:15). Así como llega un día en que los niños pequeños crecen y se convierten en amigos adultos de sus padres, tu Padre es tu amigo. Te ama y te es leal. Te ha invitado a acercarte, te ha acogido y será para siempre el Padre encantador y compasivo que siempre has querido y necesitado.

Dios, *Abba Padre.* Tu Padre perfecto.

Querido Padre celestial, me doy cuenta de que puedo llamarte verdaderamente «mi Padre». Eres todo lo que necesito. Abre mis ojos a tu amor por mí y a tu búsqueda de mí, a tu paciencia y compasión por mí. Te alabo hoy por todo lo que eres. Gracias por enviar a Jesús. Ayúdame a experimentar diariamente y a caminar en esta relación de amor contigo para siempre. En el nombre de Jesús. Amén.

Para profundizar

Mateo 11:27 • Efesios 1:5-6 • Filipenses 4:19-20

26

Rendirle todo a Jesús

¿Qué significa realmente el señorío?

«¿Por qué ustedes me llaman: "Señor, Señor", y no hacen lo que Yo digo?» (Lucas 6:46)

«Jesucristo es Señor, para gloria de Dios Padre» (Fil. 2:11). La cuestión es si vivimos como Él y estamos verdaderamente rendidos a Él como Señor en nuestra vida personal.

La palabra *Señor* transmite la idea de un amo, un propietario, un rey. El Señor es el que manda. El que tiene el mayor poder y autoridad. El Señor está en el asiento del conductor y tiene la última palabra.

Cuando Jesús estuvo aquí en la tierra, demostró Su señorío en cada situación. Demostró que tenía autoridad para perdonar pecados, sanar enfermedades, expulsar demonios, convertir el agua en vino, mandar al viento y a las olas, e incluso resucitar de entre los muertos. «Toda autoridad me ha sido dada en el cielo y en la tierra», dijo (Mat. 28:18). Él ya es el Señor. Pero, ¿vivimos en consecuencia?

La salvación es un don gratuito de Dios. A Jesús le costó todo, pero a nosotros no nos cuesta nada. Él nos la da. Nosotros la recibimos. Pero ser Su discípulo —seguirlo completamente como Señor— requiere que soltemos el control y sometamos todo a Él. Requiere que nos humillemos hasta un lugar de rendición. En todos los ámbitos. Para que Jesús dirija, tenemos que permitírselo. Para que nosotros lo sigamos, debemos soltar y poner todo sobre el altar. No retener nada.

Ese es el requisito fundamental para el verdadero señorío. Someter absolutamente todo. Confías y sigues a Aquel que compró tu salvación, y lo dejas dirigir a partir de ahora.

Antes de que creas que el costo es demasiado alto, considera esto: ¿Quieres un Dios que solo merezca la mitad de tu corazón? ¿O tu todo? Jesús tiene un historial perfecto. Merece todo.

Entregarse por completo a Jesús es el momento que estabas esperando. La rendición trae un alivio necesario y cambios radicales. Como un prisionero que es liberado, una nueva alegría se apodera de los corazones que se rinden. En cuestiones donde has estado atascado y derrotado durante mucho tiempo, Jesús toma el control y comienza a producirse un nuevo crecimiento. Inesperadamente, comienzan a surgir oportunidades de servir y compartir con los demás. La adoración solía parecer una tarea, un deber. Ahora, simplemente rebosa de tu corazón rendido. Te preguntas por qué esperaste tanto, por qué pensaste alguna vez que ser tu propio jefe era más atractivo que esto.

No, esto es increíble. Como ninguna otra cosa. Cuando Jesús es tu Señor.

Es sumamente simple. Al igual que cuando alguien se casa, una decisión de pacto puede traer como consecuencia un millón de pequeñas decisiones. Después de la boda, ya no tienes que decidir con quién vas a vivir, comprometerte o compartir tus posesiones o tus hijos. Toda tu vida, hasta las cuestiones rutinarias, está ahora determinada por esta única relación sagrada.

Lo mismo ocurre con el señorío. Al someterte plenamente a Cristo y poner tu vida en Sus manos, otras innumerables decisiones se simplifican. Ya no te preguntas si vas a decir la verdad en una situación, asumir tus responsabilidades o cumplir tus promesas. ¡Claro que lo harás! Jesús es ahora tu Señor. Y le perteneces.

¿Deberías perdonar a alguien que te ha hecho daño? ¿Deberías mostrar compasión a un amigo necesitado? ¿Deberías disculparte cuando te has equivocado? ¿Deberías orar y obedecer la Palabra de Dios independientemente de cómo te sientas? Sí. La respuesta a todas estas preguntas es un simple sí. Porque ya lo has decidido. Porque Jesús es tu Señor.

El niño egoísta, pecador e inmaduro que había en nosotros, que solía dirigir nuestras vidas y tener obstinados arrebatos de actitud de privilegio, ya no está. Nuestro viejo yo ha muerto. Hay un nuevo Señor y Rey en el trono de nuestro corazón, uno que hace todas las cosas bien para nuestro bien y Su gloria.

Lo que Él decide, se hace. Y punto. Fin de la discusión.

Cuando nos detenemos a pensar en quién es Jesús, en lo que ha hecho y en lo que puede traer a nuestras vidas, rendirse a Él parece una decisión evidente. Lo más difícil es *no* rendirse e intentar «servir a dos señores» (Mat. 6:24), cuando cualquier otro señor es tan inferior y menos fiable que Jesús.

Sin embargo, nuestra carne sigue resistiéndose. Hacemos preguntas interminables. Pero nadie que se haya entregado completamente a Cristo lo ha hecho solo después de que todas sus preguntas fueran respondidas. Siempre se nos ocurre otra pregunta. Como Abraham en el Antiguo Testamento, después de que Dios le dijera que confiara en Él sobre dónde debía vivir y qué debía hacer, «creyó en el Señor» (Gén. 15:6). Entonces, se levantó y se fue. Hizo exactamente lo que le indicó el Señor. Confió y obedeció. Se rindió.

A veces, Jesús utilizaba un acontecimiento radical para abrir los ojos de alguien a Su poder y autoridad. Por ejemplo, después de ayudar milagrosamente a Pedro a pescar una inmensa cantidad de peces, al punto de que la barca se hundía, Pedro se arrodilló ante Él, asombrado, y le dijo: «¡Apártate de mí, Señor, pues soy hombre pecador!» (Luc. 5:8). Después de que su discípulo Tomás, que había dudado abiertamente de que Jesús hubiera resucitado, lo viera vivo, respondió llamándolo «¡Señor mío y Dios mío!» (Juan 20:28). Después de que Jesús se enfrentara a Saulo de Tarso bajo una luz cegadora en el camino de Damasco, Saulo cayó al suelo y preguntó: «¿Quién eres, Señor?» (Hech. 9:5). En cada caso, las personas lo reconocieron inmediatamente como «Señor».

¿Has tenido alguna vez un momento tan fuerte como ese con Jesús? Después de que la conmoción y la emoción se desvanecieran de tal encuentro, ¿empezaste a obedecerle? Porque la obediencia es el aspecto que tiene la rendición en la vida real. Es entonces cuando descubrimos si lo hemos convertido en nuestro Señor o no.

Aquí mismo, en este punto central de este libro, queremos ser lo más claros posible sobre lo que significa realmente seguir a Jesús como Señor. Todo comienza al creer en Dios, confiando en Él y en Su evangelio, poniendo tu fe en lo que Jesús hizo en la cruz. La *salvación*. ¿Lo has hecho? ¿Has recibido Su perdón arrepintiéndote de tus pecados? Él nunca podrá ser tu Señor a menos que hayas empezado por creer.

Pero entonces, hay que tomar una decisión. Todos los días. Con el tiempo. «Si alguien quiere seguirme, niéguese a sí mismo, tome su cruz cada día y sígame» (Luc. 9:23). Es necesario que le des el control total de tu vida diaria. El panorama general y todas sus piezas individuales. Todo es de Él. Debes rendirle todo. El *discipulado.* ¿Lo estás haciendo? ¿Lo ves no solo como Salvador, sino como Señor?

A medida que lo hagas, así tienes que ponerlo en práctica. He aquí la pregunta de oro que empezarás a plantearte en cada momento: «¿Qué quiere el Señor que haga en esta situación?». Porque para un discípulo, lo que Jesús quiera es lo único que importa. Si preguntas: «¿Qué quiero hacer *yo*?» o «¿Qué quieren *los demás* que haga?», podrías estar dirigiéndote hacia una decisión muy egoísta o pecaminosa. Si preguntas: «¿Cuál es el camino de menor resistencia?» o «¿Qué me hará sentir más cómodo?», «¿Cómo seré el más popular?», «¿Cómo tendré más dinero?» «¿Cómo seré el más impresionante?», vas camino a malgastar tu vida en un foso de pasividad o vanidad. Jesús bendice la obediencia. Y nos da una alegría duradera que no depende de nuestras circunstancias.

«¿Qué quiere el Señor que haga?» es la pregunta que prevalece sobre todas las demás. Si Él es el Señor, entonces Él decide. Y cuando le preguntes en oración y busques Su voluntad, Él dará claridad a tu corazón y a tu mente. Te dará paz hacia Su camino (Col. 3:15), la guía de Su Palabra (Sal. 119:105), el impulso de Su Espíritu (Gál. 5:16-25), la confirmación mediante el consejo piadoso, la provisión en el momento perfecto y las puertas abiertas para tu camino. Te asombrarás de tu Señor. Y Cristo será exaltado en ti porque confías plenamente en Él, porque le has dado el mando de todo. El que gobierna en el cielo también te gobierna a ti. Esta es la marca de un verdadero discípulo.

Y es la alegría y el privilegio de seguir a Jesús como Señor.

Jesús, invoco tu nombre como Señor. Oro para que seas honrado como Señor en cada área de mi vida. Ayúdame a confiar en ti y a abrir mis manos y mi corazón a tu perfecto control. Aunque ya eres el dueño de todo, te doy todo lo que tengo. Edifica mi fe mientras dejo que dirijas mi vida. Toma el control de las cosas que no te he dado. Perdona mi orgullo. Cambia mi corazón. Lléname y utilízame para tu gloria. Sé Señor de todo lo que soy y de todo lo que tengo. En tu nombre. Amén.

Para profundizar

Mateo 7:21-23 • 1 Corintios 8:6 • Apocalipsis 17:14

27

Transformar a Jesús en el Señor de las relaciones

¿Cómo prioriza un discípulo a los demás?

«Si alguien viene a Mí, y no aborrece a su padre y madre, a su mujer e hijos, a sus hermanos y hermanas, y aun hasta su propia vida, no puede ser Mi discípulo»
(Lucas 14:26)

Uno de los sellos distintivos de la vida del discípulo es un amor compasivo y atento hacia los demás. Las relaciones adquieren un nuevo significado cuando eres devoto de Jesús. Una vez que tus ojos se han abierto a lo profundamente que has sido amado por Dios, eso te inspira un compromiso renovado para tratar a los que te rodean con más gracia, paciencia y amabilidad. A ponerlos por encima de ti mismo.

Pero no por encima de tu Dios.

Parece dulce y sentimental cuando la gente dice cosas como: «Mi esposa lo es todo para mí». «Mi marido es el n.º 1 en mi vida». «Mis hijos son mi máxima prioridad». «La familia es lo primero». Pero, ¿y si nuestra lealtad a la familia, a los padres, a los hijos y a los demás crea un conflicto con nuestra mayor lealtad a Cristo? ¿Qué hacemos entonces? ¿Quién viene primero entonces?

Ahí es donde aparecen las dificultades. El señorío de Jesús sobre ti será puesto a prueba por la gente que te rodea.

Jesús nos advirtió que así sería. Dijo: «No piensen que vine a traer paz a la tierra» (Mat. 10:34)... no si mantener la paz con la gente significa dar la espalda a Dios. Siempre que el precio de ser aceptado por los demás te exija elegir un camino desobediente a Dios y a Su Palabra, ahí es donde el discípulo siente la «espada» de esta devoción (v. 34). Ahí es donde la lealtad a Jesús puede a veces «poner al hombre contra su padre, a la hija contra su madre, y a la nuera contra su suegra», donde los peores «enemigos» de una persona pueden llegar a ser «los de su misma casa» (vv. 35-36).

La verdad une y divide. La verdad del evangelio nos une con Dios y con otros creyentes. Su mensaje es el amor: primero a Dios y luego a todos los demás. Pero este mensaje aparentemente inofensivo también puede suscitar división con quienes no conocen a Cristo o no quieren seguirlo. Siempre estamos llamados a amarlos, pero aun así pueden elegir odiarnos.

La esperanza y el plan consisten en caminar en la verdad, servirlos bien y ganarlos para Cristo, pero no siempre ocurre así porque, como dijo Jesús, «todo el que hace lo malo odia la Luz, y no viene a la Luz para que sus acciones no sean expuestas» (Juan 3:20). Cuando dejas de unirte al pecado de alguien, de adorar a sus ídolos, de seguir sus planes o de apoyar sus estilos de vida impíos, es probable que no les guste tu nuevo yo. Puede que te odien sin ninguna razón válida. Seguir a Jesús expondrá y pondrá a prueba tus verdaderas lealtades.

En algunas culturas, lo que está en juego es más grave. Las personas que eligen a Cristo a veces son repudiadas por sus familias, despedidas de sus trabajos, sus cónyuges se divorcian de ellas, sus amigos las detestan e incluso son detenidas y encarceladas. Solo por elegir a Jesús. Son odiadas sin otra razón más que haber creído en el evangelio y haberse enamorado de Cristo.

¿Estás preparado para eso?

No puedes dejar que las personas a las que amas te lleven al pecado. El amor nunca lleva a los demás a pecar. Pero los seres queridos podrían tentarte a pecar. Fue lo que ocurrió cuando Adán eligió a su esposa antes que obedecer a Dios en el jardín. Fue lo que ocurrió cuando Sara influyó en Abraham para que tomara un atajo a la promesa del Señor, sugiriéndole que tuviera un hijo con su sierva. Fue lo que ocurrió cuando Salomón se sintió más atraído por mujeres impías que por seguir los mandamientos de las Escrituras.

Ya sea tu cónyuge o tu mejor amigo, ya sea una exigencia de uno de tus hijos, ya sea una expectativa poco ética impuesta por tu jefe o tus padres, si te exigen que hagas lo que ellos quieren sin tener en cuenta lo que dice Dios, no puedes dejar que tus sentimientos o tu lealtad hacia ellos te desvíen de seguir a Cristo. Las personas tienen buenas intenciones, pero piensan de forma egoísta y a corto plazo. Jesús siempre quiere lo mejor para ti con la eternidad en mente.

La gente no puede ser tu fuente de valor. Las personas son volubles, pero pueden ser muy influyentes. Parte de la tensión que sentimos en los conflictos es que intrínsecamente queremos que los demás estén contentos con nosotros. Nos encanta su afirmación y tememos su desaprobación. Moisés sabía todo esto y se vio obligado a elegir entre lealtades. «cuando ya era grande», dice la Biblia, «rehusó ser llamado hijo de la hija de Faraón, escogiendo más bien ser maltratado con el pueblo de Dios, que gozar de los placeres temporales del pecado» (Heb. 11:24-25). Moisés tenía amigos y familiares que un día lo elogiaban y al siguiente se volvieron contra él. Aprendió que era mucho mejor complacer a un Dios fiel que a la gente infiel.

Jesús lo expresó de esta manera: «El que ama al padre o a la madre más que a Mí, no es digno de Mí; y el que ama al hijo o a la hija más que a Mí, no es digno de Mí» (Mat. 10:37). Nuestra valía y nuestro valor proceden de Dios, nuestro Padre, a través de Cristo. Amar a los demás más que a nosotros mismos es honorable, por supuesto (Fil. 2:3), pero complacer *al Señor* es vitalmente más importante que complacer a *otros*.

Puedes amarlos de una forma aún mejor. La verdad es que amar primero a Cristo es la forma en que mejor amas a los demás. Poner a las personas en primer lugar es amarlas menos. Puesto que Dios es la fuente del amor incondicional, y que derrama este amor en tu corazón por medio del Espíritu Santo, Su amor fluye más libremente a través de ti cuando estás plenamente alineado con Él.

Entonces, si tu cónyuge no sigue al Señor, la mejor manera de amarlo y llevarlo a Cristo no es sucumbir a todos sus deseos, sino ser para él un ejemplo piadoso, humilde y amoroso «sin palabra alguna», dejando que sea testigo de tu vida parecida a la de Cristo, reverente y «respetuosa» (1 Ped. 3:1-2). Poner a Cristo en primer lugar puede ser un testimonio revelador para los no creyentes curiosos. Con el tiempo, muchas personas han ganado para Cristo a sus amigos, cónyuges y familiares caminando con integridad y amor a su alrededor de forma constante. La transformación positiva que puede aportar Jesús es innegable.

«El siervo del Señor no debe ser rencilloso, sino amable para con todos, apto para enseñar, sufrido. Debe reprender tiernamente a los que se oponen, por si acaso Dios les da el arrepentimiento que conduce al pleno conocimiento de la verdad, y volviendo en sí, escapen del lazo del diablo» (2 Tim. 2:24-26).

¿Podrían seguir rechazándote, quejándose y alejándose de ti? Por supuesto que sí. Pero «la fe y esperanza de ustedes [son] en Dios» (1 Ped. 1:21-22). No les quitas nada bueno por amar a Jesús más que a ellos. Ahora los estás amando con el amor superior de Dios.

Y tu recompensa en el cielo será grande.

Padre, tú eres digno de mi vida. Tu llamado es radical y extremo, pero verdadero y lleno de amor. En toda situación en la que honrarte como Señor significa que a veces debo sentir la espada del rechazo ajeno, te pido paciencia y paz, fuerza y resistencia para mantener mi amor y devoción. Ama a mis amigos y a mis enemigos a través de mí. Atrae a las personas más cercanas a mí hacia Cristo a través del ejemplo de mi vida. Recuérdame que amo mejor a las personas amándote a ti primero. En el nombre de Jesús. Amén.

Para profundizar

Génesis 22:12 • Juan 15:18-21 • 1 Juan 4:15-19

28

Transformar a Jesús en el Señor de uno mismo

¿Cuál es el costo del discipulado?

... *«Si alguien quiere seguirme, niéguese a sí mismo, tome su cruz cada día y sígame»* (Lucas 9:23)

Para dar a Dios nuestro «sí» absoluto, primero debemos estar dispuestos a negar y decir «no» a todo lo demás.

Jesús, para obedecer a Su Padre y venir a la tierra, eligió negarse a sí mismo y dejar atrás las alegrías y los placeres del cielo. Para vivir una vida de servicio compasivo, decidió negarse a sí mismo el derecho a ser servido. Para salvarnos de nuestros pecados y darnos la vida eterna, eligió negarse a Sí mismo, orando: «No se haga Mi voluntad, sino la Tuya» (Luc. 22:42). Y después fue «obediente hasta la muerte, y muerte de cruz» (Fil. 2:8).

¿Cuál fue Su recompensa por toda esta abnegación? «Por lo cual Dios también lo exaltó hasta lo sumo, y le confirió el nombre que es sobre todo nombre» (Fil. 2:9). ¡Ahora reina en los cielos y es Señor de todo (v. 11)! Esto, amigo, es lo que se llama obtener un rendimiento eterno de una inversión mundana.

Así que ahora, con la eternidad en mente, con la realidad de Su ejemplo a la vista, Jesús nos dice lo que dijo a Sus primeros discípulos: «Si alguien quiere seguirme, niéguese a sí mismo, tome su cruz cada día y sígame» (Luc. 9:23). Para decir sí a Dios y perseguir lo que importa en Su reino, primero debemos decirnos no a nosotros mismos en esta corta vida.

A primera vista, puede parecer una propuesta perdedora. *Negarnos a nosotros mismos* significa prescindir de lo que queremos, decir «no» a esas cosas. *Tomar nuestra cruz* significa morir a las cosas. Cosas que tenemos o queremos tener. Cosas que valoramos y apreciamos en esta vida. Cosas temporales. Puede ser cualquier cosa.

Pero no esperes sentirte engañado o privado por esta decisión. Eso no es lo que demuestra la vida de Jesús ni el testimonio de Sus seguidores a lo largo de la historia que aceptaron Su desafío. Cada vez que morimos a algo por amor a Cristo, Él llena el vacío con algo muy superior.

Pedro renunció a su trabajo, sus redes de pesca, solo para convertirse en un increíble pescador de almas eternas. Mateo murió a su negocio de calcular y registrar los impuestos romanos, pero hoy el Evangelio que escribió lo leen millones de personas, en más de 3000 idiomas. ¡Ya nadie lee sus viejos libros de impuestos! Pablo se alejó de su reputación de superestrella religiosa en ascenso, admitiendo más tarde que el «incomparable valor de conocer a

Cristo Jesús, mi Señor» merecía completamente el sacrificio. Valía la pena renunciar a todo, dijo, «a fin de ganar a Cristo» (Fil. 3:8).

Así que, esto de morir a nosotros mismos para seguirlo es una propuesta *ganadora*. En realidad, esta es la propuesta perdedora: «El que quiera salvar su vida, la perderá». Esa es la verdad del evangelio. Solo «el que pierda su vida por causa de Mí, ese la salvará» (Luc. 9:24). Morir al yo nos prepara para la piedad. Decimos no al egoísmo para caminar en amor. No a la mentira para decir la verdad. No a la avaricia para disfrutar del contentamiento. No a la amargura para caminar en perdón. No a nuestro propio control y agenda, para seguir Su voluntad buena, agradable y perfecta para nuestras vidas.

Si quieres prepararte para vivir fielmente como Su discípulo, prepárate primero para morir. Mueres para vivir.

¿A qué debemos morir?

Morir al pecado. Así como antes estabas separado de Dios, ahora, por Cristo, estás separado del pecado. Donde antes estabas muerto *en* tus pecados, ahora estás muerto *a* tus pecados. Espiritualmente hablando, no tienen más control sobre ti que si estuvieras muerto físicamente. Pero depende de ti, al permanecer en Cristo, vivir en esta realidad, considerarte diariamente «[muerto] para el pecado, pero [vivo] para Dios en Cristo Jesús» (Rom. 6:11). El pecado seguirá llamando a la puerta, pero tú ya no la abrirás.

Morir a los deseos egoístas. Los muertos no se ofenden. No se quejan. No guardan rencor. Si un hombre muerto estuviera tendido en el suelo y pasara por allí una mujer hermosa, él no levantaría la vista ni la desearía. Si alguien reclamara el mérito de algo que él hubiera hecho, no se levantaría ni exigiría la gloria. Al morir a nosotros mismos, dejamos de responder egoístamente.

«Uno murió por todos, y por consiguiente, todos murieron [...] para que los que viven, ya no vivan para sí» (2 Cor. 5:14-15). Al morir a tus deseos egoístas, Dios te da deseos mucho mejores. Es un intercambio excelente.

Morir al egocentrismo. Si hay algo que todos deberíamos saber ya es que nuestra inclinación natural es enfocarnos en nosotros mismos como centro de nuestro mundo. Pero no creamos a Dios para nosotros; Dios nos creó para Él. Somos poca cosa por la que vivir. Pero nada es más grande que Dios. Así que unámonos a los que están alrededor de Su trono, diciendo: «Digno eres, Señor y Dios nuestro, de recibir la gloria y el honor y el poder» (Apoc. 4:11). Digno *eres*, no dignos somos. «No hagan nada por egoísmo o por vanagloria» (Fil. 2:3). Nada. ¿Nuestra ambición egoísta nos satisface realmente? ¿Atrae a la gente a Cristo? ¿Nos hace más cariñosos y agradables? No. Nuestra bondad y humildad son lo que la gente necesita ver, pero esto requiere que primero muramos.

Morir a tus derechos. Cuando Jesús adoptó el papel de siervo, renunció a Sus derechos para poder servir a Su Padre. Algunas personas se perderán el cielo porque exigieron sus propios derechos y privilegios en lugar de seguirlo a Él (Luc. 14:16-24). Nuestros derechos son importantes, pero seguir a Cristo, amar a los demás y difundir el evangelio son mucho más importantes.

Todo está relacionado con la propiedad. Si fabricaras algo, compraras algo o te regalaran algo, te pertenecería. Por eso Jesús es tu dueño. Como tu Creador, Él te hizo. Te compró «por un precio» (1 Cor. 6:20), y Su Padre te encomendó a Su custodia para siempre (Juan 6:37). Le perteneces. Tu derecho a exigir tus derechos se convirtió en Su derecho. Ahora Él tiene la última palabra.

Así que niégate a ti mismo. Muere a ti mismo. Y toma tu cruz. Si quieres poner a Dios en primer lugar y amarlo con todo tu corazón, debes estar dispuesto a renunciar a todo lo que amas más que a Él: tus pecados, tus deseos egoístas, tu egocentrismo, tus propios derechos.

Pero ¿qué más? Haz un pequeño inventario. ¿Qué se interpone en tu relación con Cristo o en tu plena obediencia a Él? ¿Qué ídolo atesoras más que a Él? ¿Qué persona, lugar, cosa o actividad sigues eligiendo habitualmente por encima de Dios? Puede que incluso sea algo bueno, no pecaminoso en absoluto, pero ¿está consumiendo todo tu tiempo y te impide entregarte completamente a Cristo? ¿Quieres seguir a Cristo y amarlo más que a nada? Entonces debes estar dispuesto a ponerlo sobre el altar y renunciar a eso por Él.

Habla de ello con Dios en oración y pídele sabiduría y fuerza. Él te ama profundamente y quiere que le demuestres cuánto lo amas. Tu ganancia eterna será mucho mayor que cualquier pérdida a corto plazo. Puedes confiar en Él en esto. ¡En todo!

Padre, prepara mi corazón y mi vida para darte mi «sí». Me estás haciendo tu discípulo. Muéstrame dónde no me estoy rindiendo. Revélame las cosas de mi vida que debo negar, a las que debo morir o de las que debo desprenderme, aunque solo sea por una temporada, para poder seguirte más plenamente. Luego, dame la fe, la fuerza y el valor por medio de tu Espíritu para dejar todo –todo lo que me retiene– para que pueda experimentar la alegría de conocerte y amarte más. En Cristo. Amén.

Para profundizar

Mateo 13:44-46 • Filipenses 3:14-20 • 1 Juan 2:15-17

29

Transformar a Jesús en el Señor de las posesiones

¿Cómo maneja un discípulo el dinero?

Así pues, cualquiera de ustedes que no renuncie a todas sus posesiones, no puede ser Mi discípulo (Lucas 14:33)

Si tuvieras que elegir, ¿preferirías ser muy rico o muy feliz? ¿Preferirías ser rico en posesiones o rico en fe? Si adquirieras mucho dinero, ¿cómo crees que afectaría eso a tu corazón? ¿Qué harías con él? He aquí una pregunta mejor: ¿Qué haría con él un seguidor de Jesús totalmente entregado, alguien que ama al Señor más que a nada?

El Evangelio de Lucas recoge dos historias extraordinarias sobre dos hombres muy ricos que se encontraron con Jesús.

Al primero se lo conoce por la descripción: un joven rico (Luc. 18:18). Era adinerado, prominente, notablemente religioso y un ciudadano modelo y moral. Corrió hacia Jesús y le pidió algo que todos deseamos: la vida eterna. Pero Jesús respondió a su petición desenmascarando primero un ídolo oculto en su corazón: su dinero.

Jesús no les dijo a todos los que encontraba: «Vende todo lo que tienes y reparte entre los pobres», pero sí se lo dijo a este hombre (Luc. 18:22). No lo dijo para condenarlo, sino porque verdaderamente «lo amó» (Mar. 10:21). Jesús vio, más allá de los lujos del hombre, la pobreza espiritual de su corazón, y le ofreció el consejo perfecto tanto para liberarlo de la esclavitud como para transformar su vida para la eternidad. Al desprenderse de las posesiones adicionales que lo esclavizaban, este joven no solo podría disfrutar de una nueva libertad y de la alegría de la generosidad, sino que podría acumular un «tesoro en los cielos» mayor y duradero (Luc. 18:22). Además, el mayor premio de todos —la invitación de Jesús a «ven, sígueme»— le permitiría experimentar la amistad de toda una vida, caminar más de cerca con Dios de lo que jamás hubiera imaginado. Podría mejorar rápidamente su cartera de inversiones —de riquezas temporales a riquezas eternas—, disfrutando al mismo tiempo del don de Cristo de la vida eterna. ¿Qué hizo aquel hombre?

Fue estrecho de vista, infiel y necio, así que se marchó «muy triste, pues era sumamente rico» (Luc. 18:23). Al negarse a aceptar la invitación de Cristo, se aferró a las finanzas muertas en lugar de a las verdaderas riquezas y, al parecer, se perdió una eternidad abundante que podría haber disfrutado con Jesús.

Un capítulo más tarde, en Lucas 19, en la ciudad de Jericó de Oriente Próximo, otro hombre rico llegó buscando curiosamente a Jesús. Zaqueo era un «jefe de los recaudadores de impuestos»

(v. 2), empleado del gobierno romano ocupante. Al parecer, se había entregado a la práctica común y codiciosa de cobrar impuestos de más y embolsarse la diferencia. Así que no solo era muy rico, sino también un tramposo.

Entra Jesús. Se acerca y sorprende a Zaqueo, llamándolo por su nombre e invitándolo a pasar la tarde. Ver la disposición de Jesús de visitar la casa de un empresario deshonesto conmocionó a todos los que observaban. Al mismo tiempo, una repentina convicción cayó sobre el corazón del recaudador de impuestos. Conmovido por la gentileza de Jesús, Zaqueo se ofreció rápidamente —sin que nadie se lo pidiera— a dar «la mitad de [sus] bienes [...] a los pobres». Y como prueba adicional de su rápido arrepentimiento, dijo: «si en algo he defraudado a alguien, se lo restituiré cuadruplicado» (Luc. 19:8), mucho más de lo que prescribía la ley del Antiguo Testamento para la retribución (Núm. 5:7). Lleno de gozo y alegría, Zaqueo se fue a casa con Jesús. Eligió sabiamente. Cambió para siempre.

Dos hombres ricos, dos respuestas sorprendentes. Pero, ¿cuáles fueron las diferencias clave entre el joven rico y el viejo recaudador de impuestos?

El primero llamó a Jesús «Maestro bueno» (Luc. 18:18) y se marchó obstinado, triste y con el alma vacía.

Zaqueo llamó a Jesús «Señor» (Luc. 19:8) y acabó lleno de alegría, perdón y una vida cambiada.

Cuando Jesús es el Señor de tus posesiones, eso libera tu corazón y tu forma de verlo todo, empezando porque en realidad nada es tuyo, siempre ha sido de Él. Dios es el dueño del universo, incluida cada persona, cada parcela de tierra y cada céntimo. Todo lo que tienes es un préstamo temporal de la bondad de Su mano, destinado a que lo disfrutes y lo administres sabiamente de forma que lo honres, satisfagas sus necesidades, bendigas a los demás y apoyes Su reino (1 Tim. 6:17-19; 2 Cor. 9:10-15).

Para el discípulo entregado, el dinero se convierte en una gran herramienta de fe, amor y buenas obras: un tesoro que no debe malgastarse en la tierra, sino invertirse estratégicamente en la eternidad. «Porque donde esté tu tesoro, allí estará también tu corazón» (Mat. 6:21).

Esto no significa que la riqueza sea mala. La riqueza puede ser una fuente de bendiciones. Pero también puede tener una insidiosa atracción que te consuma, aumente tu preocupación, envenene tus motivaciones y debilite tu tendencia a caminar por la fe. Las personas más ricas tienden a poseer una fe más débil (Sant. 2:5-7). Esto explica por qué Jesús miró al joven rico y le dijo: «¡Qué difícil es que entren en el reino de Dios los que tienen riquezas!» (Luc. 18:24). «Nadie puede servir a dos señores», dijo. «Ustedes no pueden servir a Dios y a las riquezas» (Mat. 6:24). Solo puedes dedicarte a uno.

El discípulo Mateo siguió a Jesús en vez de al dinero, mientras que Judas traicionó a Jesús por dinero. O somos administradores o esclavos del dinero. Así que ten cuidado con que tus posesiones te posean, pues «la raíz de todos los males es el amor al dinero» (1 Tim. 6:10).

El dinero puede ser un siervo estupendo, pero siempre resulta un amo terrible. Cada vez que diezmamos, ofrendamos, compartimos nuestros hogares y entregamos nuestras vidas en oración a la guía del Señor, eso mantiene nuestros corazones más entregados a Jesús y menos entregados a las riquezas. Debemos seguir poniendo nuestras posesiones en manos del Amo, en lugar de atesorarlas como un amante, malgastarlas como un necio o acapararlas como un esclavo.

¿Qué tienes en la mano, Moisés? Un cayado de pastor. Cuando se le confía al Señor, se convierte en la vara de Dios y ayuda a partir el mar Rojo. *¿Qué tienes en la mano, David?* Una honda. Entregada a Dios, mata a un gigante y ayuda a ganar una gran batalla. *¿Qué tienes en la mano, pequeño?* Cinco panes y dos peces. Entregados a Jesús, alimentan a más de 5000 personas y fortalecen la fe de millones. *¿Qué tienes en la mano, María?* Un frasco de perfume. Derramado como una ofrenda, unge el cuerpo de Cristo para la sepultura y luego acompaña al evangelio por todo el mundo.

Jesús es absolutamente digno de todo lo que tenemos. Expone sistemáticamente los ídolos de nuestros corazones y confronta todo lo que pueda impedirnos amarlo y seguirlo plenamente. Del mismo modo que dejó los placeres del cielo para venir a la tierra por nosotros, nos invita a abrir nuestras manos y nuestros corazones para experimentar la plenitud de entregarlo todo a Su control para que podamos ganar vastos tesoros en el cielo. «Siendo rico, sin embargo por amor a ustedes se hizo pobre, para que por medio de Su pobreza ustedes llegaran a ser ricos» (2 Cor. 8:9). Ricos en todo lo que importa.

¿Qué tienes en *tus* manos?

Señor Jesús, por favor, sé Señor de mis posesiones y de mi corazón. Ayúdame a caminar por la fe y a honrarte plenamente con todo lo que tengo o poseo. Elimina todo lo que me impida seguirte plenamente, y utiliza lo que esté en mis manos para tu gloria. Bendíceme y haz de mí un dador gozoso y una fuente de generosidad para los demás. En tu precioso nombre. Amén.

Para profundizar

Mateo 19:23-26 • 1 Timoteo 6:17-19 • Hebreos 13:5-6

30

Depender del Espíritu Santo

¿Quién es Él y qué hace?

«El que cree en Mí, como ha dicho la Escritura: "De lo más profundo de su ser brotarán ríos de agua viva"». Pero Él decía esto del Espíritu... (Juan 7:38-39)

¿Qué tenían en común grandes predicadores como John Wesley, Charles Spurgeon y Billy Graham? Fueron tres de los evangelistas y siervos de Cristo más fructíferos de los últimos 300 años.

Dios los salvó a los tres, los llamó al ministerio y los bendijo grandemente por Su gracia. Cada uno de ellos sirvió fielmente a Dios durante décadas, y su legado espiritual y su influencia siguen teniendo un impacto duradero hoy en día. Pero cada uno se refirió específicamente a su creencia y confianza en el Espíritu Santo como el poder clave de su caminar con Dios, la eficacia de su predicación y la fecundidad de su ministerio.

Muchas iglesias de todo el mundo creen que Jesucristo es el Señor, que la salvación viene por gracia mediante la fe y que la Biblia es la verdadera y viva Palabra de Dios. Sin embargo, les resulta incómodo hablar del Espíritu Santo. Piensan que enseñar sobre el Espíritu podría llevar a confusión. Las cosas se les irían de las manos. Han oído historias de creyentes que parecen perder el control o comportarse de forma desordenada mientras afirman haber sido guiados por el Espíritu. Otros argumentan que conduce a un mero emocionalismo o que incluso podría ser maligno. Algunas iglesias se han dividido o han cambiado de denominación por este desacuerdo. Así que, en un esfuerzo por evitar los extremos y mantener a la gente unida y cómoda, se han pasado al otro extremo y han minimizado el énfasis que ponen en el Espíritu Santo.

Pero no podemos seguir verdaderamente las enseñanzas de Jesús ni Su ejemplo como discípulos suyos sin hablar del papel vital del Espíritu Santo en la vida de un creyente.

Jesús fue bendecido por el Espíritu Santo (Juan 1:32), lleno y guiado por el Espíritu Santo (Luc. 4:1), facultado por el Espíritu Santo (Luc. 4:14), y llevó a cabo todo Su ministerio por medio del Espíritu Santo (Luc. 4:18). Hablaba a menudo del papel vital y continuo del Espíritu Santo en la vida de todos los que creyeran en Él.

Como hemos comentado en capítulos anteriores, cuando creemos en el evangelio, somos «sellados en Él con el Espíritu Santo de la promesa» (Ef. 1:13). También se nos ordena no entristecer al Espíritu con el pecado en nuestras vidas (Ef. 4:30-31), sino a ser «llenos» del Espíritu Santo (Ef. 5:18) y guiados por Él. ¿Qué dice la Biblia sobre el papel del Espíritu Santo en nuestras vidas?

El Espíritu Santo nos salva. «Nadie puede decir: "Jesús es el Señor", excepto por el Espíritu Santo» (1 Cor. 12:3). El

Padre nos «trae» (Juan 6:44), el Hijo nos proporciona el «camino» (Juan 14:6), pero nuestra salvación no está completa sin el «lavamiento de la regeneración y la renovación por el Espíritu Santo» (Tito 3:5). Jesús dijo: «El Espíritu es el que da vida» (Juan 6:63).

El Espíritu Santo nos satisface. El amor, la alegría y la paz son frutos duraderos del Espíritu Santo (Gál. 5:22-25). Pero los placeres mundanos no proporcionan nada de eso. Parte del atractivo del pecado es la mentira de que, de algún modo, satisfará nuestras ansias y valdrá la pena la breve satisfacción que proporciona. Sin embargo, todos conocemos la vergüenza y la culpa que deja tras de sí, cómo acaba en consecuencias duraderas y doloroso arrepentimiento. Por el contrario, Jesús se refirió repetidamente al Espíritu Santo como Su don para los creyentes, específicamente para la tarea de saciarlos en la experiencia «sedienta» de esta vida (Juan 4:13-14; 7:37-39).

El Espíritu Santo nos ayuda. Es nuestro «Consolador» (Juan 14:16), quien nos ayuda y nos aconseja. Jesús dijo que el Espíritu era «otro» Consolador, lo que significa que proporciona la misma ayuda espiritual que Jesús dio a Sus discípulos cuando estaba con ellos físicamente. El Espíritu es igualmente Dios, igualmente poderoso, y está siempre presente en todos los que creen de verdad en Jesús.

El Espíritu Santo nos enseña. Un aspecto de la ayuda que presta es «[enseñar] todas las cosas» y recordar todo lo que has leído y aprendido en la Palabra de Dios (Juan 14:26). ¿Alguna vez te ha aparecido en la cabeza un versículo o una verdad específica de las Escrituras en el momento perfecto para guiar tu pensamiento, tu oración o tu conversación con los demás? Esa es una parte de la obra del Espíritu Santo, que te revela la verdad no solo mientras lees la Biblia, sino que te la recuerda a medida que avanzas cada día.

El Espíritu Santo nos da poder. Cuando Jesús se preparaba para volver al Padre tras Su resurrección, dijo a Sus seguidores: «recibirán poder cuando el Espíritu Santo venga sobre ustedes; y serán Mis testigos en Jerusalén, en toda Judea y Samaria, y hasta los confines de la tierra» (Hech. 1:8). La religión solo nos enseña a esforzarnos más y a comprometernos más. Pero el cristianismo dice que te arrepientas, te entregues a Cristo y confíes en el Espíritu de Dios para que te dé poder. Necesitamos Su poder, no solo más fuerza de voluntad. Nadie puede dar frutos espirituales duraderos sin la obra del Espíritu.

El Espíritu Santo nos guía. El Espíritu Santo no sustituye ni niega la Palabra de Dios. Nos alinea con ella y nos guía para que la obedezcamos. Jesús dijo: «el Espíritu de verdad [...] los guiará a toda la verdad» (Juan 16:13). Sabemos que Él realiza esta tarea de guía por nosotros porque no solo lo hizo por Jesús y los apóstoles, sino también por los creyentes comunes que caminaban con el Señor. A los líderes de la iglesia primitiva, después de que ayunaran y oraran, el Espíritu los guio para que «aparten a Bernabé y a Saulo para la obra a la que los he llamado» (Hech. 13:2). Dirigió la evangelización de Felipe al eunuco (Hech. 8:29), el bautismo de Saulo por Ananías (Hech. 9:10-17), el ministerio de Esteban como diácono (Hech. 6:5) y la ruta específica de Pablo en sus viajes misioneros (Hech. 16:6-7).

No tenemos que obedecer las Escrituras con nuestra propia energía. No *podemos* hacerlo. Pero al permanecer en Cristo, podemos confiar en Su Espíritu dentro de nosotros para que nos ayude a hacer la voluntad y la obra del Señor cada día. Él nunca nos llevará a desobedecer la Palabra de Dios, sino que solo nos capacitará para obedecerla mejor.

«¿Quién de ustedes conoce de algún modo la obra de su Espíritu?», dijo una vez John Wesley. «¿Pueden soportar, salvo de vez en cuando en una iglesia, que se hable del Espíritu Santo?». Si no es así, entonces «en nombre del Señor Dios Todopoderoso, les pregunto: ¿de qué religión son?».[1]

«Valora sobre todas las cosas al Espíritu Santo», diría más tarde Charles Spurgeon. «Sin el Espíritu de Dios no podemos hacer nada. Somos como barcos sin viento o carros sin corceles; como ramas sin savia, estamos marchitos; como carbones sin fuego, somos inútiles».[2]

«Billy Graham no puede vivir la vida cristiana», dijo de sí mismo el evangelista mundialmente famoso. «Lo he intentado. No puedo hacerlo. Pero con la ayuda de la Palabra de Dios y del Espíritu Santo, puedo vivir la vida cristiana. Él la vive a través de mí».[3]

A través de todos nosotros. Cuando confiamos en el Espíritu.

Padre, gracias por prometer satisfacer nuestras necesidades, fortalecernos y no abandonarnos nunca. A través de tu Espíritu Santo, has cumplido tus promesas. Mientras sigo el ejemplo de Jesús, te pido que me llenes y me guíes por tu Espíritu Santo. Ayúdame, enséñame, satisfazme y dame poder mediante el poder de tu Espíritu para permanecer en Cristo y hacer la voluntad de mi Padre. En el nombre de Jesús. Amén.

Para profundizar

Zacarías 4:6 • Hechos 10:19-20 • Efesios 3:16

---

1. John Wesley, *Scriptural Christianity: A Sermon Preached August 24, 1744* (Londres: G. Whitfield, 1797), 23.
2. C. H. Spurgeon, *The Metropolitan Tabernacle Pulpit: Sermons, Preached and Revised During the Year 1874*, Volumen 20 (Londres: Passmore & Alabaster, 1875), 16.
3. Dicho por Billy Graham durante una cruzada en Portland, Oregón, en 1993; https://www.billygraham.ca/100-quotes-from-billy-graham/.

31

Guiados por el Espíritu

¿Cómo sigo Su dirección?

Mis ovejas oyen Mi voz; Yo las conozco y me siguen
(Juan 10:27)

El Espíritu Santo siempre está en perfecta consonancia con la Palabra de Dios. Nunca te llevará a hacer nada que sea pecaminoso o contrario a las Escrituras. En cambio, nos impulsa como creyentes a dar pasos prácticos que nos ayuden a seguir más completamente la Palabra de Dios. Necesitamos desesperadamente Su ayuda. No podemos obedecer por completo sin la ayuda continua del Espíritu.

Él es la mano; nosotros, el guante. Por eso, a todos los creyentes se les instruye que pidan, confíen, se llenen y se dejen guiar por el Espíritu Santo (Luc. 11:13; Ef. 5:18).

La Biblia dice que podemos «[andar] por el Espíritu» o podemos «[cumplir] el deseo de la carne» —una cosa o la otra—, porque «estos se oponen el uno al otro» (Gál. 5:16-17). Como el aceite y el agua. La luz y las tinieblas. Van en direcciones opuestas. Nuestra carne —nuestro egocentrismo natural y pecaminoso— se opone al Espíritu de Dios y nos aleja de donde Jesús quiere que vayamos. Pero el Espíritu Santo en nosotros nos guiará fielmente a permanecer en Cristo, caminando en amor y siguiendo la Palabra de Dios hasta el lugar que Él tiene para nosotros. A la verdad. Al poder. A la libertad. A la eficacia. A una auténtica satisfacción en Cristo.

Pero ¿cómo andamos de esta manera? ¿Cómo dejamos que Él nos guíe por este camino? ¿Qué enseñan claramente las Escrituras sobre nuestra relación con el Espíritu Santo y nuestra sumisión a Él?

Sé salvo y bautízate. Empecemos por el principio. «Arrepiéntanse y sean bautizados cada uno de ustedes en el nombre de Jesucristo para perdón de sus pecados, y recibirán el don del Espíritu Santo» (Hech. 2:38). El camino de cualquier persona para ser guiada por el Espíritu comienza creyendo en el evangelio. Él entra en nosotros y nos sella en el momento de la salvación (Ef. 1:13). ¡Y esto cuando simplemente creemos!

Pero es difícil hablar del Espíritu Santo e ignorar por completo la importancia del bautismo. El Espíritu no solo se presentó y bendijo a Jesús en Su bautismo, sino que los creyentes son bautizados intencionadamente en el nombre del Padre, del Hijo y del Espíritu Santo (Mat. 28:19). Ser guiados por el Espíritu de Dios siempre incluye nuestra sumisión a Su Palabra. Así pues, si queremos caminar diariamente por el Espíritu y no por nuestra carne, debemos reconocer que la resistencia y la desobediencia respecto al bautismo equivaldrían a que siguiéramos a nuestra carne. Entristecería al Espíritu Santo. Y esto no permite que Él nos guíe momento a momento.

Arrepiéntete. El pecado se opone al Espíritu Santo. El Espíritu no es una fuerza lejana sin discernimiento, sino un compañero presente y perfecto. Dios en nosotros. Esto hace que nuestros cuerpos sean Su hogar. La Biblia pregunta: «¿O no saben que su cuerpo es templo del Espíritu Santo que está en ustedes, el cual tienen de Dios, y que ustedes no se pertenecen a sí mismos?» (1 Cor. 6:19).

Cualquier elección pecaminosa que hagamos, cualquier transgresión moral que permitamos, cualquier entretenimiento perverso que consumamos no solo nos afecta a nosotros. El Espíritu Santo es poderosamente consciente. Ve y siente estas cosas. La Escritura nos advierte con razón de que no «[entristezcamos] al Espíritu Santo de Dios» (Ef. 4:30), que no lo contristemos ni nos resistamos a Él. Él no se opone a la diversión. Se opone a que vivas sin el amor, la alegría y la paz que *Él* da y el *pecado* apaga.

Así pues, «sea quitada de ustedes toda amargura, enojo, ira, gritos, insultos, así como toda malicia» (Ef. 4:31). «Huyan de la inmoralidad sexual» (1 Cor. 6:18, NVI). Si quieres ser satisfecho por el Espíritu, empieza por desterrar todo pecado. Estos compiten con Su presencia amorosa en tu interior. Quítalos de en medio para que puedas empezar a caminar en libertad, alegría y paz con Él.

Sé agradecido y adora. Ser *guiado* por el Espíritu requiere estar *lleno* del Espíritu y deleitarse en Él. Y una de las formas bíblicas de caminar en el Espíritu es adoptar y disfrutar de una actitud de adoración y gratitud. Los creyentes deben ser fuentes de buenas conversaciones, estar dispuestos a la alabanza y a la música que honra a Dios, hablando «entre ustedes con salmos, himnos y cantos espirituales, cantando y alabando con su corazón al Señor. Den siempre gracias por todo, en el nombre de nuestro Señor Jesucristo, a Dios, el Padre» (Ef. 5:19-20). Cuando presentas al Espíritu Santo un corazón adorador y agradecido, le das un corazón preparado para que Él lo bendiga y lo guíe.

Mantente en oración y en la Palabra. La oración alinea nuestros corazones y mentes con el Espíritu. Él no solo impulsa a orar, sino que guía y bendice nuestra oración. Una vez, mientras los creyentes de la iglesia primitiva se habían reunido y estaban orando, «el lugar donde estaban reunidos tembló, y todos fueron llenos del Espíritu Santo y hablaban la palabra de Dios con valor» (Hech. 4:31). La oración dice: *Ven, Espíritu Santo, ven a llenarme y a reinar en mí.* Así que «con toda oración y súplica [ora] en todo tiempo en el Espíritu» (Ef. 6:18), poniéndote completamente a Su disposición.

Es especialmente bueno orar antes y después de pasar tiempo en la Palabra de Dios. Él habla en y a través de «la espada del Espíritu que es la palabra de Dios» (Ef. 6:17). La voz orientadora del Espíritu se oye primero claramente a través de las páginas de las Escrituras, cuando las abres cada día en oración y dejas que Él hable directamente a tu corazón.

Sé obediente a las indicaciones del Espíritu. «Si vivimos por el Espíritu, andemos también por el Espíritu» (Gál. 5:25). A medida que nos sometemos, agradecemos, alabamos y oramos, el Espíritu de Dios guía libremente nuestro pensamiento y nuestras decisiones. Nos impulsa con ideas y deseos concretos que honren a Dios, con formas prácticas de caminar en amor, servirlo y ayudar a los demás.

Puede que al principio no reconozcas Su voz, pero Sus impulsos siempre se alinean con la Palabra de Dios y a menudo son confirmados por Su paz y por la notable apertura de puertas para que sigas lo que Él te ha indicado que hagas (Col. 3:15). Aunque nuestra carne egoísta y temerosa tenderá a resistirse a las indicaciones del Espíritu, debemos estar dispuestos a dar pasos de fe para seguir al Señor. Él nos dará el favor, la fuerza y la provisión necesaria en Su momento perfecto. Y será glorificado por los resultados de nuestra convicción y entrega voluntarias.

Puedes confiar en el Espíritu Santo. Él puede incitarte a llamar o enviar un mensaje de texto alentador a un amigo concreto en el momento perfecto. Puede empujarte a orar por alguien, a compartir tu fe con un desconocido, a suplir una necesidad desesperada, a escribir una canción o a dar una cantidad concreta de dinero a una persona. Puede impulsarte a apartarte de algo malo en una pantalla, a dar marcha atrás en una relación malsana o a abandonar un lugar donde podrías tropezar en el pecado. Sigue Su guía y observa lo que ocurre.

Él te ama y te pondrá en la posición óptima para obtener el máximo fruto. Así que apóyate en Jesús, mantente conectado a la vid y deja que te guíe el que conoce a todos y todo. «Porque todos los que son guiados por el Espíritu de Dios, los tales son hijos de Dios» (Rom. 8:14).

Permanece en Él, confía en Él y camina por fe. Él se encargará del resto.

Querido Padre, perdóname por cada vez que he desobedecido o contristado a tu Espíritu Santo. Por favor, lléname, dirígeme y guíame para que camine por tu Espíritu y obedezca más fielmente tu Palabra. Limpia de mi vida todo lo que te entristezca. Sáciame con tu presencia. Dame un corazón dispuesto a elegir tu guía en lugar de la mía. ¡Glorifícate con mi vida en los días que tengo por delante! En el nombre de Jesús. Amén.

Para profundizar

Salmo 143:10 • Miqueas 2:7 • Gálatas 5:19-23

Parte VIII

Victoria

¿Cómo puedo superar el mal?

32

VENCER LA TENTACIÓN

¿CÓMO DEBERÍA RESPONDER CUANDO SOY TENTADO?

... y conocerán la verdad, y la verdad los hará libres
(Juan 8:32)

La tentación es un hecho de la vida, pero ahora podemos vencerla mediante nuestra relación permanente con Cristo. Ya no necesitamos vivir derrotados por las cosas que nos mantuvieron cautivos en el pasado: el mundo, la carne, el diablo. Cristo las ha vencido todas y está vivo en nosotros (Col. 1:27).

Todos somos tentados por el pecado. Jesús fue tentado. Eso no es señal de que estés fracasando. A veces se debe a que eres una amenaza, como lo fue Jesús, y Satanás está preocupado por ti. Pero, independientemente de cómo te tiente para que peques, el diablo utiliza un viejo plan. Intenta convencerte de que estás solo, de que Dios te ha fallado de alguna manera, de que el pecado te satisfará y no hay escapatoria. Sin embargo, son todas mentiras. Amenazas vacías. La Palabra de Dios dice: «No les ha sobrevenido ninguna tentación que no sea común a los hombres. Fiel es Dios, que no permitirá que ustedes sean tentados más allá de lo que pueden soportar, sino que con la tentación proveerá también la vía de escape, a fin de que puedan resistirla» (1 Cor. 10:13).

El pecado es tan innecesario. Nunca lo necesitamos para ser felices en la vida, para amar a los demás o para cumplir la voluntad de Dios. Jesús nos satisface *sin* pecado. El Espíritu Santo nunca nos abandona. La batalla puede parecer feroz, pero siempre habrá una ruta preparada hacia la victoria que podemos tomar libremente, si tan solo la buscamos.

Jesús ha desarmado a Satanás mediante el poder de la cruz (Col. 2:15). Así que, incluso en el momento álgido de la tentación, cuando tu enemigo te exija que te rindas y cedas ante él, date cuenta de que está blandiendo un arma descargada. No tienes por qué hacerle caso. Puedes dejarlo en evidencia. Temerle es tener más fe en el mal que en Dios, que siempre es fiel y siempre nos proporcionará lo que necesitamos.

¿Cómo respondemos cuando la tentación llama a la puerta?

Toma medidas preventivas. La mejor manera de prepararnos para el éxito es encontrando nuestra satisfacción diaria en Cristo. Cuando recibimos a diario Su Palabra y caminamos en el amor del Padre, nuestra hambre de pecado disminuye (1 Jn. 2:15-17).

En segundo lugar, debemos mirar hacia delante para ver de dónde es probable que venga la tentación. A menudo, es evidente. «El hombre prudente ve el mal y se esconde, los simples siguen adelante y pagan las consecuencias» (Prov. 27:12). Los fracasos anteriores son algunos de nuestros mejores indicadores. Utilízalos para tu beneficio. Ser tentado periódicamente es habitual, pero si la tentación te atormenta a diario, suele haber en tu corazón una fortaleza pasada del enemigo con la cual no has lidiado. Un terreno vencido que ha quedado sin reclamar. Vuelve atrás y arrepiéntete de la *primera vez* que pecaste en esa área, y pídele a Dios que recupere todo ese terreno del enemigo y sea Señor sobre él en tu vida. «Sométanse a Dios. Resistan, pues, al diablo y huirá de ustedes» (Sant. 4:7).

En tercer lugar, demasiadas veces hemos dejado abiertas al tentador las mismas puertas que ha utilizado contra nosotros en el pasado. Si no cerramos puntos de acceso claros, casi estamos invitando al diablo a que vuelva a atacarnos de la misma manera, con las mismas mentiras. Jesús advirtió: «Si tu ojo te hace pecar, arráncalo y tíralo. Es mejor que entres en la vida con un solo ojo, que teniendo dos ojos, ser echado en el infierno de fuego» (Mat. 18:9). Vívido, pero cierto. Tómate en serio el pecado. Prepara preventivamente tu vida para la victoria, en vez de para una derrota interminable.

El Señor ordenó a los hijos de Israel que derribaran, destruyeran, cortaran y quemaran a todo dios falso que los alejara de Él (Deut. 7:5). Y todavía hoy podemos estar sujetos a versiones modernas de ídolos que pueden convertirse en «fortalezas» en nuestras vidas (2 Cor. 10:4).

Por eso es una buena idea revisar periódicamente tu corazón, tu casa y tu teléfono, y pedir al Señor que identifique cualquier cosa que dé al enemigo acceso abierto para tentarte repetidamente o atacar a tu familia. Si el Señor te señala claramente algo, ocúpate de ello. Deséchalo. Confía en Él. Es parte de crecer en madurez y caminar en victoria. Lo más probable es que no lo extrañes. Nuestras instrucciones son destruir estas cosas y hacer de *Dios* nuestra fortaleza, en lugar de soportar tentaciones interminables (Sal. 27:1).

Permanece en la verdad. La Biblia dice que las personas que caminan regularmente en el pecado «cambiaron la verdad de Dios por la mentira» (Rom. 1:25). Como le ocurrió a Eva en el jardín, los falsos argumentos de la tentación sonarán al principio como si tuvieran sentido, como si *este* pecado fuera realmente bueno para nosotros y fuera justo lo que necesitamos. Pero la verdad de Dios desenmascara estas mentiras. Si permanecemos en la Palabra leyéndola, oyéndola, memorizándola, nos daremos cuenta de lo que realmente es verdad, y nos hará libres (Juan 8:31-32).

Así es como Jesús luchó contra la intensa tentación. Con la Palabra. Y funcionó a la perfección. Contrarrestó cada uno de los argumentos del enemigo con la verdad, citando las Escrituras que había memorizado (Mat. 4:1-11). Utilizó versículos específicos que abordaban tentaciones concretas.

La Palabra de Dios es la espada del Espíritu. Utilízala para apoyarte en la verdad, en lugar de caer en las mismas mentiras de siempre. El discípulo de Cristo declara: «En mi corazón he atesorado Tu palabra, para no pecar contra Ti» (Sal. 119:11).

Mantente firme. La victoria por la que tanto luchas contra la tentación es, en realidad, «[hecha] en Dios» (Juan 3:21). Es el fruto de permanecer unido a la vid.

Eso es lo asombroso de la vida cristiana devota. Debido a tu fe en Cristo, y a que Su muerte rompió el poder del pecado sobre ti, ya no estás esclavizado a hacer lo que te dice (Rom. 6:6). No importa lo que diga la tentación, el pecado ya no es tu jefe. Está derrotado y ahora estás muerto para él. Eres libre para alejarte, ya no te domina. Y el Espíritu Santo te dará el poder para hacerlo, el poder que te has estado perdiendo al intentar hacerlo por tu cuenta.

Niégate a seguir. Sí, di que no. La gracia de Dios nos instruye a que «[neguemos] la impiedad y los deseos mundanos» (Tito 2:12). Podemos decirle libremente al diablo que ya no estamos disponibles para pecar porque estamos demasiado ocupados caminando en victoria sobre él. Podemos «[poner] todo pensamiento en cautiverio a la obediencia de Cristo» (2 Cor. 10:5). La victoria es posible. Corre hacia el Señor en oración.

«Señor, no soy lo suficientemente fuerte para resistir esta tentación, pero sé que tú lo eres, y sé que tú estás en mí. Líbrame y sáciame en ti. Recuérdame que soy tu hijo amado y que tú me das poder ahora. Haz de este momento un trofeo para tu gracia. Glorifícate en mí».

Ora específicamente, ora con valentía y ora con confianza. No solo una vez, sino siempre que necesites de Él. El Señor te rescata de un enemigo que ya está bajo Sus pies. «Bendito sea el Señor, mi Roca, que adiestra mis manos para la guerra [...]. Misericordia mía y fortaleza mía, mi baluarte y mi libertador, escudo mío en quien me he refugiado» (Sal. 144:1-2).

Padre, te alabo por satisfacer todas mis necesidades y por no abandonarme nunca. Tú conoces mis tentaciones y cómo te he fallado en el pasado. Gracias por la cruz y porque ya no necesito caminar derrotado. Te entrego hoy todas mis batallas, te ruego que me alejes de la tentación y me libres de todo mal. Ten victoria cada día en mí, a través de Cristo. Amén.

Para profundizar

Proverbios 3:7-8 • Hechos 19:17-20 • Hebreos 2:18

33

VENCER AL ENEMIGO

¿CÓMO PUEDO RESISTIR LOS ATAQUE DE SATANÁS EN MI CONTRA?

Entonces Jesús le dijo: «¡Vete, Satanás! Porque escrito está: "Al Señor tu Dios adorarás, y solo a Él servirás"»
(Mateo 4:10)

Tienes un enemigo muy real. El diablo (llamado Satanás) y los demonios que lo sirven desean atacar a toda persona hecha a imagen de Dios y a todo lo que pueda darle gloria.

Una de las razones por las que Jesús vino a la tierra y compartió nuestra humanidad fue «para anular mediante la muerte el poder de aquel que tenía el poder de la muerte, es decir, el diablo, y librar a los que por el temor a la muerte, estaban sujetos a esclavitud durante toda la vida»

(Heb. 2:14-15). Satanás será «echado» porque Jesús fue «levantado» (Juan 12:31-32).

A muchos, el diablo les puede parecer mitología, pero no es así según la Palabra de Dios. Quince libros de la Biblia hablan de él. No es una mera representación ficticia del mal. Jesús mismo fue tentado por él (Mat. 4:1-10), lo llamó «padre de la mentira» (Juan 8:44), entrenó a Sus discípulos contra él (Luc. 10:18-20) y lo venció audazmente en la cruz.

No tenemos que temer al diablo, pero debemos ser plenamente conscientes de cómo ataca y de qué hacer cuando lo hace. Porque, sí, es real. Está activo. Es astuto. Es persistente. Es insidioso.

Y está derrotado. Así que no estás indefenso. Pero eso no significa que puedas bajar la guardia.

No estamos afirmando que el diablo esté detrás de todos los problemas. No es así. Nuestra propia carne pecaminosa también está en «contra» de lo que desea el Espíritu de Dios (Gál. 5:17). Este mundo oscuro, como veremos en el próximo capítulo, se resiste a la Palabra y a la obra de Dios en ti y en toda la tierra. Pero este eje de ataque —el mundo, la carne y el diablo— está detrás de tanto dolor y presión cada día. Y Satanás es el jefe de la banda. Esta «serpiente antigua que se llama Diablo y Satanás, el cual engaña al mundo entero [...] ha descendido a ustedes con gran furor, sabiendo que tiene poco tiempo» (Apoc. 12:9, 12).

Satanás desprecia a Dios, al pueblo de Dios y la gloria de Dios con saña. Solo está aquí para «robar, matar y destruir» todo lo que pueda, a causar todo el daño que pueda en el poco tiempo que le quede (Juan 10:10). Pero Jesús nos capacita para caminar en victoria y vida abundante como vencedores en este mundo (1 Jn. 5:4-5).

Así que prepárate y ponte la armadura. ¿Cómo debemos responder bíblicamente a Satanás?

Permanece alerta. Un llamado a las armas contra Satanás es: «Sean de espíritu sobrio, estén alerta» (1 Ped. 5:8). El diablo merodea con presteza, empieza sutilmente y luego arrecia los ataques «en el día malo», cuando estamos menos preparados (Ef. 6:13). Así que los discípulos de Jesús deben permanecer alerta. «Por tanto, no durmamos como los demás, sino estemos alerta y seamos sobrios» (1 Tes. 5:6). Es menos probable que nos sorprenda el enemigo si lo esperamos y si conocemos el libro de jugadas que lleva siglos utilizando. Él engaña, desanima, distrae, degrada y divide.

Esto es lo que ocurre si no lo hacemos: si creemos sus acusaciones y alineamos nuestro pensamiento y nuestras palabras con sus argumentos, estos pueden formar fortalezas de esclavitud que nos atormentan a diario, causándonos miedo, ira, duda y derrota innecesarios. Las fortalezas son mentiras que creemos y que pueden impedirnos caminar en victoria. El diablo y sus demonios mezclan hechos y sentimientos con mentiras para ver si les damos la razón. Satanás no puede leer nuestra mente, pero es muy consciente de lo susceptibles que podemos ser.

Por eso debemos «[poner] todo pensamiento en cautiverio a la obediencia de Cristo» (2 Cor. 10:5). Cada vez que te venga a la mente un pensamiento impío, pregúntate: «¿Es esto agradable al Señor?». Si no es así, échalo fuera, cierra la puerta y niégate a estar de acuerdo con él o a pensar en él. Es como reconocer el correo basura y borrarlo.

¿Podría ser Satanás el culpable de un pensamiento odioso y condenatorio que te viene a la cabeza de la nada? Por supuesto que sí. Es el «padre de la mentira», ¿recuerdas? ¿Podría ser también el sembrador de la discordia en tus relaciones interpersonales?

Es conocido por plantar semillas malas en jardines buenos (Mat. 13:38-39). ¿Podría llevar a alguien a chismear y culparte injustamente? Pregúntaselo a José y a Job. El nombre *Satanás* significa «acusador» o adversario (Apoc. 12:10). ¿Podría enviar distracciones perpetuas en momentos cruciales? Pregúntaselo a Nehemías y a Marta.

Satanás tiene los dones espirituales del desánimo y el engaño. Quiere descarrilar tu productividad y tu paz. «Dios no es Dios de confusión» (1 Cor. 14:33), pero los demonios de Satanás pueden suscitar amargos celos entre hermanos, compañeros de trabajo y miembros de la iglesia que conducen a «confusión y toda cosa mala» (Sant. 3:15-16).

Así que, antes de reaccionar exageradamente ante un acalorado enfrentamiento en una circunstancia confusa, despierta y considera la situación. Todo esto «para que Satanás no tome ventaja sobre nosotros, pues no ignoramos sus planes» (2 Cor. 2:11).

Resístelo. Este es un componente clave de un plan de batalla ganador. «Resistan, pues, al diablo y huirá de ustedes» (Sant. 4:7). No entres en pánico por miedo ni te acobardes ante sus amenazas. Mantente firme y resiste en el nombre de Jesús. «Resístanlo firmes en la fe, sabiendo que las mismas experiencias de sufrimiento se van cumpliendo en sus hermanos en todo el mundo» (1 Ped. 5:9).

Esto es guerra espiritual. Combate espiritual. «Porque nuestra lucha no es contra sangre y carne, sino contra principados, contra potestades, contra los poderes de este mundo de tinieblas, contra las fuerzas espirituales de maldad en las regiones celestes» (Ef. 6:12).

Satanás y sus demonios no son rivales dignos de Dios. La victoria de Cristo ya está asegurada. Por eso, si permaneces en Cristo como tu fortaleza cada día, ninguna fuerza satánica tiene potencia de fuego para vencerte. Puedes utilizar el poderoso nombre de Jesús para resistirlo. En voz alta, cuando sea necesario.

No, vencer hoy no le impide atacar el mes que viene. Es un adversario activo. Pero te harás más fuerte y más sabio con cada batalla y victoria. La Escritura declara: «Revístanse con toda la armadura de Dios para que puedan estar firmes contra las insidias del diablo [...] para que puedan resistir en el día malo» (Ef. 6:11, 13).

¿Cuáles son estas piezas de la armadura? (1) La verdad, como un cinturón alrededor de tu cintura. (2) La justicia como una armadura sobre tu pecho, como una coraza. El pecado nos debilita, pero permanecer rectos con Dios protege nuestro corazón. (3) Los pies calzados con preparación para anunciar el evangelio de la paz. (4) El escudo de la fe con el que puedes apagar todas las flechas encendidas del maligno, todas las mentiras y acusaciones que dispara contra nosotros. (5) El casco de la salvación. (6) La espada del Espíritu, que es la palabra de Dios (ver Ef. 6:14-17). Jesús reprendió a Satanás en voz alta con las Escrituras. Nosotros también podemos ordenarle que se marche gracias a la sangre de Jesús y al poder de Su nombre.

Por último, batallamos mediante la oración estratégica. Oramos «con toda oración y súplica [...] en todo tiempo en el Espíritu, y así, [velamos] con toda perseverancia y súplica por todos los santos» (Ef. 6:18).

De esa forma, estaremos listos para la batalla. Listos para resistir y luego recuperar el terreno para gloria de Dios.

Padre, confío en tu fuerza y en tu poder. Gracias por suministrarme todo lo necesario para caminar en la verdad, enfrentarme al mal y salir triunfante gracias a la sangre de Cristo. Ayúdame a cerrar cualquier punto de acceso y a no ceder terreno al enemigo. Hazme fuerte en el Señor y en el poder de Su fuerza. Líbrame del mal y de la tentación y concédeme la victoria diaria en ti. Me sostengo solo en Cristo y en Su nombre. Amén.

Para profundizar

Génesis 3:1-7 • Hechos 13:8-10 • 1 Juan 5:18

34

VENCER AL MUNDO

¿CÓMO PUEDO EVITAR QUE ME CONSUMA LA CULTURA?

«Estas cosas les he hablado para que en Mí tengan paz. En el mundo tienen tribulación; pero confíen, Yo he vencido al mundo» (Juan 16:33)

Jesús ama a la gente del mundo, pero no confía en la gente del mundo. Es lo que hizo que muchos de Sus críticos religiosos se enfadaran con Él, porque no tenía problema de juntarse con «pecadores» (Luc. 15:2). Pero, aunque caminaba entre la gente y se preocupaba por ella, no seguía ninguna de sus prácticas retrógradas o impías. No aceptó las prioridades y opiniones vacías que caracterizan a esta cultura. Este mundo. Este mundo roto.

Este mundo engañado. Este mundo engañoso.

No la tierra y los océanos. No la naturaleza y las naciones. No el mundo *de Dios*, el mundo que Él hizo. Cuando la Biblia habla del «mundo», se refiere a la cultura imperante, manchada de pecado y egoísta de nuestros días. Piensa en él como la depravación acumulada que te arrastra hacia sus creencias retorcidas, sus prácticas malvadas y sus sistemas corruptos.

Ese es el «mundo» que Jesús dice que ahora ha conquistado por nosotros, para que podamos tener Su paz aunque sigamos viviendo en un desierto espiritual.

Nuestro mundo asigna sistemáticamente gran valor a cosas que no importan. Como dijo Jesús: «lo que entre los hombres es de alta estima, abominable es delante de Dios» (Luc. 16:15). El mundo defiende constantemente búsquedas que Dios llama necedad, y devalúa lo que la Biblia llama sabiduría y digno de abrazar. Vivimos en una corriente contaminada que se aleja continuamente del único Dios verdadero y sigue rebautizando «al mal bien y al bien mal» (Isa. 5:20). «La maldad es exaltada entre los hijos de los hombres» (Sal. 12:8).

Sin embargo, sigue siendo un punto de tensión, incluso para los creyentes. Las olas de la influencia del mundo te seducen continuamente y te empujan río abajo hacia aguas más oscuras. El mundo disfraza la depravación, haciendo que te prometa placer sin mencionar las consecuencias. Se anuncia como una puerta hacia la aceptación. Parece y suena convincente. Comercialmente pulida.

Lo anormal es ahora la nueva normalidad. Sin embargo, alberga y oculta el contragolpe de la muerte. Te aleja constantemente de «la voluntad de Dios: lo que es bueno y aceptable y perfecto» (Rom. 12:2), junto con montones que «se sorprenden de que ustedes no corren con ellos en el mismo desenfreno de disolución» (1 Ped. 4:4).

Pero aunque debamos vivir en este mundo, como Jesús vivió en este mundo, amando a la gente de este mundo, debemos elegir no ser esclavizados por las mentiras y seducciones de este mundo.

Vivimos en la luz. Jesús dijo: «Yo, la Luz, he venido al mundo, para que todo el que cree en Mí no permanezca en tinieblas» (Juan 12:46). Antes de creer en Él, andábamos «en otro tiempo según la corriente de este mundo» (Ef. 2:2), sin ningún deseo de resistirnos a ella, reprenderla o incluso darnos cuenta de ello. De manera silenciosa, Satanás «ha cegado el entendimiento de los incrédulos, para que no vean el resplandor del evangelio de la gloria de Cristo» (2 Cor. 4:4). Así éramos nosotros en un tiempo, viviendo ignorantemente en la oscuridad.

Hasta que llegó Jesús. Apareció la gracia de Dios, «enseñándonos, que negando la impiedad y los deseos mundanos, vivamos en este mundo sobria, justa y piadosamente» (Tito 2:12), de modo que ahora «andamos en la Luz, como Él está en la Luz» (1 Jn. 1:7). Eso es bueno para nosotros.

Pero también puede ser peligroso.

Vivimos odiados por las tinieblas. Las tinieblas también odiaban a Jesús. «Si ustedes fueran del mundo», dijo, «el mundo amaría lo suyo; pero como no son del mundo, sino que Yo los escogí de entre el mundo, por eso el mundo los odia» (Juan 15:19).

No te sorprendas por ello. Pregúntales a los amigos de Daniel —Sadrac, Mesac y Abednego— cuán aceptados se sintieron después de que declinaran en silencio adorar al ídolo de oro del rey (Dan. 3). Pregúntale a Pablo cómo le fueron las cosas después de molestar a los plateros de Éfeso diciendo que las estatuas de plata que fabricaban eran dioses falsos (Hech. 19:23-28). Cuando nos limitamos a vivir a la luz de la integridad y la moralidad dentro de la cultura, nuestras vidas pueden desenmascarar el mal que impera en las tinieblas. Eso nos hace impopulares. Nos transforma en un blanco. Pero por el poder de Cristo, es lo que nos hace libres. Liberados de las mentiras. Vencedores.

Vivimos transformados. Este es el espacio de paz reservado a los devotos de Jesús. ¿Está libre de riesgos? Puede que no. ¿Sin dolor? Desde luego que no. «Y en verdad, todos los que quieren vivir piadosamente en Cristo Jesús, serán perseguidos» (2 Tim. 3:12). Pero el premio de vivir dentro de la voluntad de Dios es una vida de importancia eterna y una alegría interminable. Estamos en el mundo, pero no somos del mundo.

«Y no se adapten a este mundo», dijo Pablo, «sino transfórmense mediante la renovación de su mente» (Rom. 12:2). *Renuévate* constantemente. Esa es la clave. Mantente conectado a lo que es verdadero y eterno. Aliméntate de la Palabra. Deja que llene tus pensamientos, actualice tus perspectivas y desafíe el *statu quo* fácil.

Es lo que resetea tus viejos preajustes. En lugar de volver a los mismos viejos pozos contaminados que te han alimentado antes con tanta vanidad y estupidez, tu mente renovada te ayuda a ver que te han estado haciendo perder el tiempo. Te han drenado hasta vaciarte. Mienten. Con el tiempo, ves que lo que el mundo premia y promete suele ser lo contrario de lo que debes perseguir. Lo que te venden, no lo necesitas. Y aquello de lo cual se burlan y atacan suele ser lo que merece tu respeto.

Si el mundo te exige que pises el acelerador y te desvíes a la izquierda, lo más probable es que el plan de Dios implique reducir la velocidad y salirte por la derecha. Camina con humildad y bondad hacia todas las personas, por supuesto, pero no permitas que el mundo te obligue a encajar en su molde. Los discípulos entregados que se parecen cada vez más a Jesús descubren en Él sus habilidades de conquista, al cultivar activamente una mente renovada.

La cultura dice que sigas tu corazón; la Biblia dice que guíes a tu corazón y renueves tu mente. Cuanto más confíes en Jesús y lo sigas, menos acabarás siguiendo al mundo. Vivirás como un vencedor en Cristo y nunca te arrepentirás de haber tomado el camino menos transitado.

«No amen al mundo ni las cosas que están en el mundo. Si alguien ama al mundo, el amor del Padre no está en él. Porque todo lo que hay en el mundo, la pasión de la carne, la pasión de los ojos, y la arrogancia de la vida, no proviene del Padre, sino del mundo. El mundo pasa, y también sus pasiones, pero el que hace la voluntad de Dios permanece para siempre» (1 Jn. 2:15-17).

Padre, renueva mi mente en Cristo. Satúrame de verdad. Muéstrame el camino a recorrer para que pueda caminar en libertad y victoria en este mundo. Libérame de las mentiras de la cultura y haz crecer en mí una vida de entrega. Envíame a aquellos en el mundo a los que quieres servir y ayudar a liberar. Haz que brille con el resplandor de tu gloria. En el nombre de Jesús. Amén.

Para profundizar

Juan 3:19-21 • 1 Corintios 1:20-25 • Colosenses 2:8-10

35

VENCER AL PECADO

¿CÓMO PUEDO ARREPENTIRME DEL PECADO EN MI VIDA?

«De la misma manera, les digo, hay gozo en la presencia de los ángeles de Dios por un pecador que se arrepiente» (Lucas 15:10)

El pecado es un Judas. Nos saluda con una sonrisa, nos besa como un amigo, y luego nos traiciona como un enemigo. El pecado es un cáncer espiritual. Echa raíces, crece, se extiende y contamina, haciéndonos daño tanto a nosotros, como pecadores, como a aquellos contra los que pecamos.

Incluso después de haber entregado nuestra vida a Cristo, seguimos luchando contra él. Aun después de haber sido perdonados del *castigo* de nuestro pecado, incluso después de haber sido liberados del *poder* continuo de nuestro pecado, cualquiera de nosotros puede cometer casi cualquier pecado si dejamos de permanecer en Cristo y subestimamos al enemigo. «Porque todos fallamos de muchas maneras» (Sant. 3:2).

Hay muchos ejemplos de esto en las Escrituras. Incluso Adán en toda su inocencia, aun Noé después del diluvio, David después de toda su adoración y sus victorias para Dios, Salomón con toda su sabiduría, incluso Pedro con toda su devoción: cada uno de ellos tuvo sus momentos en los que apartó los ojos del Señor, en los que se alejó de la comunión con Él. «Por tanto, el que cree que está firme, tenga cuidado, no sea que caiga» (1 Cor. 10:12).

Pero, ¿cómo respondemos cuando somos nosotros los que no mantenemos la guardia alta contra el enemigo? ¿Cuando somos como Adán después de comer la fruta? ¿Como David tras su adulterio? ¿Como Pedro después de negar a Jesús? ¿Qué debemos hacer cuando, incluso con todos los recursos que se nos han dado en Cristo, seguimos luchando con una o más áreas de derrota?

Sigue la voz del Espíritu Santo. Satanás dirá que has ido demasiado lejos, que no puedes volver a ser redimido o utilizado por Dios, que el Señor te ha rechazado, que no tienes esperanza. En realidad, estas cosas son ciertas para *él*, pero no para ti. El Espíritu Santo es la voz en la que puedes confiar. Escúchalo. Escucha Su Palabra. Él te convence amorosamente para que vuelvas atrás y seas restaurado.

Recuerda tu identidad en el Señor. Si Jesús es tu Señor, Él ya te ha perdonado todos tus pecados pasados, presentes y futuros. «Habiendo cancelado el documento de deuda que consistía en decretos contra nosotros y que nos era adverso, y lo ha quitado de en medio, clavándolo en la cruz» (Col. 2:14). Ya no estás bajo la condena del pecado. Ya no eres su esclavo. Eres el hijo amado de Dios, liberado del pecado por Jesús. Una vez fuiste culpable y condenado, «pero fueron lavados, pero fueron santificados, pero fueron justificados en el nombre del Señor Jesucristo y en el Espíritu de nuestro Dios» (1 Cor. 6:11). ¡Recuérdalo siempre!

Corre hacia tu Padre celestial. Jesús expresó cómo responde Dios a un pecador arrepentido en Su historia del hijo pródigo (Luc. 15:11-32). Este joven había malgastado su herencia. Se había deleitado en sus propios placeres desordenados. Había caminado en la maldad hasta que finalmente se derrumbó derrotado. Pero cuando su padre vio que su hijo arrepentido volvía a casa, «sintió compasión por él, y corrió, se echó sobre su cuello y lo besó» (Luc. 15:20). ¡Su amado hijo había vuelto a casa! La gracia del padre era mucho mayor que el pecado del hijo. Lo único que quería hacer su padre era celebrar (v. 23).

Ese es el corazón de tu Padre hacia ti. Está deseando que vuelvas a Él. Por eso, en esos momentos en que has permitido que tu carne vuelva a caer, no es necesario que transcurra mucho tiempo entre el momento en que *te das cuenta* de lo que has hecho y te *arrepientes* de lo que has hecho. Puede ser casi instantáneo. Correr de nuevo junto a tu Padre. Listo para permanecer de nuevo.

La Biblia describe repetidamente a nuestro Padre como «un Dios de perdón, clemente y compasivo, lento para la ira y abundante en misericordia» (Neh. 9:17). Derramó toda la santa ira que merece tu pecado sobre Su precioso Hijo Jesús, para que ya no te alcance. Así te ama. No dejes que el pecado te engañe más.

Confiésalo plenamente. La verdad te hace libre. «El que encubre sus pecados no prosperará, pero el que los confiesa y los abandona hallará misericordia» (Prov. 28:13).

La confesión es donde la verdad se estrella contra las tinieblas y desenmascara el engaño del cual depende el pecado para subsistir. Como dijo David. «Mientras callé mi pecado, mi cuerpo se consumió con mi gemir durante todo el día. Porque día y noche Tu mano pesaba sobre mí; mi vitalidad se desvanecía con el calor del verano». ¿Y después qué? «Te manifesté mi pecado, y no encubrí mi iniquidad. Dije: "Confesaré mis transgresiones al Señor"; y Tú perdonaste la culpa de mi pecado» (Sal. 32:3-5).

El perdón y la comunión nos esperan: «Si confesamos nuestros pecados, Él es fiel y justo para perdonarnos los pecados y para limpiarnos de toda maldad» (1 Jn. 1:9).

Arrepiéntete. Arrepentirse significa dar la vuelta. Hacer un giro de 180 grados. No solo para limpiarnos, sino para ir en otra dirección. Por la gracia de nuestro Dios y la fuerza de nuestro Salvador, cambiamos de rumbo. Ya hemos visto suficiente. Queremos dar la vuelta a este barco. A partir de ahora, haremos las cosas de otra manera.

Eso fue lo que hizo David después de su pecado con Betsabé. Una persona no arrepentida nunca se habría recuperado de una caída tan horrible. Pero él lo *confesó* abiertamente a Dios: «Contra Ti, contra Ti solo he pecado, y he hecho lo malo delante de Tus ojos» (Sal. 51:4). Se *arrepintió*: «Crea en mí, oh Dios, un corazón limpio, y renueva un espíritu recto dentro de mí» (v. 10). Luego se *volvió* y discipuló a otros: «Entonces enseñaré a los transgresores Tus caminos, y los pecadores se convertirán a Ti» (v. 13).

Empieza a caminar de nuevo en la verdad. Eso es lo que hacen los discípulos. Van a buscar a uno o más amigos íntimos que puedan orar por ellos, que puedan ayudarlos a caminar de nuevo hacia la luz. Abandonados a nuestros propios recursos, seguiremos engañándonos. Sin embargo, podemos hacer caso a lo que dice el apóstol: «confiésense sus pecados unos a otros, y oren unos por otros para que sean sanados» (Sant. 5:16). El Señor ha proporcionado gracia y limpieza completa a través de la cruz. Él es fiel para perdonar. A veces, se necesita un equipo que trabaje junto, siendo sinceros unos con otros, para conseguir la luz justa para que nuestro pecado sea señalado.

Cuando hablamos de superar el pecado, queremos volver continuamente a los aspectos centrales de nuestra relación con Dios: *permanecer* en Él y caminar *diariamente* con Él. Permanecer no es solo el secreto para dar fruto, sino también para vencer las fortalezas.

No se trata de listas de tareas, marcas de verificación o normas religiosas. Estas pueden tener algún valor, pero solo Dios puede liberarnos de la esclavitud del pecado. No lo conseguimos revolcándonos en la autocompasión ni tratando de aumentar nuestra autodisciplina. Solo por la gracia y el poder de Dios podemos superar las cosas impías de nuestra vida que antes nos mantenían cautivos en la derrota. Conocer a nuestro Padre compasivo, rendirnos a Jesús como Señor y seguir la dirección del Espíritu Santo nos permiten caminar en una nueva victoria como nunca antes.

«¡Cuán bienaventurado es aquel cuya transgresión es perdonada, cuyo pecado es cubierto! ¡Cuán bienaventurado es el hombre a quien el Señor no culpa de iniquidad, y en cuyo espíritu no hay engaño!» (Sal. 32:1-2).

Padre, te confieso mis pecados y te pido misericordia y perdón. Gracias por amarme más de lo que yo he amado mi pecado. Me arrepiento. Me aparto de él. Lávame y cambia mi corazón. Fortaléceme, Señor, para recorrer este camino lejos de donde he estado, hacia el hogar al que pertenezco, permaneciendo y viviendo siempre en tu presencia y en tus brazos amorosos. En el nombre de Jesús. Amén.

Para profundizar

Salmo 32:9-10 • Daniel 9:15-19 • 2 Corintios 7:9-11

36

SER UN VENCEDOR

¿CÓMO MANEJO LOS TIEMPOS DIFÍCILES?

En Él estaba la vida, y la vida era la Luz de los hombres. La Luz brilla en las tinieblas, y las tinieblas no la comprendieron (Juan 1:4-5)

La vida puede ser extremadamente dura. Las Escrituras no se abstienen de reconocer el dolor y el sufrimiento que las personas pueden experimentar en la tierra. Aunque el cielo es nuestro hogar, actualmente seguimos viviendo en un mundo oscuro y roto. Debemos esperar tribulaciones, pero sin temer (1 Ped. 4:12). Incluso las personas más piadosas sufrirán épocas de grandes enfermedades, pérdidas trágicas, rechazos amargos, acusaciones falsas o persecuciones injustas (2 Tim. 3:12). La cuestión no es si sufriremos en esta corta vida, sino cómo glorificaremos intencionalmente a Dios en medio del fuego.

A veces, Dios se glorifica más realizando un milagro. Respondiendo a las oraciones. Haciendo lo imposible. Rescatando a Sus hijos de situaciones terribles. Lo hizo a lo largo de la Escritura y lo sigue haciendo hoy en todo el mundo. Esta es nuestra esperanza, nuestra oración… ¡nuestra primera opción!

Pero, en otras ocasiones, Dios se glorifica más capacitando poderosamente a Sus hijos para atravesar el sufrimiento con una fuerza increíble, una fe resistente y una alegría sobrecogedora, todo ello mientras nos ayuda a modelar el carácter de Cristo y la esperanza del evangelio ante un mundo que nos observa. El apóstol Pablo demostró esta realidad. Estaba tan preparado para la muerte como para la liberación. Su principal esperanza era que «Cristo [sea] exaltado en mi cuerpo, ya sea por vida o por muerte. Pues para mí, el vivir es Cristo y el morir es ganancia» (Fil. 1:20-21).

Sin embargo, nadie venció como Jesús. Él jamás temió a las dificultades. Se impuso constantemente a las circunstancias difíciles, incluso las redimió, convirtiéndolas en poderosas oportunidades de ministerio que solo hacían avanzar Su reino.

Cuando Jesús fue tentado por el diablo, contraatacó con las Escrituras. Cuando fue rechazado en Su ciudad natal, se lanzó y expandió Su ministerio. Cuando fue acusado falsamente por los fariseos, lo aprovechó para enseñar la verdad y enfrentarse a su hipocresía. Ninguna crítica pudo desanimarlo. Ninguna circunstancia pudo detenerlo. Todo ataque satánico terminó fracasando. Jesús le dio la vuelta en Su propio beneficio. Cuando los demonios se ensañaron con Él, Jesús los reprendió. Cuando Pedro lo negó, Jesús lo restituyó. Cuando Sus discípulos entraron en pánico bajo presión, Él confrontó su miedo y aumentó su fe.

Jesús es el mayor vencedor de todos los tiempos. Cuando lo odiaron, Él amó. Cuando lo maldijeron, bendijo. Cuando lo clavaron en una cruz, perdonó y salvó. Cuando lo sepultaron, ¡resucitó! Independientemente de la ocasión, Jesús utilizó todo en todo momento como una oportunidad para cumplir Su misión, modelar Su amor y glorificar a Su Padre celestial (Juan 17:4).

Pero no solo encarnó Él mismo la victoria. Nos llama a cada uno de los que lo seguimos a adoptar también esta misma mentalidad alimentada por la fe. Dijo: «Bienaventurados serán cuando los insulten y persigan, y digan todo género de mal contra ustedes falsamente, por causa de Mí. Regocíjense y alégrense, porque la recompensa de ustedes en los cielos es grande» (Mat. 5:11-12).

Declaró: «Amen a sus enemigos y oren por los que los persiguen» (Mat. 5:44). Cuando nos hacen daño, nos enseñó a perdonar «setenta veces siete» (Mat. 18:22). Y cuando somos nosotros los que hemos ofendido a otra persona, nos dijo que fuéramos y nos reconciliáramos (Mat. 5:24). Nos dijo que nunca nos desanimemos, sino que caminemos por la fe, que intensifiquemos nuestras oraciones en lugar de rendirnos (Luc. 18:1).

Considera de nuevo a Pablo, que estaba en el centro mismo de la voluntad de Dios cuando fue abandonado, apedreado y naufragó durante su ministerio (2 Cor. 11:22-27). En lugar de deprimirse, se regocijó al darse cuenta de que Dios estaba utilizando poderosamente sus dificultades para mantenerlo humilde mientras hacía avanzar rápidamente el evangelio (Fil. 1:12). Dijo: «Por tanto, con muchísimo gusto me gloriaré más bien en mis debilidades, para que el poder de Cristo more en mí. Por eso me complazco en las debilidades, en insultos, en privaciones, en persecuciones y en angustias por amor a Cristo, porque cuando soy débil, entonces soy fuerte» (2 Cor. 12:9-10).

En Hechos 16, Pablo y Silas fueron golpeados y encarcelados por proclamar el evangelio. ¿Abandonaron su fe o aceptaron el fracaso? En absoluto. A medianoche, «oraban y cantaban himnos a Dios», y los demás presos podían oírlos (v. 25). Dios intervino y los ayudó a ganar inesperadamente para Cristo al jefe de los carceleros y a toda su familia. ¡Un resurgimiento asombroso!

Nosotros también representamos al Rey de reyes y Señor de señores en nuestra generación. Como Su cuerpo, Su esposa y Sus discípulos, a todos se nos ordena no ser «[vencido] por el mal», sino «[vencer] el mal con el bien» (Rom. 12:21). Porque el poder divino de Dios nos ha dado todo lo que necesitamos para glorificarlo en cualquier situación (2 Ped. 1:3).

Cuando conocemos a Cristo, nos convertimos en vencedores por medio de Él. Porque el que venció al pecado, a la muerte y a la tumba vive dentro de nosotros. Cuando el mundo entra en pánico, aún podemos caminar en Su paz con el corazón lleno de esperanza. Sabemos que Jesús está siempre con nosotros en cada estación, pastoreándonos a través de cada valle. En las peores crisis, podemos levantar los ojos y seguir regocijándonos, sabiendo que nuestro Dios es soberano (Sal. 103:19), que nuestra intimidad con Cristo solo se profundiza en los momentos más difíciles. Las Escrituras dicen que nuestra resistencia, carácter y esperanza solo se harán más fuertes cada día a medida que confiemos en Él durante la tribulación (Rom. 5:1-5). Es en las horas más oscuras cuando los creyentes brillan con mayor intensidad.

Así que, sí, espera que lleguen tiempos muy difíciles. Pero, al mismo tiempo, recuerda la perspectiva más amplia de Dios. La vida es un vapor, y la eternidad es para siempre. Hasta el cielo, tenemos Su Palabra para enseñarnos, Su Espíritu para darnos poder y Sus promesas para sostenernos.

«¿Quién nos separará del amor de Cristo? ¿Tribulación, o angustia, o persecución, o hambre, o desnudez, o peligro, o espada? [...] Pero en todas estas cosas somos más que vencedores por medio de Aquel que nos amó» (Rom. 8:35, 37). Pase lo que pase, nada «nos podrá separar del amor de Dios que es en Cristo Jesús Señor nuestro» (v. 39).

¿Y si supieras que, en cada prueba o dificultad, Dios va a resolverlo todo para Su gloria y tu bien? Porque eso es exactamente lo que Él planea hacer. No te preocupes ni temas. Él te ama y siempre está contigo (Mat. 28:20). Puedes confiar en Él para que te rescate de la batalla o para que camine contigo a través del fuego. ¡En cualquier caso, puedes caminar en victoria perpetua regocijándote siempre, orando sin cesar y dando gracias en todo (1 Tes. 5:16-18)!

Padre celestial, te alabo por ser poderoso y estar presente en las circunstancias difíciles. Me has proporcionado todo lo que necesito en Cristo y nunca me abandonarás. Gracias por soportar mis cargas y llevarme a través de las batallas más duras. Líbrame, fortaléceme, hazme crecer, confórtame y glorifícate poderosamente a través de mí, oh Dios. En el nombre de Jesús. Amén.

Para profundizar

Romanos 8:31-39 • 1 Corintios 15:58 • 1 Pedro 4:1-2

Parte IX

Estilo de Vida

¿Cómo puedo poner en práctica mi fe a diario?

37

UNA VIDA DE HUMILDAD

¿CÓMO PUEDO VACIAR MI CORAZÓN DE ORGULLO?

«Porque todo el que se engrandece, será humillado; y el que se humille será engrandecido» (Lucas 14:11)

La humildad está en el centro del verdadero discipulado porque es el centro de quién es Jesús.

Él se humilló más que nadie que haya existido jamás. El Dios eterno bajó del cielo y se encarnó. En la tierra, seguía teniendo todo el derecho y la razón de ser el centro en todo momento. Imagina lo que le exigía no juzgar a todo el mundo en comparación consigo mismo, no sentirse y actuar siempre superior a ellos. Era siempre la persona más inteligente de la sala. Sin embargo, podía decir, sin el menor engaño: «Yo soy manso y humilde de corazón» (Mat. 11:29). Tomó la decisión continua y deliberada de seguir humillándose continuamente, y nosotros podemos tomar la misma decisión.

Debemos humillarnos para ser como Jesús.

«Dios resiste a los soberbios, pero da gracia a los humildes» (Sant. 4:6). Es uno de los temas principales de la Escritura, el contraste universal entre el orgullo y la humildad. Dios resiste con Su mirada a los que son altivos, arrogantes y engreídos. Los artífices de su propio éxito. Los que se ensalzan a sí mismos. Elige intencionadamente a los que llevan las de perder. Prefiere a los mansos y humildes. Atrae hacia sí a «lo vil y despreciado del mundo: lo que no es, para anular lo que es, para que nadie se jacte delante de Dios» (1 Cor. 1:28-29).

Porque una vez que alguien conoce la verdad sobre Dios y la verdad sobre sí mismo, sinceramente no hay jactancia justificable en Su presencia.

Pregúntale a Nabucodonosor, que en un momento se jactaba del gran reino que había construido «con la fuerza de mi poder y para gloria de mi majestad» (Dan. 4:30). Al momento siguiente, se arrastraba enloquecido, vagando por el campo como un animal. Pregúntale a Herodes, que se regodeó en los elogios de la multitud por tener la «voz de un dios y no de un hombre» (Hech. 12:22). En un abrir y cerrar de ojos, fue fulminado por no dar gloria a Dios.

En cualquier momento de la Escritura en que alguien se encontraba con la realidad de la gloria de Dios, esa persona era humillada rápidamente. Cualquier nariz en el aire se convertía en una cara en la tierra.

Job ya era un hombre justo, íntegro y sabio, pero cuando se enfrentó al poder de la imponente voz de Dios desde un torbellino, Job respondió: «me retracto, y me arrepiento en polvo y ceniza» (Job 42:6). El profeta Isaías, al ver una visión del Señor exaltado en Su trono, gritó de repente: «¡Ay de mí! Porque perdido estoy, pues soy hombre de labios inmundos» (Isa. 6:5). Juan el apóstol, el discípulo a quien Jesús amaba (Juan 19:26), se enfrentó a una visión gloriosa de Cristo resucitado e inmediatamente cayó «como muerto a Sus pies» (Apoc. 1:17).

La presencia de Dios sobrecogió a cada una de estas personas. Es evidente por lo que decían. O por lo que no decían. Estaban aterrados y con un asombro reverente.

Cuanto más nos acercamos al Señor, más humildes nos volvemos. Y si no nos humillamos, Dios promete ayudarnos a humillarnos, «porque si alguien se cree que es algo, no siendo nada, se engaña a sí mismo» (Gál. 6:3). La arrogancia es repugnante, pero se justifica engañosamente en nuestros propios corazones cegados. ¿Por qué odiamos tanto ver el orgullo en los demás y, sin embargo, lo toleramos de buen grado en nosotros mismos? Tanto orgullo.

Entonces, hagamos algo al respecto. Siempre que hayamos dejado que el autoengaño se levante, se apodere de nosotros y se lleve todo el mérito, debemos salir a la luz y sincerarnos ante Dios, recordando que nadie se jactará en el juicio en Su presencia. Debemos arrodillarnos ante Su magnificencia, y darnos cuenta de que «Él nos hizo, y no nosotros a nosotros mismos» (Sal. 100:3), que por Él «son todas las cosas y por medio de Él existimos nosotros» (1 Cor. 8:6).

Así como no debes hacer «ostentación ante el rey» (Prov. 25:6), debes humillarte también en la presencia del Rey de reyes. Donde el orgullo nos tienta a querer brillar por encima de los demás, la humildad comprende que Dios brilla por encima de todos nosotros. El orgullo es la mentira que nos decimos a nosotros mismos, pero la humildad es la valentía de afrontar la verdad. Y la verdad, como hemos dicho tantas veces, nos hace libres (Juan 8:32).

«¿Dónde está, pues, la jactancia? Queda excluida» (Rom. 3:27). Recibimos nueva vida en Cristo completamente por la obra que Él hizo, no por nada que hayamos hecho nosotros. Como dijo Pablo: «¿Qué tienes que no recibiste?» (1 Cor. 4:7). Nada. Todo se te ha dado, nada has ganado. Por eso, «no se gloríe el sabio de su sabiduría, ni se gloríe el poderoso de su poder, ni el rico se gloríe de su riqueza; pero si alguien se gloría, gloríese de esto: de que me entiende y me conoce, pues Yo soy el Señor» (Jer. 9:23-24). Él siempre tiene la última palabra.

El orgullo es la raíz de muchísimos pecados. Alimenta innumerables problemas. Causa un estrés interminable. Da a la gente un falso permiso para hacer cosas que Dios prohíbe claramente. Envenena el pensamiento. Corrompe las relaciones. Es la fuente subyacente de tanta ira y codicia, lujuria e inmoralidad. Es el fuego que alimenta todos nuestros celos. La falta de perdón tiene sus raíces en el orgullo. La ingratitud también. Incluso muchas inseguridades y ansiedades. Las guerras empiezan por el orgullo. Las iglesias se dividen por el orgullo. Los matrimonios se deshacen por el orgullo. Las amistades mueren por orgullo. Dios, ¡ayúdanos a humillarnos!

Necesitamos humildad. La humildad de Cristo. Esta trae lo contrario de estos horrores. Sana y ayuda. Nos lleva a arrepentirnos. Dios tiene la gracia preparada para ayudar a acercarnos a la humildad. A la verdad y la pureza. A la libertad y la paz.

Moisés sin duda conocía esta gracia. Aunque fue el gran libertador del pueblo de Israel, era «un hombre muy humilde, más que cualquier otro hombre sobre la superficie de la tierra» (Núm. 12:3). Había visto la zarza ardiente, las plagas de Egipto, la división del Mar Rojo, la gloria de Dios en la montaña. Moisés sabía que no era nada comparado con Dios.

Juan el Bautista también encontró esta gracia. Aunque las grandes audiencias que atraía a través de su ministerio empezaron a menguar cuando llegó Jesús, Juan declaró con gusto: «Es necesario que Él crezca, y que yo disminuya» (Juan 3:30). Sabía que la humildad era la respuesta correcta en cualquier circunstancia.

Pero nuestro mayor ejemplo sigue siendo el propio Jesús, «el cual, aunque existía en forma de Dios, no consideró el ser igual a Dios como algo a qué aferrarse, sino que se despojó a Sí mismo tomando forma de siervo, haciéndose semejante a los hombres» (Fil. 2:6-7).

Este es el camino. Tienes que andar por él.

La puerta de la salvación es una puerta baja. Debemos humillarnos para atravesarla. La puerta que nos lleva a la eficacia como seguidores de Cristo también es baja: la hermosa puerta de la humildad. A través de ella, podemos inclinarnos en oración, en arrepentimiento, en alabanza, en adoración y en servicio para lavar los pies a los demás. Pero también es el requisito elegido por Dios para elevarnos y bendecirnos con Su abundante fruto como discípulos.

Tarde o temprano, todos seremos humillados. Solo es cuestión de tiempo. Bienaventurados los que se humillan ahora. Primero y a menudo. Porque Dios los exaltará.

Padre celestial, tú reinas en majestad. Eres dueño de todo y mereces toda la gloria. Abre mis ojos a tu majestad y revísteme de humildad. Que reciba tu gracia y estime a los demás como mejores que yo mismo. Hazme como Jesús. Utilízame como tu humilde siervo. En el nombre de Jesús. Amén.

Para profundizar

Daniel 4:37 • Filipenses 2:3-4 • Santiago 4:6-10

38

UNA VIDA DE RECONCILIACIÓN

¿QUIÉN NECESITA ESCUCHARME PEDIR PERDÓN?

Por tanto, si estás presentando tu ofrenda en el altar, y allí te acuerdas que tu hermano tiene algo contra ti, deja tu ofrenda allí delante del altar, y ve, reconcíliate primero con tu hermano, y entonces ven y presenta tu ofrenda (Mateo 5:23-24)

Seguir a Cristo es una experiencia relacional. No se trata de reglas religiosas. No es esforzarse más. Tampoco es perseguir una norma para presumir. Es estar en relación con el Padre, a través del Hijo, por el Espíritu. La relación compartida entre las tres personas de la Trinidad es indicativa de la relación a la que Dios nos ha invitado. En Cristo.

Por eso, cuando permaneces deliberadamente en Él, cuando buscas mantenerte cercano y limpio en tu relación con Él, a menudo Él te traerá a la mente a alguien con quien no tengas una relación correcta. Alguien que sinceramente «tiene algo contra ti».

Alguien con quien necesitas reconciliarte.

Dios conoce los daños colaterales que el diablo puede fabricar a partir de cualquier tipo de ruptura en una relación. Especialmente en tu familia, en tu matrimonio, pero realmente en cualquier lugar: en la iglesia, en el trabajo, con cualquiera. Dios quiere que todos los corazones sean libres, abiertos y se reconcilien con las personas que viven a su alrededor. Quiere que se rompa toda cadena que pudiera estar impidiéndote estar completamente preparado y disponible para Él. No quiere que nada te arrastre o cree un obstáculo para que escuches Su voz o lo sigas sin reservas.

De hecho, a cualquiera que piense que lo que más quiere Dios de él es un mayor servicio religioso, Jesús lo dejó bien claro: «Si estás presentando tu ofrenda en el altar» y Dios te trae a la mente a una persona ofendida, «deja tu ofrenda allí delante del altar» y ve a hacer todo lo posible por arreglarlo. Levántate y sal de la iglesia si es necesario. Haz una pausa en tu adoración. Sal de tu lugar de oración y entra en tu auto. Tu adoración y tu tiempo devocional pueden esperar. «Si es posible, en cuanto de ustedes dependa, estén en paz con todos los hombres» (Rom. 12:18). Y hoy, en este momento, se refiere a *esa* persona. Aquella en la que estás pensando ahora mismo. Sí, es el momento.

El contexto de esta enseñanza es el Sermón del Monte de Jesús, concretamente donde desafió la tolerancia de la gente hacia su propia ira. Dijo que una persona podía sentirse orgullosa de haber cumplido el sexto mandamiento —«No matarás» (Ex. 20:13)—, siempre que no hubiera asesinado a nadie. Pero no, estar enfadado con alguien es exactamente la misma ofensa, solo que oculta en el corazón. La ira no solo *conduce* al asesinato, sino que te hace *punible* de asesinato a los ojos de Dios.

Y ese es un problema que exige atención inmediata.

Así que, si discutiste con alguien o hiciste algo que lastimó a alguien, ve a disculparte y pide perdón. Si robaste algo, ve a devolverlo. Si no has cumplido una promesa que hiciste, cúmplela hoy mismo o refuerza tu intención de empezar a trabajar en ello de inmediato. Si has herido o hablado mal del carácter de alguien, ve a enmendarlo. Admite lo que has hecho, busca el perdón y ayuda a esa persona a sanar. Aunque creas sinceramente que la otra persona tiene la mayor parte de la culpa de lo que estropeó la relación entre ustedes, Jesús dijo que fueras el primero en admitir tu parte de culpa. Incluso si no has hecho nada malo, pero en el corazón del otro hay amargura contra ti, Jesús quiere que vayas a ayudarlo a solucionar las cosas.

Conviértelo en una prioridad. Lo primero. «Ve, reconcíliate primero con tu hermano».

Hay rapidez de por medio. Hay humildad de por medio. Puede que haya costos e inconvenientes. Pero hay mucho más en juego. Cuando no afrontamos abierta y sinceramente nuestro pecado, sufrimos una notable falta de paz, alegría y poder en nuestra vida espiritual. Nuestra comunión con el Señor se siente forzada y seca. Algo nos retiene. No estamos siendo nosotros mismos, la nueva criatura que Él creó.

Y de formas que quizá no veamos, incluso estamos contribuyendo a la ineficacia de la Iglesia, de todo el cuerpo de Cristo. Porque si «se humilla Mi pueblo sobre el cual es invocado Mi nombre, y oran, buscan Mi rostro y se vuelven de sus malos caminos», dice el Señor, «entonces Yo oiré desde los cielos, perdonaré su pecado y sanaré su tierra» (2 Crón. 7:14). El avivamiento espera a que se restablezcan las relaciones. Empezando por las tuyas. Puedes ser la chispa de Dios.

Incluso los creyentes que mantienen posturas firmes sobre cuestiones políticas y morales del momento pueden ignorar fácilmente su propia amargura e ira ocultas. A Satanás le encanta esta división y la utiliza. Pero ¿quién sabe qué efusiones de arrepentimiento y gracia están colgando justo sobre nuestras cabezas, listas para extenderse como un reguero de pólvora por nuestras iglesias, comunidades y nación? Ojalá el pueblo de Dios se tomara en serio esto de reconciliarse con los demás. Esto de ser amables y tiernos de corazón. De pedir perdón. De ser genuinamente humildes. De mostrar misericordia. De ser pacificadores.

«Entonces, ustedes como escogidos de Dios, santos y amados, revístanse de tierna compasión, bondad, humildad, mansedumbre y paciencia; soportándose unos a otros y perdonándose unos a otros, si alguien tiene queja contra otro. Como Cristo los perdonó, así también háganlo ustedes. Sobre todas estas cosas, vístanse de amor, que es el vínculo de la unidad» (Col. 3:12-14).

He aquí la pregunta: ¿Hay alguien en tu vida ahora mismo que pueda señalarte con el dedo y decirte: «Me hiciste daño y nunca lo arreglaste»? ¿Un padre? ¿Un hijo? ¿Un cónyuge? ¿Alguien? Si no lo sabes, pero lo sospechas, ve y pregunta. Por si acaso.

Ayuda a esa persona a sanar. Ve y reconcíliate.

Padre, muéstrame con quién tengo que ir a reconciliarme. Muéstrame lo que he hecho y lo que necesito hacer. Hazme pacificador y catalizador de sanidad y avivamiento, tu embajador de la reconciliación. Muestra tu misericordia a través de mí. Reúne lo que está roto. Dame la alegría de una relación renovada con los demás como señal de tu bondad, como apertura para que tú hagas cosas aún mayores a través de mí. Te lo ruego a través de Cristo. Amén.

Para profundizar

Génesis 33:8-11 • 2 Corintios 5:18-19 • 1 Timoteo 2:8

39

Una vida de fe

¿Qué diferencia marca la fe?

«¿Cómo "si Tú puedes?"», le dijo Jesús.
«Todas las cosas son posibles para el que cree».
Al instante el padre del muchacho gritó y dijo:
«Creo; ayúdame en mi incredulidad»
(Marcos 9:23-24)

Cuando piensas en lo que separa al verdadero discípulo de Jesús de los demás, no es solo la fe. Es *vivir* por fe. Todo lo que piensan o hacen los creyentes debe estar influido por su fe en Cristo. Nos salvamos por la fe, crecemos en la fe, oramos con fe y obedecemos en la fe.

Pero, ¿qué es la fe? Es una palabra que se utiliza con tanta frecuencia, no solo en los círculos eclesiásticos y religiosos, sino en toda la cultura común, que necesitamos tener claro qué quiere decir la Biblia cuando Dios habla de fe.

«La fe es la certeza de lo que se espera, la convicción de lo que no se ve» (Heb. 11:1). Es estar seguro de algo que no vemos. La fe bíblica en el único Dios vivo es la confianza asentada en que todo lo que dice es verdad, en que hará todo lo que ha prometido. Es estar lo suficientemente seguros de Su carácter como para que nos sintamos obligados a actuar conforme a lo que dice, y también a esperar una respuesta de Él. Él invita a nuestra fe. «Sin fe es imposible agradar a Dios. Porque es necesario que el que se acerca a Dios crea que Él existe, y que recompensa a los que lo buscan» (Heb. 11:6).

No es lo mismo que la fe *ciega*. Los creyentes en Jesús viven para un Dios que ha demostrado ser creíble y digno de confianza: el Dios de la creación, de las Escrituras, de Israel, de las profecías cumplidas, de las vidas transformadas, de las mentes renovadas y de las oraciones respondidas. La gente puede *dudar* de Dios. Si lo cuestiona continuamente, puede *negar* a Dios, no solo al no estar seguro de Él, sino al rechazarlo intencionalmente. Sin embargo, no puede *refutar* a Dios. Nadie puede. No se puede refutar la verdad. Porque todo lo relativo a la verdad, y al Dios de la verdad, concuerda con la realidad. «Sea hallado Dios veraz, aunque todo hombre sea hallado mentiroso» (Rom. 3:4). El que busca con sinceridad no puede escapar a la realidad de que la vida se alinea sistemáticamente con lo que dice la Palabra de Dios.

Sin embargo, nunca debemos esperar que Dios responda a todas las preguntas que se nos ocurran o que nos explique todos los detalles del futuro antes de que decidamos confiar en Él y obedecerle. Por eso se llama fe. Y la fe es lo que necesitamos. Forma parte de esta relación que Él ha diseñado tener con nosotros. Se puede contar con Él. Él ya lo sabe. Lo único que necesitamos saber para dar el siguiente paso es que podemos contar con Él. Eso es fe.

La fe funciona. Es viva y activa. «Por fe andamos», dice la Biblia, «no por vista» (2 Cor. 5:7). Es cierto que no hacemos nada para ganarnos la salvación. Pero si esa fe nuestra es real, nos pondrá en movimiento. «Así también la fe por sí misma, si no tiene obras, está muerta» (Sant. 2:17).

Caminar por fe requiere trabajo. Supone un esfuerzo. Implica mucho *pedir* por fe, *buscar* por fe, *llamar* por fe (Mat. 7:7-8). Piensa en ello como un ciclo continuo, como un motor de fe en marcha, que funciona con todos los cilindros.

Dios le dijo a Josué que condujera al pueblo de Israel a la tierra prometida, pero Josué tuvo que ir y hacerlo: seguir orando, seguir reuniendo información, seguir adaptándose a lo que Dios le indicaba que hiciera. No seguía un plan detallado; buscaba y seguía al Dios que conocía *cada* detalle y guiaba cada paso. El trabajo de la fe es conseguir que nos sumemos al yugo con Jesús, caminando al mismo paso que Él, buscando Su rostro y confiando en Él para que nos fortalezca y nos provea a través de todo lo que hacemos. «Muéstrame tu fe sin las obras, y yo te mostraré mi fe por mis obras» (Sant. 2:18). «Todo lo que no procede de fe, es pecado» (Rom. 14:23).

La fe espera. Sabemos que Dios recompensa constantemente la fe. Depende de Él *cómo* lo haga. Solo necesitamos saber y confiar en que Él *lo hará.* Este único cambio de perspectiva —esperar que Dios recompense la fe— cambia tu forma de afrontar cualquier situación. Siempre puedes saber que algo bueno va a ocurrir si Dios está en ello. Puedes confiar. Incluso las malas noticias y los acontecimientos sombríos deben llegar a oídos de los creyentes a través de un filtro de fe. Ya sabemos que nuestro Dios siempre va a sacar algo bueno de cualquier cosa que ocurra (Rom. 8:28-29).

Todas las personas cuyo nombre aparece en Hebreos 11 —la «Sala de la fe»— fueron grandemente bendecidas por Dios por confiar en Él. Cada vez que leas este capítulo, pregúntate: (1) ¿Qué les dijo Dios? (2) ¿Qué hicieron ellos por fe? (3) ¿Qué ganaron, recibieron u obtuvieron como recompensa? (4) ¿Cómo fue glorificado Dios?

Abel recibió la aprobación de Dios (Heb. 11:4). Enoc se libró de la muerte (v. 5). Noé se salvó del diluvio (v. 7). Sara recibió la capacidad de concebir un hijo (v. 11). Abraham vio cómo ese hijo le era devuelto de una muerte segura (v. 19). Y podría seguir. Algunas personas «conquistaron reinos, hicieron justicia, obtuvieron promesas, cerraron bocas de leones» (v. 33). Otros «escaparon del filo de la espada. Siendo débiles, fueron hechos fuertes, se hicieron poderosos en la guerra, pusieron en fuga a ejércitos extranjeros» (v. 34). Incluso a los que fueron torturados y perdieron la vida, negándose a renunciar a Él, se les concedió gracia y fuerza milagrosa en su sufrimiento y se les aseguró que obtendrían «una mejor resurrección» (v. 35). La fe funciona porque espera que Dios actúe.

La fe crece. Jesús dijo al padre de un niño endemoniado: «Todas las cosas son posibles para el que cree» (Mar. 9:23). ¿Qué hizo aquel hombre? Pidió más fe.

Así es como crece. Se la pedimos a Él. Leemos Su Palabra y la creemos. Cuando llegan tiempos difíciles, confiamos en Dios y perseveramos. No te asombres si Él te lleva al límite, donde parece que ha fracasado, donde tienes la tentación de rendirte y abandonar. Ahí es donde la fe echa raíces profundas y crece rápidamente. Ahí es donde la fe se hace mucho más fuerte, cuando Él hace poderosamente lo que solo Dios puede hacer, y nosotros lo añadimos a nuestros «muros de memoria» de oración, que nos recuerdan que Él es fiel y que nunca más debemos dudar.

¿Quieres crecer en la fe? Entonces deja de hacer solo oraciones generales, solo oraciones del tipo «bendíceme» y «bendice a mi mamá» y «bendice a todos en el mundo entero». Haz oraciones específicas. Oraciones grandes. Escríbelas. Pon a prueba Su Palabra. Atrévete a ir donde solo iría un seguidor firme de un Dios fiel.

Y mientras vas —mientras tu fe actúa y espera—, toma nota y reconoce lo que Él hace.

Siempre que te diga por Su Palabra y Su Espíritu que hagas algo —sea lo que sea—, avanza con la luz que te ha dado, y Él iluminará la siguiente etapa de tu travesía. ¿Cómo lo sabemos? Porque lo hemos visto hacerlo. Una y otra vez. Año tras año. Eso no es lo que se supone que dice la fe. Es lo que la fe hace. Es lo que la fe sabe.

Puedes confiar en Él. Él está a punto de hacer crecer tu fe.

Padre, veo y escucho lo que has hecho. Creo. Ayuda a mi incredulidad. Conviérteme en una persona de gran fe. Muéstrame qué oraciones debo hacer y qué pasos debo dar. Ayúdame a confiar en ti cada día más. Te lo pido por fe en Jesús. Amén.

Para profundizar

Salmo 27:13 • 2 Corintios 1:8-11 • Filipenses 4:6-7

40

Una vida de sumisión

¿Hay alguna otra autoridad aparte de Jesús?

Jesús respondió: «Ninguna autoridad tendrías sobre Mí si no se te hubiera dado de arriba...» (Juan 19:11)

La gente tiene una tendencia natural a resistirse y rebelarse contra la autoridad. Viene de manera predeterminada en toda la humanidad. Niños, adolescentes y adultos, todos quieren ser libres para hacer lo que quieran, y la autoridad puede interponerse en ese camino. ¡Menos mal! Jesús fue contracultural en el sentido de que respetó sistemáticamente la autoridad cuando vivía en la tierra. Incluso ahora sigue respetando la autoridad del Padre. La Biblia revela que Dios establece y utiliza intencionalmente autoridades humanas para llevar a cabo Sus propósitos de formas que el mundo no comprende ni entiende.

Jesús comprendía plenamente el poder y la importancia de la autoridad. Se sometió a la autoridad de Sus padres (Luc. 2:51). Incluso reconoció la autoridad del César (Mar. 12:17). Honró la fe de un centurión romano que comprendió que Jesús tenía autoridad para sanar (Mat. 8:5-10). Lo más notable es que Jesús se sometió a la autoridad de Poncio Pilato, quien presidió el juicio que condujo a la ejecución de Cristo.

Pilato era un pagano incrédulo, y su decisión de azotar y crucificar a Jesús parecía muy injusta. Pero el plan de Dios no se vio frustrado por la pecaminosidad de Pilato. Dios estaba utilizando intencionalmente la autoridad de Pilato para lograr la justicia definitiva a través de Cristo.

En Su intercambio con este gobernador romano, Jesús proporcionó una visión de la autoridad que debería moldear la forma en que la vemos y respondemos a ella hoy. Recuerda la escena. Jesús, a pesar de ser el Hijo de Dios, dejó que lo arrastraran ante un tribunal humano con falsas acusaciones de blasfemia. ¿Por qué? Porque en el huerto de Getsemaní, ya había sometido Su voluntad a la autoridad de Su Padre. Y ahora, en una asombrosa demostración de templanza, se negó a defenderse cuando lo interrogaron.

Pilato se quedó perplejo. «¿No sabes que tengo autoridad para soltarte, y que tengo autoridad para crucificarte?» (Juan 19:10). Escucha atentamente la respuesta de Jesús: «Ninguna autoridad tendrías sobre Mí si no se te hubiera dado de arriba» (v. 11). Jesús sabía que toda autoridad procede en última instancia de una única fuente: Dios.

«Porque en Él fueron creadas todas las cosas, tanto en los cielos como en la tierra, visibles e invisibles; ya sean tronos o dominios o poderes o *autoridades*; todo ha sido creado por medio de Él y para Él» (Col. 1:16, cursiva añadida). Esto solo puede significar una cosa: *nuestra obediencia a las autoridades forma parte del plan de Dios para llevar a cabo Sus propósitos para nuestras vidas.*

Consideremos las autoridades humanas que Dios ha puesto en la tierra. Ninguna es perfecta. Pero ¿qué dice Su Palabra sobre cómo debemos relacionarnos con cada una de ellas?

El gobierno. «Sométase toda persona a las autoridades que gobiernan. Porque no hay autoridad sino de Dios, y las que existen, por Dios son constituidas. Por tanto, el que resiste a la autoridad, a lo ordenado por Dios se ha opuesto» (Rom. 13:1-2). ¿Por qué? «Pues es ministro de Dios» el que Él ha puesto sobre ti «para bien» (v. 4), para tu protección, para mantener el orden. Todas las autoridades humanas son pecadoras, quebrantadas, ignorantes e imperfectas. Pero Dios puede utilizarlas y lo hará.

La familia. «Las mujeres estén sometidas a sus propios maridos como al Señor» (Ef. 5:22), del mismo modo que los maridos se someten a la autoridad de Jesús para que los ayude a amar sacrificadamente a sus esposas «así como Cristo amó a la iglesia y se dio Él mismo por ella» (v. 25). También los hijos deben obedecer «a sus padres en todo, porque esto es agradable al Señor» (Col. 3:20). Hacemos todo esto por sumisión a Él.

Los empleadores. Los trabajadores deben sujetarse «a sus amos en todo, [y ser] complacientes, no contradiciendo, no defraudando, sino mostrando toda buena fe, para que adornen la doctrina de Dios nuestro Salvador en todo respecto» (Tito 2:9-10). «Todo lo que hagan, háganlo de corazón, como para el Señor y no para los hombres» (Col. 3:23). Todo «como para el Señor». No nos sometemos ni obedecemos a ninguna autoridad por *ellos*, sino por *Él*. No porque *ellos* sean dignos. ¡*Él* es digno!

La iglesia. A los líderes que Él te ha dado para que te hablen «la palabra de Dios» (Heb. 13:7) se te ordena obedecerles y sujetarte a ellos, «porque ellos velan por sus almas» (v. 17). Es fácil que la iglesia se convierta en un accesorio opcional en nuestras vidas, como si solo estuviera ahí para servirnos y atendernos. No, Cristo es la cabeza de la Iglesia, y espera que honremos a nuestros líderes espirituales como una forma de honrarlo a Él.

Evidentemente, no podemos someternos a una autoridad que nos está instruyendo para pecar o deshonrar a Dios. Existen fundamentos bíblicos sólidos para la desobediencia respetuosa y civil cuando los líderes exigen al pueblo de Dios que peque (Ex. 1:17; Dan. 3:18; 6:10; Hech. 5:29). Tenemos el derecho, incluso el deber, de desobedecer a un líder que no esté a la altura de su cargo o que intente obligarnos a abandonar nuestra principal lealtad a Dios. Daniel, Ester y Nehemías dieron ejemplo de ello. No podemos deshonrar la autoridad superior de Dios para obedecer una autoridad inferior. En esas situaciones, «debemos obedecer a Dios en vez de obedecer a los hombres» (Hech. 5:29).

Sin embargo, cuando nuestras autoridades *no* nos piden que pequemos, nuestra labor como discípulos de Cristo es seguir el ejemplo de Jesús y someternos respetuosamente a ellas como al Señor. La Biblia nos exhorta —«ante todo»— a orar por ellas, para que «se hagan plegarias, oraciones, peticiones y acciones de gracias por todos los hombres, por los reyes y por todos los que están en autoridad» (1 Tim. 2:1-2). Incluso por los que no nos gustan o no hemos votado. Es nuestra tarea seguir orando por ellos y pedir al Señor que los guíe como nuestros líderes. Los paganos no los respetarán ni orarán por ellos, pero los creyentes son la luz del mundo. Nuestro inesperado respeto es un poderoso testimonio y un ejemplo increíble para los perdidos. Es algo «bueno y agradable delante de Dios nuestro Salvador» (v. 3).

Toda esta enseñanza sobre la autoridad es sólida y verdadera. Pero en la prensa y la rutina de la vida cotidiana, la labor práctica de respetar y someterse a los líderes puede ser muy difícil de llevar a cabo. Jesús lo entiende. Su cruz es la prueba de que Él sabe lo que significa —más de lo que nosotros podamos saber jamás— vivir sometidos a una autoridad cuyos planes van en contra de lo que nuestra carne quiere y desea.

Hoy, por supuesto, en la gloria resucitada, está sentado en el poder celestial «muy por encima de todo principado, autoridad, poder, dominio y de todo nombre que se nombra» (Ef. 1:21). Su Padre «todo lo sometió bajo Sus pies, y a Él lo dio por cabeza sobre todas las cosas a la iglesia» (v. 22). Pero, según las Escrituras, se acerca un día increíble, justo antes de que pasemos a la eternidad en Su presencia, «cuando Él entregue el reino al Dios y Padre» (1 Cor. 15:24), cuando Aquel que hoy gobierna sobre toda autoridad se vuelva y se someta Él mismo a la autoridad.

Ten presente esa imagen mientras intentas vivir como Su devoto discípulo. Jesús nunca te exige nada que no haya hecho o no esté haciendo Él mismo. Muéstrales a tu familia, a tus amigos, a tus vecinos y a tus compañeros de trabajo, cómo vive y sirve humildemente una persona rendida a Cristo bajo las autoridades de turno. Muéstrales la diferencia que marca Su autoridad en tu vida.

Padre, reconozco que toda autoridad viene de ti. Te pido que me utilices como ejemplo respetuoso y solidario de Jesús en la forma en que me someto en oración a las autoridades bíblicas, gubernamentales, familiares y laborales que has puesto sobre mi vida. Lo hago en obediencia a tu Palabra y a tu voluntad como demostración de mi sumisión a ti. Utiliza a quienes tienen autoridad sobre mí para que me guíen, me protejan, me animen y me ayuden para que pueda hacer tu voluntad más plenamente. En el nombre de Jesús. Amén.

Para profundizar

Daniel 1:8-16 • Romanos 13:1-7 • Tito 3:1

41

Una vida de gracia

¿Qué debería inspirarme a hacer Su gracia?

Porque la ley fue dada por medio de Moisés; la gracia y la verdad fueron hechas realidad por medio de Jesucristo
(Juan 1:17)

Es fácil pensar en la gracia solo en términos de salvación. Y cuando lo hacemos, ¡qué mayor expresión de gracia podemos contemplar! Nuestros pecados merecen la ira de Dios. Nuestro rechazo hacia Él provoca Su rechazo hacia nosotros. La justa recompensa por toda nuestra rebelión egoísta contra Él sería una vida separada de Él y de Su bendita presencia para siempre.

Pero… la gracia. Por Su gracia somos salvos.

La gracia es favor inmerecido. Bondad inmerecida. Generosidad inmerecida que fluye de un corazón alegre y generoso. La gracia se ve en la sonrisa de un Padre amoroso que se deleita en Su amado hijo o hija. La gracia significa que nuestra salvación «no procede de ustedes, sino que es don de Dios; no por obras, para que nadie se gloríe» (Ef. 2:8-9). Y puesto que una fe creyente en Cristo es nuestra única contribución a «esta gracia en la cual estamos», de lo único que podemos gloriarnos es de la gloria del Dios que nos ha concedido Su asombrosa gracia en primer lugar (Rom. 5:2).

La respuesta adecuada a recibir gracia es sencillamente la *gratitud.* «¡Gracias a Dios por Su don inefable!» (2 Cor. 9:15; Luc. 17:15). En realidad, la gratitud tiene sus raíces en la palabra *gracia.* El agradecimiento es el fruto de la gracia que se devuelve después de que alguien recibe adecuadamente la gracia.

Al don de la gracia salvadora de Dios, tan increíblemente inmerecido, hay que recibirlo con humildad. Se recibe y se disfruta. Se recibe y se comparte. El dador alegre ha alegrado al receptor. Del mismo modo que nunca querríamos que alguien se resistiera a un regalo que hubiéramos comprado y le hubiéramos dado, ni siquiera que intentara pagarnos por él, Dios nos da la gracia de Su propio corazón amoroso porque quiere que la tengamos, la recibamos y la disfrutemos. Porque Él es el Señor, «Dios compasivo y clemente» (Ex. 34:6).

Pero la gracia no es un regalo que se hace una vez en la vida. Como creyentes, existimos y vivimos cada día por la gracia de Dios. Se nos invita en todo momento a acercarnos «con confianza al trono de la gracia para que recibamos misericordia, y hallemos gracia para la ayuda oportuna» (Heb. 4:16). En cualquier lugar en el que seamos débiles y nos sintamos inseguros de nosotros mismos, la gracia de Dios nos «basta» (2 Cor. 12:9). «Porque sol y escudo es el Señor Dios; gracia y gloria da el Señor; nada bueno niega a los que andan en integridad» (Sal. 84:11). ¡Agradécele por Su gracia! Todo lo que nos ha dado es «para alabanza de la gloria de Su gracia» (Ef. 1:6).

Si no fuera por la gracia de Dios, seguiríamos bajo la ley. ¿Cuál es la diferencia entre ambas? Es la diferencia entre ganar un salario y recibir un regalo. «La paga del pecado es muerte», dice la Biblia (esa es la ley), «pero la dádiva de Dios es vida eterna en Cristo Jesús Señor nuestro» (Rom. 6:23). Eso es la gracia.

Su muerte en la cruz demostró ambas cosas. Primero derramó Su sangre como sacrificio sin mancha, habiendo cumplido las normas perfectas de la ley. Su muerte pagó lo que nos correspondía. Satisfizo la justa exigencia de justicia de la ley. El pecado debe pagarse. Jesús lo pagó todo, utilizando la moneda más alta de la tierra, Su propia sangre.

Pero luego… la gracia. Su muerte también es para nosotros. La gracia de la cruz. Dios, en Su amorosa bondad, aplica la justicia perfectamente pagada de Cristo a cualquiera que lo reciba como Señor y Salvador. Nuestra obligación para con la ley ha sido satisfecha en Jesús, haciéndonos plenamente aceptados por nuestro Padre celestial, como si hubiéramos estado siguiendo Su ley sin falta todo el tiempo. Somos salvos por los méritos de Cristo y ahora podemos vivir de ellos, no de los nuestros. Somos libres para funcionar por Su gracia, sin cargar con la culpa ni la vergüenza. En Él, «la gracia y la verdad» están perfectamente unidas (Juan 1:17; Sal. 85:10). No tenemos nada que temer porque se nos ha dado Su justicia y somos puros e irreprochables a los ojos del cielo.

¿Puedes creerlo? Lo *has* creído. ¡Recíbelo con agradecimiento!

Así que no hay nada que nos impida ser retratos de la gracia cada día en todas nuestras interacciones con los demás. Estamos llamados a extender a los demás la misma gracia generosa que se nos ha dado. Como dijo Jesús: «De gracia recibieron, den de gracia» (Mat. 10:8). Dios ha hecho que «toda gracia abunde para ustedes, a fin de que teniendo siempre todo lo suficiente en todas las cosas, abunden para toda buena obra [...] enriquecidos en todo para toda liberalidad» (2 Cor. 9:8, 11).

Por eso Jesús podía enseñar conceptos tan radicales como poner la otra mejilla y caminar la segunda milla. Si alguien quiere «quitarte la túnica, déjale también la capa» (Mat. 5:40). «Al que te pida, dale; y al que desee pedirte prestado, no le vuelvas la espalda» (v. 42). Porque si nos hemos liberado de la ley, si ahora vivimos por gracia, ¿por qué seguir exigiéndoles a los demás las rígidas demandas de la ley? ¡Sé generoso!

Sé como Jesús. Habla «palabras llenas de gracia» (Luc. 4:22). «Amen a sus enemigos y oren por los que los persiguen» (Mat. 5:44). Muestra compasión inmerecida. Sé ejemplo de paciencia. Comparte con extravagante liberalidad. Muéstrate dispuesto a perdonar y seguir perdonando «setenta veces siete» si es necesario (Mat. 18:22). La gracia no lleva la cuenta ni exige justicia. Eso lo hace la ley. Acaba con la práctica de exigir a las personas que se ganen cualquier cosa buena que hagas por ellas. Muéstrales la misma misericordia que tu Padre celestial te ha mostrado a ti. No puedes dar más que Dios.

«También los pecadores aman a los que los aman», dijo Jesús (Luc. 6:32). No reconocen la gracia de Dios que ya se les ha concedido, ni siquiera Su gracia sustentadora que les da aire en los pulmones y un sol brillante en lo alto. Así que no tienen motivos para dar gracia a los demás. Pero Jesús nos invita al río con Él, donde nadamos en Su gracia inmerecida cada día. Aquí descansamos y recibimos, experimentamos la victoria sobre nuestros pecados y disfrutamos de una relación permanente con el Rey vivo de la gloria. Aquí nuestras oraciones no son meras palabras, perdidas en un vacío cósmico, sino que son escuchadas de buen grado por nuestro Padre celestial y entretejidas en Su plan para nosotros. Aquí el Señor nos bendice y nos protege, hace que Su rostro brille sobre nosotros, nos mira con favor y nos da paz por Su amor misericordioso hacia nosotros (Núm. 6:24-26).

Y aquí la misma gracia que fluye de Su trono fluye a través de nuestras vidas hacia las vidas de los demás. La gracia que sigue dando nos mantiene dando. La gracia que salva nuestras almas pone un brillo en nuestros ojos y un destello notable en nuestro semblante. ¿Merecen las personas que las tratemos con tanta gracia? Por supuesto que no. Pero tampoco nosotros. ¡Por eso se llama gracia!

Padre, ¡te agradezco por tu gracia! ¡Te alabo por ser tan misericordioso! Ayúdame a vivir con la humilde conciencia de que no he hecho nada para ganarme lo que hiciste por mí. Todo se debe a tu gracia. Haz brillar tu gracia a través de mí. Hazla tan visible en mi rostro que los demás sepan que he sido cambiado por un Dios amoroso y bondadoso. En los próximos días, dame la oportunidad de poner en práctica tu gracia, de bendecir inesperadamente a los demás sin costo alguno en nombre de Cristo. Amén.

Para profundizar

Mateo 5:38-45 • Romanos 5:12-21 • Efesios 4:29

42

Una vida de perdón

¿Por qué debo perdonar las ofensas de los demás?

Y perdónanos nuestras deudas, como también nosotros hemos perdonado a nuestros deudores (Mateo 6:12)

La oración modelo que Jesús nos dio es una oración diaria. Nos enseña a adorar diariamente, a someternos a Dios diariamente y a buscar Su provisión y Su protección diariamente. «Danos hoy el pan nuestro de cada día» (Mat. 6:11). Eso es lo que queremos. Permanecer siempre en Él, recibiendo de Él lo que necesitamos. ¡Cada día!

Pero considera esto. Su oración también revela otra expectativa cotidiana: perdonar diariamente a todo el que peque contra nosotros. «Perdónanos nuestras deudas, como también nosotros hemos perdonado a nuestros deudores» (Mat. 6:12). Estar bien con Dios incluye estar bien en cómo respondemos a los demás. Puesto que el Señor nos ha concedido el perdón completo y el cielo por Su gracia, todos los que nos agravian deben recibir ahora también nuestra gracia y nuestro perdón.

Jesús nos pide que dejemos de llevar la cuenta o de funcionar según la ley. Que dejemos de aferrarnos a deudas emocionales. Que dejemos de exigir a los demás que paguen de alguna manera por lo que han hecho. Ahora, vivimos por gracia. También extendemos Su gracia a los demás, sean quienes sean.

La Biblia es clara: en la vida, nos ofenderán. «Es inevitable que vengan tropiezos» (Luc. 17:1). Pero cada vez que no superamos nuestras heridas y nuestra ira, negándonos a perdonar, también estamos pecando. Creando más ofensas. Actuando con orgullo y arrogancia. Peor aún, nos arrogamos derechos que no poseemos al exaltarnos a nosotros mismos sobre el tribunal.

Aquí es donde el corazón de un discípulo devoto cambia de marcha. Estamos dispuestos a morir a nosotros mismos. Recordamos quiénes somos en Cristo. Nos remitimos al ejemplo del Señor al que seguimos.

Perdonamos como Jesús. ¿Y cómo lo hizo? En la cruz. Al morir a sí mismo. Al perdonar a todos.

Piénsalo. Para que cualquiera de nosotros pueda pasar una eternidad en la santa presencia de Dios en el cielo, necesitamos que se nos perdone el 100 % de nuestros pecados: ni siquiera una infracción sin resolver. Gracias a Dios, la cruz de Jesús es completa. El Padre nos ha proporcionado el perdón total a costa de la muerte amorosa de Cristo. ¡Alabado sea Dios por Su gracia! Dependemos totalmente de ella. Gracia inmerecida.

Así que ahora nos toca a nosotros, como Sus discípulos. Ser como Jesús. Esto es una prueba.

Si nos negamos a extender esta misma gracia a los demás, les estamos imponiendo una norma que Dios no nos ha impuesto a nosotros. Porque si Él lo hubiera hecho, sería una carga eterna a la que no podríamos sobrevivir.

Estamos exigiendo que otra persona sea juzgada por el peso de la ley de Dios, mientras, al mismo tiempo, esperamos la gracia de Dios para nosotros. Justicia para ellos. Misericordia para nosotros.

No estamos diciendo que no debas afligirte y sentir emociones fuertes cuando otros pecan contra ti. Los pecadores pecan, y está mal, y duele. No estamos diciendo que no debas confrontar a la persona con amor y humildad y ayudarla a arrepentirse (Mat. 18:15-16; Luc. 17:3). Pero, independientemente de lo que haga, debes entregarlo todo al Señor, el Juez justo, y soltar la ira de tu corazón. Deja que Él se encargue a partir de ahí (Rom. 12:17-19).

Cualquier otro enfoque solo invita a cometer más pecados y a entristecer al Espíritu Santo (Ef. 4:30-32). No perdonar no es una opción. Además, no perdonar es muy malo para ti. Irte a la cama enfadado se convierte en amargura dentro de tu corazón, que es un problema de «raíz» que causa otros innumerables problemas (Heb. 12:15).

Físicamente. La amargura es tóxica para el organismo. Afecta tu sueño, te tensa el cuello, endurece tus expresiones faciales y disminuye tu resistencia a las enfermedades. Los rencores y resentimientos airados que albergas en tu interior no desaparecen. Se enconan y envenenan desde adentro. Te drenan emocionalmente.

Socialmente. Observa a las personas amargadas, y verás que constantemente usurpan conversaciones, redirigiendo cualquier tema hacia una oportunidad para expresar todo el dolor que han sufrido y el daño que aún sienten. Siempre son la víctima. En lugar de contener el daño, difunden calumnias y acusaciones, haciendo que los demás piensen mal del pecador sobre el que informan. Lo devalúan en más corazones. Y posiblemente hacen que los oyentes tomen nota para evitar a este calumniador que está claramente amargado y esparce veneno tan libremente.

Espiritualmente. Aquí es donde el efecto de la amargura es más grave. Obstaculiza nuestra comunión con Dios, haciendo que nos sintamos distantes de Él. El Espíritu se entristece. Se hace más difícil permanecer en Él. Nuestra adoración y nuestra oración se secan. Nuestra alegría se desvanece. No hay paz. Nuestro amor a Dios y a los demás se convierte en una tarea legalista en lugar de una bendición continua de corazones llenos de gracia.

La amargura también le da a Satanás la «oportunidad» de ganar terreno en tu mente y en tu corazón (Ef. 4:26-27). Es un acusador, ¿recuerdas? Te incitará a albergar sentimientos fríos y odiosos hacia la persona que te hizo daño. Fomentará una actitud de autocompasión por la terrible injusticia de todo. Plantará dudas confusas que cuestionen la bondad de Dios. Y debes saber esto: cuando Satanás está implicado, no será solo un pensamiento pasajero, sino un bucle continuo y oscuro que sigue zumbando repetidamente. Te distrae de día y te mantiene despierto por la noche.

Escucha la épica respuesta de Jesús a todo esto: «Y cuando estén orando, perdonen si tienen algo contra alguien, para que también su Padre que está en los cielos les perdone a ustedes sus transgresiones» (Mar. 11:25). Sácalo todo. ¡Ahora mismo! ¡Hoy! Nunca dejes que el estado de tu corazón dependa de lo que hagan o hayan hecho los demás.

Sabemos que puede parecer casi incorrecto perdonar, como si fuera injusto dejar pasar algo que va tan obviamente en contra de la voluntad de Dios y de Su Palabra. Y *sería* injusto si nosotros fuéramos Dios. Como hemos dicho, la única razón por la que está justificado que nos perdone es porque Su Hijo vivió y murió como un sacrificio perfecto. Pero como Él lo hizo —porque estamos completamente perdonados—, nosotros mismos no estamos en posición de ser implacables. Dios es juez. Él se encargará.

Ya es hora de saldar la deuda y soltar.

¿Tienes que perdonar a alguien? ¿Algo contra alguien de tu pasado? ¿Algún sufrimiento que te haya perseguido y aún te deprima? ¿Alguna herida oscura y profunda que has intentado fingir que ha desaparecido? La sanidad no empieza hasta que se produce el perdón. Es hora de llevar todo a la cruz, depositarlo ante los pies manchados de sangre de Jesús, y dejar allí todo el dolor y la herida para que Él se encargue de ellos a partir de hoy.

Extiende plenamente la gracia que Dios te ha concedido. Sí, es inmerecida. Pero nadie merece la gracia. Incluido tú. Solo se da. Te desafiamos a que hagas la siguiente oración y avances hoy hacia la victoria total. Por favor, ¡que hoy sea el día!

Padre nuestro que estás en los cielos, santo es tu nombre. Que venga tu reino; que se haga tu voluntad en mi vida de hoy. Por favor, perdóname todos mis pecados, concretamente los pecados de ira, juicio, falta de perdón y resentimiento. Gracias por la cruz y por tu perdón. Gracias a eso, elijo ahora extender tu gracia y perdonar plenamente a todas y cada una de las personas que han pecado contra mí en el pasado, especialmente a ____________________ (nómbralas). Ahora las entrego totalmente a ti y suelto por completo mi ira y mi dolor contra ellos. Ya no me deben nada. Te ruego que limpies toda amargura e ira de mi vida. Recupera cualquier terreno que haya cedido a

Satanás y lléname con tu Espíritu Santo. Ayúdame a caminar diariamente en tu gracia y perdón. Ayúdame a ser lento para ofenderme y rápido para perdonar. Ama a mis enemigos a través de mí, te lo ruego, en el nombre de Jesús. Amén.

Para profundizar

Mateo 18:21-35 • Hebreos 12:14-15 • 1 Pedro 2:19-25

43

UNA VIDA DE AMOR

¿CÓMO CAMINA UN DISCÍPULO EN AMOR?

«En esto conocerán todos que son Mis discípulos, si se tienen amor los unos a los otros» (Juan 13:35)

Dios es amor. Y todo lo que Él hace fluye de todo lo que Él es. Cuando nos damos cuenta de que Jesús está motivado por el amor, cambia la forma en que vemos Sus decisiones, recibimos Sus palabras y nos sometemos a Sus mandatos.

Él está a nuestro *favor*, no en nuestra contra.

El amor que Jesús modeló a lo largo de Su ministerio no era el amor voluble y basado en el rendimiento del mundo, un amor que lleva la cuenta y que hay que ganarse. Muchos niños crecen en hogares donde solo reciben atención o afecto cuando se portan bien o tienen un buen desempeño. De adultos, tienden a suponer que el amor de Dios es igual, que hay que ganárselo con buenas acciones, saltando por el distintos aros religiosos. Entonces, cuando hacen algo mal, sienten naturalmente que no pueden recibir el amor y el perdón de Dios porque no lo merecen.

Pero el amor de Dios no se vende y nunca se gana. Se da gratuitamente. Él nos ama cuando caminamos en la justicia, y nos ama cuando tropezamos en el pecado, para *sacarnos* de nuestros pecados y alejarnos de las cosas que nos destruyen. «Pero Dios demuestra su amor para con nosotros, en que siendo aún pecadores, Cristo murió por nosotros» (Rom. 5:8), incluso cuando éramos Sus enemigos, lo rechazábamos y nos rebelábamos contra Él. Y nosotros podemos hacer lo mismo por los demás.

¿Cómo? Recordando cómo es el amor de Dios.

El amor de Dios «todo lo sufre, todo lo cree, todo lo espera, todo lo soporta» (1 Cor. 13:7). Nunca se rinde ni fracasa. Las circunstancias difíciles no detienen este tipo de amor. Lo revelan. La Biblia describe el amor perfecto de Dios como «paciente» y «bondadoso» (v. 4).

La *paciencia* es amor a la defensiva. Puede soportar y vencer el mal. Paciencia significa ser «lento para la ira» (Sal. 103:8). Alguien sufrido. No se irrita fácilmente. Es difícil de ofender y rápido para perdonar. La paciencia le da a la gente espacio para respirar. Permiso para ser humano. Más tiempo para crecer.

La *amabilidad* es amor a la ofensiva. Nos ayuda a iniciar y maximizar las cosas buenas. La bondad es el amor que satisface las necesidades y bendice a los demás sin que nadie se lo pida ni la obligue. Es amable, compasiva y no requiere una recompensa ni exige reconocimiento.

Este es el amor que Dios llama a cada uno de nosotros a vivir en nuestras relaciones. Jesús les dijo a Sus discípulos: «Un mandamiento nuevo les doy: "que se amen los unos a los otros"; que como Yo los he amado, así también se amen los unos a los otros» (Juan 13:34). Cuanto más nos parezcamos a Cristo, más amorosos, fieles y esperanzados seremos con los demás. Cuanto más caminemos con Él, permanezcamos en Él y obedezcamos Sus mandamientos, más crecerá nuestra capacidad de amar (1 Jn. 5:2; 3:23-24).

El amor de Dios no se basa en el que es amado, sino en el que elige amar. No nos ama porque seamos tan dignos de amor, sino porque Él es tan amoroso. Es Su naturaleza. Así como el agua es mojada y el fuego es caliente, Dios es amor. Cuando entendemos y recibimos humildemente el amor de Dios por nosotros y lo que Jesús soportó voluntariamente por nosotros, Él llena nuestros depósitos y satisface nuestras almas para que podamos amar a los demás como Él nos ama. El apóstol Pablo oró para que se abrieran los ojos de los creyentes y pudieran darse cuenta de la inmensa grandeza del amor de Dios por ellos (Ef. 3:14-19). Alimentados por Su amor, podemos entonces amar a cualquiera y a todos, ya sean amigos, vecinos, familiares o enemigos.

El Espíritu de Dios es la fuente del amor de Dios en nosotros y a través de nosotros. Amar de verdad a los demás es imposible sin la ayuda de Dios (1 Jn. 4:7-9). No podemos fabricar un amor perfecto a partir de nuestros propios corazones pecadores. Pero, cuando somos salvos, nos convertimos en hijos amados de Dios. «Amados» es nuestra nueva identidad. Entonces Dios pone Su Espíritu en nosotros, y Su amor es el primer fruto de Su Espíritu (Gál. 5:22). Él derrama libremente Su amor en nuestros corazones (Rom. 5:5). Esto nos capacita para amar a los demás con el amor desinteresado de Dios, para ser «imitadores de Dios como hijos amados», y para poder andar «en amor, así como también Cristo [nos] amó y se dio a sí mismo por nosotros» (Ef. 5:1-2).

El amor de Dios nos lleva a buscar lo mejor para los demás en todos los ámbitos de sus vidas. Considera esta oración: «Amado, ruego que seas prosperado en todo así como prospera tu alma, y que tengas buena salud» (3 Jn. 2). Este versículo revela el hermoso corazón y la esperanza del amor. El amor de Dios se preocupa de forma integral por los demás: por su salud, su matrimonio, su familia, su fe, sus finanzas, su futuro. Nos hace desear que experimenten lo mejor de Dios en todos los ámbitos, empezando por la salvación, la cual conduce a la vida abundante que Jesús vino a darles (Juan 10:10). El amor no se limita a sentir emociones. Nos impulsa a ocuparnos, implicarnos y ensuciarnos las manos. Nunca apoyando a alguien en su pecado, sino deseando de verdad que esté en paz con Dios. Puede que ayudemos a alguien a salir de una zanja literal, pero nuestro verdadero objetivo es ayudarlo a experimentar plenamente el evangelio, la Palabra de Dios, el amor de Cristo y un auténtico caminar con Jesús: lo mejor para su vida. En última instancia, ¡el cielo!

El amor de Dios simplifica la vida y resuelve los problemas. ¿Cómo puedes tener un matrimonio y una familia mejores? ¿Mejores amistades? ¿Mejores relaciones laborales? *Concéntrate en amar a las personas.* ¿Cómo puedes vivir con menos remordimientos? ¿Aprovechar mejor tu tiempo? *Concéntrate en amar a las personas.* Una de las mejores formas de aportar claridad a las disputas y resolver desacuerdos complicados es preguntarse simplemente: «¿Qué haría el amor en esta situación?».

A medida que el Espíritu de Dios te dé un amor creciente por los demás, verás cada vez más a las personas con un valor incalculable, sabiendo que Dios las creó a Su imagen y que Jesús murió por ellas en la cruz. Dejarás de centrarte en sus pecados para hacerlo compasivamente en sus necesidades. Así es como Jesús veía a las multitudes indefensas que se acercaban a Él y a los soldados desalmados que lo crucificaron (Mat. 14:14; Luc. 23:34).

Así que considera el *amor* como el nuevo centro de tu fe. Seguir a Jesús no es cuestión de religión. Se trata de una auténtica relación de amor con Dios y con los demás. Cuando caminas en el amor de Dios, haces naturalmente lo que Él dice (Mat. 22:36-40). Evitas el pecado simplemente concentrándote en amar a Dios y a los demás cada día. El pecado es lo contrario del amor. Aflige y apaga la obra del Espíritu en ti (Ef. 4:30-32). Pero Su amor fluye libremente a través de ti cuando sigues permaneciendo en Él, arrepintiéndote de cualquier falta de perdón o pecado oculto en tu vida, y caminando en obediencia a Jesús.

Todo discípulo de Jesucristo debe ser un canal que fluya del amor de Dios. Él nos ha llamado a esto. Es el pináculo de la madurez espiritual (2 Ped. 1:5-8). Dios nos ha invitado a permanecer y caminar en Su amor: un amor desinteresado, incondicional e imparable. ¡Qué privilegio! «Que el Señor los haga crecer y abundar en amor unos para con otros, y para con todos, como también nosotros lo hacemos para con ustedes» (1 Tes. 3:12).

Padre celestial, te ruego que abras nuestros ojos a tu gran amor por nosotros. Limpia nuestros corazones de todo lo que obstaculiza tu amor. Sácianos con el amor de Jesús y haznos canales de amor por el poder de tu Espíritu. ¡Ama a los demás a través de nosotros, Señor! ¡Que caminemos en la plenitud de tu amor por nosotros, y que los demás sean ricamente bendecidos por nuestro amor hacia ellos! En el nombre de Jesús. Amén.

Para profundizar

Romanos 13:8-10 • 1 Corintios 13 • Colosenses 3:12-14

44

UNA VIDA DE ADORACIÓN

¿CÓMO ES UNA VIDA DE ADORACIÓN EN LA PRÁCTICA?

Pero la hora viene, y ahora es, cuando los verdaderos adoradores adorarán al Padre en espíritu y en verdad; porque ciertamente a los tales el Padre busca que lo adoren (Juan 4:23)

La gente adora. Todo el día, todos los días. Puede que no se den cuenta, pero toda su vida, sus palabras, su pensamiento y su servicio orbitan en torno a lo que más priorizan.

¿Qué estamos adorando *nosotros*? Dedicarse al Señor es lo que hacen los verdaderos seguidores de Jesús. Él se convierte en el número uno de nuestros corazones y vidas.

Esto concuerda con la perspectiva de Dios. La Biblia dice que Jesús es «antes de todas las cosas, y en Él todas las cosas permanecen. Él es también la cabeza del cuerpo que es la iglesia. Él es el principio, el primogénito de entre los muertos, a fin de que Él tenga en todo la primacía» (Col. 1:17-18).

En todo la primacía. No solo en las cosas dominicales. En todas las cosas. Todo en nuestras vidas está destinado a orbitar en torno a Él, en torno a Aquel a quien nuestros corazones más necesitan y aman. «En Él vivimos, nos movemos y existimos» (Hech. 17:28).

Así que nunca limites la adoración al servicio religioso del domingo por la mañana. Esa es una pequeña parte de tu adoración. Adorar junto con otros creyentes en la iglesia es muy importante, pero la adoración individual puede tener lugar durante todo el día, dondequiera que vayas. En tu corazón, con tus palabras. Con tus oraciones. Con tu actitud. Con tu trabajo. Con todo tu ser.

«Desde el nacimiento del sol hasta su ocaso, alabado sea el nombre del Señor» (Sal. 113:3). Y el turno de noche toma el relevo: «Bendigan al Señor todos los siervos del Señor, los que sirven por la noche en la casa del Señor. Alcen sus manos al santuario y bendigan al Señor» (Sal. 134:1-2).

¿Te parece extremo este nivel de adoración? Esperemos que sí. Porque lo es.

Es el tipo de amor y adoración incondicionales que María, la hermana de Lázaro, derramó una vez sobre Jesús en Su presencia (Mar. 14:3-9; Juan 12:1-8). Faltaba menos de una semana para que fuera torturado y crucificado. Lo habían invitado a una cena en la que, de repente, la fragancia de un fino perfume llenó el aire, impregnando toda la casa. María vertió voluntariamente un frasco entero de aceite de nardo, muy caro, sobre los pies de Jesús. La gente se escandalizó. «¿Por qué no se vendió este perfume por 300 denarios y se dio a los pobres?» (Juan 12:5). *Qué despilfarro de recursos preciosos*, pensaron. ¿No hemos pensado a veces lo mismo, considerando que nuestro tiempo y nuestro dinero son demasiado valiosos para «malgastarlos» en adoración, que nuestra agenda está demasiado apretada para hacer sitio en ella para adorar? Sin embargo, Jesús los reprendió. No lo amaban como ella. «Déjenla; ¿por qué la molestan? Buena obra ha hecho para Mí» (Mar. 14:6).

Hermosa adoración. ¿No es así como quieres que sea tu adoración? ¿La que llama la atención de Dios? ¿La que Él recibe encantado? No como el pueblo de la época de Malaquías, que rendía a Dios su adoración de segunda clase. «"¿Aceptaré eso de su mano?", dice el Señor» (Mal. 1:13). ¿Tus sobras? ¿La menor cantidad de adoración que puedas traer? ¿Lo mínimo para no sentirte culpable?

Mira a tu alrededor durante un servicio religioso y pregúntate si la gente está derramando mucho su corazón en la adoración o está actuando como si fuera una pérdida de su precioso tiempo. ¿Parecen malhumorados o agradecidos? ¿Afectuosos o encallecidos? ¿Motivados o mentalmente dormidos? ¿Ofrecen su adoración con generosidad o a regañadientes?

Sin embargo, guárdate la mirada más larga para ti. ¿Qué tipo de adoración ve el Señor que fluye de *tu* vida? ¿Es hermosa o algo aburrida? ¿Te emocionas más con los deportes o con las cosas espirituales? ¿Con música de adoración o música secular? ¿Sirviendo a Dios o sirviéndote a ti mismo? Oh, Señor, ¡por favor, perdónanos!

¿Acaso no merece todo de nosotros? ¿Toda nuestra adoración? «Digno eres, Señor y Dios nuestro, de recibir la gloria y el honor y el poder, porque Tú creaste todas las cosas, y por

Tu voluntad existen y fueron creadas» (Apoc. 4:11). Repasa despacio este versículo. Él es *digno*. Y Él es el *Señor*, nuestra autoridad suprema. Digno de recibir *gloria*, de ser reconocido por lo que verdaderamente es. De recibir *honor*, nuestro más valioso sacrificio de alabanza. Y de recibir *poder*, nuestro continuo asombro y admiración. Él es mejor que todo. Más grande que todos.

Dar esta abundancia de adoración a cualquier persona o cosa es quebrantar el primer mandamiento, en el que Dios dijo a Su pueblo: «No tendrás otros dioses delante de Mí» (Ex. 20:3). Hoy somos Su pueblo, salvado para «alabanza de la gloria de Su gracia» (Ef. 1:6). Y respondemos a Su gracia obedeciendo de todo corazón lo que Jesús llamó «el grande y primer mandamiento»: «Amarás al Señor tu Dios con todo tu corazón, y con toda tu alma, y con toda tu mente» (Mat. 22:37-38).

Adorarlo. Eso es lo primero y lo más importante.

Si alguien grabara nuestras conversaciones, registrara nuestros gastos, controlara nuestro tiempo y calendario, y catalogara nuestras opciones de ocio, los datos en bruto dirían mucho. Contarían la verdadera historia de lo que realmente más amamos y por lo que más vivimos. Adónde va realmente nuestra *adoración* diaria. Nos diría con qué nos emocionamos más, por qué nos sacrificamos más. Lo que priorizamos por encima de otras cosas. Nos mostraría si nuestro corazón ama al Señor o a un ídolo.

«Porque está escrito: "Vivo Yo, dice el Señor, que ante Mí se doblará toda rodilla, y toda lengua alabará a Dios"» (Rom. 14:11). Como seres humanos, se nos ha dado la forma de inteligencia más elevada de la tierra. Se nos ha dado la mayor capacidad para utilizar el lenguaje, la música, el servicio y todos nuestros recursos para algo importante. ¿Hay algo más digno de todo ello que nuestro Dios? Sobre todo, se nos ha dado el mayor motivo de alabanza: el don de que Jesús viniera y muriera por nosotros y luego resucitara de entre los muertos para gloria de Dios Padre.

Así que la próxima vez que veas una puesta de sol espectacular, eleva tu corazón en alabanza a Dios. La próxima vez que te asombre un descubrimiento científico o un pensamiento fascinante sobre el increíble diseño de la creación, convierte tu asombro en un momento de adoración. Alábalo con «gozo inefable y lleno de gloria» (1 Ped. 1:8).

Y la próxima vez que ores —que esperamos que sea inmediatamente después de que termines de leer este capítulo— llena tu oración de sincera alabanza por lo que Él es. Llénala de gratitud desbordante por lo que ha hecho por ti, incluso hoy. «Alaben a Dios en Su santuario», pero también «alábenlo en Su majestuoso firmamento» (Sal. 150:1), dondequiera que estés, en cualquier momento del día. «Alaben a Dios por Sus hechos poderosos; alábenlo según la excelencia de Su grandeza» (v. 2).

Si no estás seguro de si es un buen momento para adorar, ya sea en silencio o en voz alta, en público o en privado, con las manos o con los labios, con tu tiempo o con tus recursos, la respuesta es siempre un sí desbordante. Sí a todo lo anterior.

Y si no estás seguro de si eres ese tipo de persona o no, comprueba si respiras y si tu corazón late. «Todo lo que respira alabe al Señor» (v. 6).

Es hora de adorar. Siempre es hora de adorar.

Padre, te adoro. Eres digno de toda mi alabanza. Elevo tu nombre por encima de todos los demás. Te reconozco como más maravilloso, más asombroso, más amoroso, más puro y santo de lo que puedo imaginar. Gracias por salvarme. Gracias por perdonar mi pecado. Gracias por convertirme en una persona nueva y prometerme una eternidad contigo. Te amo. Te alabo. En el nombre de Jesús. Amén.

Para profundizar

Salmo 119:164 • Mateo 11:25-26 • Hebreos 13:15

45

Una vida de generosidad

¿Cuánto espera Dios que dé?

... *de gracia recibieron, den de gracia* (Mateo 10:8)

La vida cristiana no consiste en ser la *fuente* de cosas buenas, sino un *canal* de cosas buenas.

Jesús modeló esta dinámica. Se humilló con gracia, se hizo pobre por nosotros y se vació para ser humano en todos los sentidos. En Su bautismo, recibió la bendición amorosa del Padre y la morada del Espíritu Santo. Luego, por el poder del Espíritu, Jesús suplió las necesidades continuas de los que le rodeaban. Confiaba en las mismas fuentes de provisión que Dios pone generosamente a nuestra disposición a través de Cristo (Fil. 4:19; Ef. 1:3-19).

Lee los Evangelios y observa cómo fluyen. Jesús oraba constantemente a Su Padre y recibía de Él. El Espíritu Santo lo guiaba y le daba poder. Lo más sorprendente de todo es que Jesús recibía ayuda práctica y apoyo de otras personas (Luc. 8:3). Las bendecía con gracia, al tiempo que permitía humildemente que lo bendijesen. Como hombre, se apoyó libremente en el compañerismo, el servicio y la generosidad de otros que lo seguían. Entre todas estas corrientes, Él caminaba en un flujo constante de llenado y derramamiento. Amando y siendo amado. Sirviendo y siendo servido. Siempre dando fruto. Listo para toda buena obra.

Jesús empezaba cada día lleno del amor de Su Padre, lleno del poder y la sabiduría del Espíritu, y compartiendo libremente todo lo que tenía, dondequiera que fuera, comoquiera que fuera necesario. Este era Su estilo de vida. Era un siervo dispuesto con los demás y una fuente del suministro inagotable del Padre.

Esto es contracultural. A algunas personas les cuesta dar. Son como desagües ambulantes, que solo reciben. Sus vidas se estancan como el Mar Muerto. Estrangulan la salida de recursos. Consumen. Acumulan. Amargan. Desperdician a diario oportunidades de servir generosamente, dar, ayudar y bendecir a los demás.

Otras personas, sin embargo, se resisten a *recibir*. Trabajan y sirven en exceso. Son independientes y autosuficientes. No admiten necesidad. Pero como les cuesta descansar en el Señor o depender de alguien más, acaban por desgastarse, agotarse y consumirse. Tienen buenas intenciones, pero no siempre acaban bien.

La vida que Jesús modeló y hace posible para Sus seguidores prospera tanto dando *como* recibiendo. Recibimos y damos. Dijo: «Si alguien tiene sed, que venga a Mí y beba. El que cree en Mí, como ha dicho la Escritura: "De lo más profundo de su ser brotarán ríos de agua viva"». Se refería al Espíritu Santo, «que los que habían creído en Él habían de recibir» (Juan 7:37-39).

Si queremos convertirnos en una fuente de agua viva, primero debemos creer en el evangelio. *Recibimos* Su Espíritu y Su perdón. Luego, a medida que permanecemos diariamente en Cristo y abrimos humildemente nuestros corazones para recibir todo lo bueno por la gracia del Señor y de los demás, este aumento de afluencia se desborda en *dar*. Entonces, al dar y compartir generosamente, nos encontramos «enriquecidos en todo para toda liberalidad» (2 Cor. 9:11). Es como el ciclo de la lluvia. Nuestro suministro se repone continuamente.

Como canal de las bendiciones de Dios, ¿qué cosas concretas debemos recibir a diario y dar gratuitamente? He aquí una lista para empezar:

Recibe y comparte AMOR. Jesús dijo: «Como el Padre me ha amado, así también Yo los he amado; permanezcan en Mi amor» (Juan 15:9). El asombroso amor que Jesús compartió en los Evangelios era el desbordamiento del amor que recibía constantemente de Su Padre. Este es el secreto para amar a los demás: recibir diariamente el amor de Dios por nosotros personalmente y luego derramarlo de nuevo sobre Él y sobre los demás. «Este es Mi mandamiento: que se amen los unos a los otros, *así como Yo los he amado*» (Juan 15:12, énfasis añadido). Si miras diariamente la cruz, lees sobre el amor de Dios en Su Palabra y oras para que Su Espíritu te llene de amor (Rom. 5:5), podrás descansar en Su amor y compartirlo con Dios y con los demás. He aquí una gran oración para hacer: «Gracias por amarme, Señor. ¡Por favor, lléname y haz de mí un canal de tu amor para los demás!».

Recibe y comparte la VERDAD. No hay necesidad de ser un genio artífice de tu propio éxito ni de intentar impresionar a los demás con tu brillantez. Simplemente busca continuamente sabiduría, comprensión, consejo y conocimiento: del Señor, de Su Palabra, de Su Espíritu y de los demás. Al mismo tiempo, comparte en oración lo que Dios te ha estado enseñando. Como dijo Pablo a Timoteo: «lo que has oído de mí en la presencia de muchos testigos, eso encarga a hombres fieles que sean capaces de enseñar también a otros» (2 Tim. 2:2). Al recibir y compartir la verdad que el Señor suministra, eres bendecido y eres una bendición a través de la Palabra de Dios. ¿Estás en la Palabra a diario? ¿Compartes también con los demás lo que vas aprendiendo? Entonces «gracias a Dios, que [...] por medio de nosotros manifiesta la fragancia de Su conocimiento en todo lugar» (2 Cor. 2:14).

Recibe y comparte la CORRECCIÓN. Parte de caminar en la verdad es experimentar la agudeza de la Palabra de Dios y permanecer enseñables y responsables los unos de los otros. Los creyentes sabios reciben y dan libremente una corrección útil. No tiene por qué ser ruidosa ni grosera, y a veces puede resultar incómoda, pero el amor puede hacerlo. Jesús corregía libremente a Sus seguidores con amor. «El que reprende al hombre hallará después más favor que el que lo lisonjea con la lengua» (Prov. 28:23).

Recibe y comparte el CONSUELO. Cuando sufrimos como creyentes, Dios nos consuela y puede enviar a otros para que nos animen mientras sufrimos. Al recibir este consuelo, Dios nos capacita para consolar después a los demás. «Bendito sea el Dios y Padre de nuestro Señor Jesucristo, Padre de misericordias y Dios de toda consolación, el cual nos consuela en todas nuestras tribulaciones». Esa es la parte de *recibir.* «Para que también nosotros podamos consolar a los que están en cualquier aflicción, dándoles el consuelo con que nosotros mismos somos consolados por Dios» (2 Cor. 1:3-4). Ésa es la parte de *dar.* ¡Ambas cosas son muy necesarias!

Recibe y comparte RECURSOS. Dios «nos da abundantemente todas las cosas para que las disfrutemos» (1 Tim. 6:17).

Tiene un rico río de provisiones. Debemos trabajar duro y proveer para nuestras propias necesidades, pero también recibir de buen grado cualquier bendición o regalo económico con humildad y gratitud. Asimismo, debemos seguir comprometiéndonos a hacer «bien, [a ser] ricos en buenas obras, generosos y prontos a compartir». Así es como los seguidores de Cristo se apoyan unos a otros, el ministerio, las misiones, y acumulan «para sí el tesoro de un buen fundamento para el futuro, para que puedan echar mano de lo que en verdad es vida» (1 Tim. 6:18-19). ¡Dios ama al dador alegre!

Todos los creyentes deberían ser canales amorosos de generosidad desbordante.

Recibir con gratitud y dar con gracia.

Así que sigue creciendo, sigue sembrando y ¡mantén Su caudal!

Padre, te alabo, creador y fuente de todas las cosas buenas. Estamos vacíos sin ti. Te ruego que abras nuestros corazones y nuestras mentes para recibir libremente de tu mano y de tu Espíritu Santo, y luego devolver libremente a ti y a los demás a diario. Haz de nosotros ríos de bendiciones y fuentes de tu amor, gracia y recursos. En el nombre de Jesús. Amén.

Para profundizar

Levítico 19:9-10 • 2 Corintios 9:6-15 • Filipenses 4:18-20

46

Una vida de compasión

¿Dónde se necesita más mi corazón hoy?

Y viendo las multitudes, tuvo compasión de ellas, porque estaban angustiadas y abatidas como ovejas que no tienen pastor (Mateo 9:36)

Mostrar preocupación y compasión por alguien que sufre mucho es una de las demostraciones más poderosas del amor de Cristo en este mundo. También es un testimonio revelador para los no creyentes. Por otra parte, ser insensible e indiferente al dolor ajeno puede ahondar el daño, convertirse en un obstáculo para el evangelio y alejar a la gente de nuestro Salvador.

La compasión. Empieza con ver una necesidad genuina y sentir literalmente algo en el estómago. Es la respuesta de un corazón tierno. Sientes lástima, preocupación, simpatía e incluso afecto por los que están heridos y sufren. Cuando lo sientes, es motivador.

Los corazones encallecidos se apartan, pero los corazones tiernos se acercan y deben hacer algo. La necesidad nos *mueve* a la compasión. A la acción. Debemos ir hacia ellos. Entrar en su dolor. Mostrarles algún tipo de gentileza y amabilidad, de la forma que sea apropiada. Compartimos su sufrimiento. Intentamos disminuir de algún modo la carga o satisfacer la necesidad que están experimentando. Miramos, escuchamos, consolamos, servimos, damos. «¿Cómo puedo ayudar?». «¿Qué puedo hacer?». «Lamento mucho lo que estás pasando». «Me preocupo por ti». *Este es el tierno corazón de la compasión.*

Jesús fue y es el maestro de la compasión. Como Dios, Él «es el que perdona todas tus iniquidades, el que sana todas tus enfermedades; el que rescata de la fosa tu vida, el que te corona de bondad y compasión» (Sal. 103:3-4). Y como hombre, cuando vivía en la tierra, personificó tiernamente la compasión. La practicaba y hablaba de ella. Nunca hubo una persona más compasiva.

En lugar de sentirse irritado o hastiado por las multitudes estresadas, Su corazón se *conmovió* por ellas, al conocer las cargas tan duras que llevaban y el dolor que había tras sus ojos. «Tuvo compasión» de ellos, aunque podría haberlos pasado por alto fácilmente. O haberlos considerado una interrupción. O podría haberse preocupado por cómo iba a llegar a Su próximo compromiso, con toda esa gente que lo buscaba, que quería algo de Él, que ocupaba tantas horas de Su tiempo.

¿Hacia quién demostró Jesús compasión de corazón tierno?

Tuvo compasión de los cansados. Como tanta gente hoy en día, las multitudes de Mateo 9 estaban «angustiadas y abatidas» (v. 36). Cansadas y desanimadas. Golpeadas, sobrecargadas y agotadas. Exhaustas solo por el esfuerzo que suponía vivir. Jesús lo sintió y se preocupó por ellas. Y como seguidores suyos, nosotros también deberíamos reconocer cuando los que nos rodean se están cansando. Deberíamos reconocer la fatiga en sus rostros. Mira a tu alrededor y la verás. ¿Qué haría Jesús al respecto? Sigue Su ejemplo.

Tuvo compasión de los que no habían recibido enseñanza. En la versión de Marcos de este mismo acontecimiento, añadió un detalle. Tras sentir compasión por la multitud, Jesús «comenzó a enseñarles muchas cosas» (Mar. 6:34). Una de las principales razones por las que la gente evita la iglesia, especialmente cualquier tipo de estudio o clase bíblica, es el miedo a que le hagan una pregunta que no pueda responder. Jesús no despreciaba a los ignorantes. Al contrario, les enseñó pacientemente. No con un lenguaje rebuscado y elevado, sino utilizando las palabras y analogías que conectaban bien con la gente corriente. ¿Cómo tratas a las personas que son menos cultas o entendidas que tú? ¿Las evitas o las ayudas?

Tuvo compasión de los afligidos. Una vez, mientras se acercaba a una ciudad local, Jesús vio un cortejo fúnebre que salía de la puerta de la ciudad. Una madre, ya viuda, lloraba la pérdida de su único hijo, lo cual duplicaba su dolor. «Al verla, el Señor tuvo compasión de ella» (Luc. 7:13). Se le partió el corazón al verla llorar. Aunque tenía poder sobre la muerte y podía resucitar a la gente, primero «Jesús lloró» con los que experimentaban el trauma de la muerte (Juan 11:35). No desde la distancia, sino con Su tierna presencia.

Tuvo compasión de los desorganizados. Mientras miles de personas pasaban hambre, Jesús llevó a Sus discípulos a un lado para mostrarles cómo funcionaba Su mente. Aquellas multitudes se habían alejado de la ciudad, a última hora del día, sin estar preparadas para la noche ni para el viaje de vuelta a casa. «Tengo compasión de la multitud», dijo Jesús a Sus discípulos mientras se preparaba para dar de comer a la gente (Mar. 8:2). ¿Cómo respondemos a los desorganizados e irresponsables? ¿Levantamos la nariz o extendemos las manos?

Incluso en Sus parábolas, Jesús era el personaje compasivo en el centro.

Tuvo compasión de los pobres. En Su parábola sobre el perdón, en Mateo 18, Jesús era el rey compasivo cuyo siervo le suplicó más tiempo para pagar una deuda. «Y el señor de aquel siervo tuvo compasión, lo soltó y le perdonó la deuda» (v. 27). ¿Cómo podría permitirte Dios aprovechar tu autoridad sobre las finanzas para aminorar el sufrimiento de los demás?

Tuvo compasión de la víctima. La historia del buen samaritano es uno de los mayores ejemplos de compasión de la historia (Luc. 10:25-37). Mientras dos personas mantenían al herido a una distancia prudencial, el samaritano observó su necesidad, sintió compasión y entró en acción. Tenía todos los motivos para no hacer nada, pero se incomodó enormemente, demostrando compasión amorosa de múltiples maneras.

Pero este es nuestro Jesús. La historia trata realmente de Él. Nos miró con compasión, igual que miró al ciego, al cojo, al leproso, al sordo. Nos vio necesitados de perdón. Se acercó a nosotros con amor. Extendió Sus brazos con compasión y asumió nuestro sufrimiento para llevar nuestras mayores cargas. ¡Nos da tanta gracia! «Al Señor nuestro Dios pertenece la compasión y el perdón» (Dan. 9:9-10). Ese es el Dios al que servimos.

Una razón clave por la que la gente no muestra compasión es la falta de proximidad. Como el sacerdote de aquella historia que pasó por el otro lado del camino, es fácil permanecer a una distancia cómoda de las personas que están sufriendo, sin invitar nunca a nadie a acercarse ni intervenir para ver o identificar las necesidades reales. Incluso si se conoce su necesidad, es fácil evitar hacer algo al respecto.

Jesús no acampaba en las sinagogas; iba a la gente. A sus pueblos y calles. A sus mercados y hogares. A sus necesidades. Lo suficientemente cerca como para mirarlos a los ojos, sentir su dolor con ellos y servirlos. Y como hacía esto tan a menudo, a Jesús nunca le faltaban oportunidades para mostrar amor y cambiar vidas con Su amorosa compasión.

Como hijos de Dios devotos de Jesús, debemos salir en oración de nuestra zona de confort y acercarnos intencionalmente a la gente. Acercarnos lo suficiente y durante el tiempo suficiente para mostrarles la compasión de Cristo. Preguntar: «¿Cómo estás?». «¿Cómo puedo orar por ti?». «¿Cómo puedo ayudarte?». Estar dispuestos. Modelar la belleza del evangelio que nos ha mostrado tanta compasión.

¿Qué paso práctico puedes dar en los próximos días para hacer brillar la compasión de Cristo ante alguien que esté muy necesitado en este momento?

Padre, te doy gracias por soportar diariamente mis cargas y suplir mis necesidades. Por favor, dame tus ojos y tu corazón para ver formas prácticas de mostrar tu amor a los demás. Aumenta la compasión en mí. Haz que mi corazón sea más tierno. Que mis lágrimas fluyan libremente. Que me parezca más a Jesús. Lleva las cargas de los demás a través de mí. En el nombre de Cristo. Amén.

Para profundizar

Salmo 25:6-7 • Marcos 1:39-42 • 1 Juan 3:16-18

47

Una vida de servicio

¿Por qué es tan importante el servicio?

... el Hijo del Hombre no vino para ser servido, sino para servir y para dar Su vida en rescate por muchos
(Mateo 20:28)

Los doce discípulos de Jesús habían pasado de ser unos don nadie comunes y corrientes a amigos personales del Mesías. También habían sido elegidos para formar parte de Su círculo íntimo. Seguramente, tenían momentos en los que pensaban que realmente estaban ascendiendo en el mundo, porque no dejaban de debatir «cuál de ellos debía ser considerado como el mayor» (Luc. 22:24).

Pero, cuando Jesús se dio cuenta de esta tendencia insensata, la aprovechó para explicarles cómo es realmente la grandeza a los ojos de Dios. El que es verdaderamente grande, al que Dios engrandece, es el que elige humildemente servir. Ser un servidor de los demás.

Las Escrituras revelan que la autoexaltación humana es una búsqueda vacía en el reino de Dios. Los verdaderos discípulos son los que dejan de mirarse el ombligo y se lanzan voluntariamente a servir a los demás. Como hizo Jesús.

Imagina lo que se les pasó por la cabeza cuando dijo: «El que entre ustedes quiera llegar a ser grande, será su servidor» (Mat. 20:26). No era eso lo que querían oír. Puede que pensaran: *¿Habrá querido decir que debemos esforzarnos por ser un siervo? Eso es lo contrario del plan. Estamos ascendiendo, no descendiendo. ¿De qué planeta es?*

Es del cielo. Donde servir es lo que Dios hace todo el tiempo. Donde los miembros divinos de la Trinidad se sirven unos a otros constantemente. No por obligación forzosa, sino por una efusión de amor profundo y genuino.

Porque al amor le gusta servir. El respeto se siente honrado de servir. La humildad sirve libremente. La compasión sirve con ternura. La amabilidad sirve con gracia. Los amigos sirven con alegría.

Y los discípulos sirven siguiendo el ejemplo perfecto de Cristo.

En la economía de Dios, los que se exaltan necesitan ser humillados, y los que se humillan serán exaltados. Abrazar tu papel de siervo de Jesús es un requisito previo para que Dios te utilice poderosamente.

Mira cuántas veces en las Escrituras alguien se refiere a sí mismo como «siervo» de Jesucristo. Pablo lo hizo (Rom. 1:1). Pedro lo hizo (2 Ped. 1:1). Juan lo hizo (Apoc. 1:1). Santiago lo hizo (Sant. 1:1). Judas lo hizo (Jud. 1). Primer capítulo, primer versículo, primeras palabras que salieron de sus bocas. Su identidad como «siervo del Señor» precedió a casi todo lo demás.

Abraham, Isaac y Jacob, los patriarcas del pueblo de Dios, fueron llamados primero Sus «siervos» (Ex. 32:13). Moisés, la leyenda de Egipto que guio a Israel por el desierto, operaba como «siervo» de Dios (Núm. 12:7). Josué, que recogió el manto de Moisés, se presentó como «siervo» del Señor (Jos. 5:14). Rut eligió ser una «sierva» de Booz, que se casó con ella (Rut 3:9). Abigail era «sierva» de David, y él también se casó con ella (1 Sam. 25:41). Los grandes profetas fueron primero siervos, como Elías (1 Rey. 18:36), Nehemías (Neh. 1:11) y Daniel (Dan. 9:17). María, la madre de Jesús, dijo: «Aquí tienes a la sierva del Señor» (Luc. 1:38).

Incluso Jesús «se despojó a Sí mismo tomando forma de siervo» (Fil. 2:7). Sirvió constante y voluntariamente en todas las ciudades y situaciones. Ya fuera predicando a las masas, cenando con los ricos, sanando a los leprosos o lavando pies desagradables, Jesús suplía humildemente la necesidad del momento por compasión, amor y servicio.

Observa y aprende. Cuando la primera línea de la descripción de tu trabajo es «siervo del Señor», estás mucho más preparado para abordar cualquier tarea que Dios ponga ante ti; no solo para hacerla, sino para hacerla mejor y con mejor actitud de lo que lo habrías hecho de otro modo. Un hombre que es líder primero y siervo después no será tan buen líder. O esposo. O pastor. O fontanero. O productor de cine. Primero debemos vernos a nosotros mismos como siervos de Cristo, y luego todos nuestros demás roles se construirán sobre esa base.

Debemos hacer una pausa aquí. Nuestra madre, Rhonwyn Kendrick, es esa clase de persona: una de las mayores siervas del Señor que hemos conocido. No podemos agradecer lo suficiente al Señor (ni a ella) todo lo que ha hecho por nosotros: desde hacer una pausa en su trabajo para criarnos en casa, hasta atender el ministerio de nuestro padre y, más tarde, sus necesidades médicas diarias, preparar innumerables comidas para amigos y desconocidos en su casa, y levantarse temprano todos los días para orar por nosotros. Grande es su recompensa en el cielo. Todo lo que hacemos se ve bendecido por su apoyo y su amorosa disposición hacia Cristo y los demás. Ella también ha estado orando por este libro. ¡Gracias, mamá! Te queremos muchísimo.

Dios siempre busca siervos dispuestos. Como los patriarcas. Como los apóstoles. Como Jesús.

Según la ley del Antiguo Testamento, cuando un esclavo había pagado sus deudas y era liberado de la servidumbre formal, si respetaba profundamente a su amo y se preocupaba por él, podía volver y elegir voluntariamente seguir sirviendo, pero esta vez, por amor (Deut. 15:12-17). Como siervos de Jesucristo, hemos sido liberados por Su sangre y ya no estamos sometidos al pecado, al mundo ni a la ley. «Para libertad fue que Cristo nos hizo libres» (Gál. 5:1). Pero ahora, en nuestra libertad neotestamentaria, al darnos cuenta del increíble Salvador que se nos ha dado para guiarnos, acudimos con gusto a Él y los servimos voluntariamente a Él y a los demás durante el resto de nuestra vida, por nuestro profundo amor a Él.

Nuestro líder siervo.

Las buenas obras que cambian el mundo las realizan los siervos voluntarios. El discipulado se produce de generación en generación a través de creyentes humildes dispuestos a servir. «Porque no nos predicamos a nosotros mismos, sino a Cristo Jesús como Señor, y a nosotros como siervos de ustedes por amor de Jesús» (2 Cor. 4:5). Incluso los dones espirituales que se nos han concedido están pensados para ayudarnos que nos sirvamos «los unos a los otros» (1 Ped. 4:10). Al pensar y decir: «Solo estoy aquí para servir», puedes reducir tu nivel de estrés y entrar mejor en cualquier situación, más dispuesto a bendecir y ser bendecido.

Como los primeros discípulos, nuestra inclinación carnal es autopromocionarnos. Queremos un trato preferencial en la mesa principal. Queremos más reconocimiento por lo que somos y por lo que hemos hecho. Pero en el juicio, Jesús honrará a quienes lo sirvieron alimentando a los hambrientos, mostrando hospitalidad a los extraños, supliendo las diversas necesidades de los demás y llevando la esperanza de Cristo a los desesperanzados. Cuando nos reciba en Su presencia para siempre, le oiremos decir esas palabras que hemos vivido toda la vida anhelando oír: «Bien, siervo bueno y fiel» (Mat. 25:21).

Que así sea en nuestro caso. ¡Que así sea en tu caso! Es hora de servir.

Padre celestial, te alabamos por tu grandeza. Es un honor para nosotros servirte y adorarte. Saca a la superficie todo pensamiento de autoexaltación y toda motivación vana. Elimínalos de nuestros corazones. Ayúdanos a entrar en cada situación con humildad y gratitud, deseando solo hacer lo que te traiga más gloria. Somos siervos del Señor. Haz que seamos como Jesús, impulsados por el amor y dispuestos a servir a quienes nos rodean en la necesidad, en el nombre de Jesús. Amén.

Para profundizar

Mateo 25:37-40 • Juan 13:14-15 • 1 Corintios 4:1

Parte X

Discipulado

¿Cómo hago discípulos?

48

Orar por una cosecha

¿Cuál es el próximo paso para hacer discípulos?

Entonces dijo a Sus discípulos: «La cosecha es mucha, pero los obreros pocos. Por tanto, pidan al Señor de la cosecha que envíe obreros a Su cosecha» (Mateo 9:37-38)

Jesús siempre miró a los ojos de las personas a través de una lente eterna. No solo veía su desesperación como ovejas perdidas, sino su inestimable valor a los ojos de Dios.

Las valoraba como un terrateniente valora sus fructíferos campos casi listos para la cosecha, cubiertos de hermosas y abundantes cosechas, que maduran rápidamente en la vid. Es el deseo del corazón de todo agricultor: la rica recompensa de sus arduas y calurosas horas de arar, sembrar, abonar, regar, esperar y preparar.

La cosecha. Una cosecha digna del precio pagado para obtenerla.

Cuando Jesús miraba a las multitudes abundantes, eso es lo que veía. No hileras de uvas o grano maduros, sino almas preciosas, almas eternas, listas para ser redimidas. Redimidas a la vida eterna, para ser disfrutadas para siempre, para gloria del Dios que las hizo. Almas que hacían que valiera la pena el duro sacrificio de la cruz. Y son muy dignas de la inversión y la cuidadosa atención de los trabajadores.

La Biblia dice que se acerca un «tiempo de la vendimia» definitivo, en el que Dios, el juez justo, buscará «fruto de la viña» (Luc. 20:10). Todo el cielo se está preparando para recoger esta cosecha. Las almas de aquellos por cuya salvación murió Cristo. Para redimir y rescatar sus vidas, de modo que ninguna de ellas se desperdicie.

Sí, esta cosecha es abundante y está madurando. Jesús les dijo a Sus discípulos: «Alcen sus ojos y vean los campos que ya están blancos para la siega. Ya el segador recibe salario y recoge fruto para vida eterna, para que el que siembra se regocije junto con el que siega» (Juan 4:35-36).

Pero también señaló un problema: «La cosecha es mucha, pero los obreros pocos» (Mat. 9:37). No había suficientes personas que se despertaran y se presentaran para trabajar los campos. Solo estaban aquellos doce hombres con Jesús en aquel momento. ¿Cómo podían tan pocos llevar a cabo tanto?

«Pidan al Señor de la cosecha» (Mat. 9:38). Antes de decirles que fueran, les dijo que oraran. Que vieran las necesidades, y luego se arrodillaran. Porque antes de *recoger* una cosecha, tiene que *haber* una cosecha. Mucha preparación intencionada. ¡El primer paso de la preparación del terreno espiritual es la excelencia de la oración!

Jesús oró antes de elegir a Sus doce discípulos. Ester oró antes de presentarse ante el rey. Nehemías oró antes de ir a Jerusalén a reconstruir las murallas. David oró antes de correr a la batalla. En cada situación, la oración ayudó a preparar el camino para que el trabajo vital pudiera realizarse eficazmente.

No sabemos qué campos necesitan qué atención. Pero el «Señor de la cosecha» sí lo sabe. No controlamos el plan. No nos atribuimos el mérito. «Ni el que planta ni el que riega es algo, sino Dios, que da el crecimiento» (1 Cor. 3:7).

Ora para que Él suscite y envíe obreros que hablen de Jesús a las personas de tu mundo. Es de esperar que uno de ellos seas tú. Pero ora por más. No te preocupes por cómo lo va a hacer. Él tiene perfecto conocimiento de todas las cosas y ha estado planeando los detalles desde la fundación del mundo. Solo confía en el Señor y ora, y luego obedece lo que Él te diga que hagas. Pero la oración es el primer paso. ¿Estarías dispuesto a empezar a orar por esto? ¿Por tu comunidad?

Ora por la cosecha. Después de orar por los trabajadores, empieza a orar por cada paso de su trabajo. Ora por las personas concretas a las que hay que llegar (1 Tim. 2:1-4). Ora para que Dios dé a los trabajadores Su corazón compasivo por las personas que no conocen a Cristo (Rom. 5:5). Ora para que se abran las puertas y se pueda predicar el evangelio (Col. 4:2-4). Ora para que haya audacia y claridad para compartir su verdad (Ef. 6:19-20). Ora para que el Espíritu Santo abra los corazones a la sencillez de la fe (Rom. 10:9-13). Ora para que los nuevos creyentes alcancen la madurez espiritual y se conviertan en seguidores fieles y fructíferos de Jesús (Col. 1:9-10).

Ora para que los obreros formen obreros. La tarea de llegar al mundo con el evangelio no depende de nosotros. Es obra de Dios. «El Señor de la cosecha» traerá Su cosecha. Pero debemos ser obedientes, no solo para ser Sus obreros, sino para formar y preparar a nuevos obreros. Nuevos discípulos. El plan de Dios es alcanzar al mundo, no mediante la adición, sino mediante la multiplicación. No solo mediante conversos, sino a través del crecimiento explosivo de discípulos fieles que hacen discípulos.

Uno a uno. Dos a cuatro. Tres a doce. Un grupo pequeño a otro grupo pequeño. Cuando los discípulos hacen discípulos que hacen discípulos, la cosecha multiplicada va más allá de lo que podemos imaginar.

Haz las cuentas. Jesús discipuló a doce hombres a lo largo de tres años. Si una persona siguiera Su ejemplo y saliera e hiciera doce discípulos, que a su vez hicieran doce discípulos, y siguiera así, podríamos llegar a todo el mundo en treinta años.

Pero incluso si una persona se volcara solo en dos personas al año —ayudándolas a venir a Cristo, a leer y obedecer la Palabra de Dios, y luego a aprender a permanecer en Él—, su inversión de un año daría lugar teóricamente a dos nuevos discípulos. Si los tres continuaran discipulando a dos personas al año, que luego empezarían a discipular a otras, el número de discípulos al cabo de quince años sería de más de treinta mil. Al cabo de veinte años, un millón. Al cabo de treinta años, mil millones.

Mil millones. Qué cosecha. Una cosecha abundante y hermosa. Está claro que no podemos llegar al mundo por adición, pero podemos hacerlo a través de las matemáticas divinas del discipulado.

No todo el mundo escuchará. No todo el mundo se aferrará a ello o llegará a la madurez. No todos seguirán adelante. Jesús sabía que Judas no duraría. Pero todos podemos centrarnos en uno o dos. ¿Orarás al Señor de la cosecha para que envíe obreros? ¿Para llegar solo a uno o dos? ¿Y no quiere el Señor que tú seas uno de esos obreros que envía?

Si te parece más de lo que puedes hacer, no te preocupes.

Simplemente ora al respecto.

Luego estate abierto a lo que Dios te guíe a hacer. ¿Puedes orar con compasión por los que viven cerca de ti, que trabajan o van a la iglesia contigo? ¿Aquellos que viven como ovejas sin pastor? ¿Necesitan que alguien les presente a Cristo? ¿Que les ayude a crecer en Cristo?

Ora por tu propia familia, tus padres, tus hermanos, tus hijos, tus nietos, quizá incluso por un cónyuge que tiene hambre de crecer espiritualmente pero no sabe cómo. ¡Ora!

Después, ora para que Jesús envíe a los obreros. Imagina que el Señor te utiliza a ti y a tu humilde inversión en uno o dos —solo unos pocos— para cambiar el mundo en las próximas generaciones.

Solo Dios sabe quién está preparado para pasar al siguiente nivel. Pídele al Señor que te muestre dónde quiere que enfoques tus oraciones y tu servicio compasivo. Ora para que Su Espíritu te muestre a alguien a quien llevar a comer, o a quien invitar a un café, o a quien invitar a tu casa para entablar una conversación. Ora hoy por la cosecha. Ora hoy por los trabajadores.

El Señor de la cosecha, tu Padre, se preocupa profundamente y escuchará tus oraciones.

Padre celestial, Señor de la cosecha, hoy te pido que envíes trabajadores a tu campo de cosecha. Prepara tus campos. Prepara a tus trabajadores. Prepara la tierra y envía tu Palabra. Levanta a las personas que has rescatado de la muerte y envíanos a compartir tu mensaje vivificador con los demás. Prepáranos a nosotros, tus trabajadores, para hacer lo que solo tú puedes hacer a través de nosotros. Danos ojos para ver tu cosecha en los ojos de los que nos rodean. Guíanos, ayúdanos, muéstranos, Señor Jesús. Amén.

Para profundizar

1 Tesalonicenses 1:2-6 • 2 Timoteo 2:15 • Hebreos 13:20-21

49

COMPARTIR LA MEJOR NOTICIA DEL MUNDO

¿CÓMO LES HABLO A OTROS DE JESÚS?

Y les dijo: «Vayan por todo el mundo y prediquen el evangelio a toda criatura (Marcos 16:15)

Una de las mayores alegrías de la vida es poder compartir la mejor noticia del mundo. La buena noticia del evangelio de Jesús es infinitamente más importante que cualquier otra cosa de la que podamos hablar con alguien. Las buenas noticias del mundo son temporales. El evangelio es eterno. El mundo ofrece alivio a corto plazo y con un precio. El evangelio ofrece alegría a largo plazo y paz duradera sin costo alguno. El mundo ofrece amor condicional de personas pecadoras. Pero el evangelio ofrece amor perfecto a través de Jesús, la persona más amorosa que ha pisado la tierra.

La Biblia dice que estés «siempre [preparado] para presentar defensa ante todo el que [te] demande razón de la esperanza que hay en [ti]» (1 Ped. 3:15). No debes ser «rencilloso», sino «amable» y «sufrido» (2 Tim. 2:24). No puedes llevar a nadie al cielo con argumentos. Es ineficaz y no funciona. Simplemente comparte la verdad, confiando en que el Espíritu Santo actúe en el corazón de la persona.

Jesús modeló esto maravillosamente. En Juan 4, durante Su encuentro con una mujer samaritana en un pozo, demostró cómo entablar con respeto una conversación difícil sobre el evangelio. Se trataba de alguien del sexo opuesto, y con nacionalidad, origen y tradición diferentes. De hecho, judíos y samaritanos eran *enemigos*. No se relacionaban. Sin embargo, Jesús inició una conversación con ella.

Sorprendida por Su atrevimiento, la mujer se puso a la defensiva. Le dio repetidamente razones por las que no estaba abierta a Él ni a Su mensaje. Pero su resistencia no le molestó a Jesús. Él siguió siendo muy paciente. Persistió con suavidad. Sabía que ella necesitaba el evangelio mucho más que el agua que sacaba del pozo. Así que conectó magistralmente su necesidad percibida con su necesidad más profunda. La atrajo con sincera compasión y amabilidad.

Aunque ella siguió siendo reservada, Jesús le expuso con delicadeza su pecado oculto y le ofreció la esperanza del evangelio a través de Él. El Espíritu Santo estaba actuando. Al final del encuentro, había cambiado completamente de opinión sobre Jesús y estaba entusiasmada por hablar de Él a todos los habitantes de su ciudad. Su testimonio tuvo un gran impacto en la gente que la rodeaba.

La Palabra de Dios dice: «que su conversación sea siempre con gracia, sazonada como con sal, para que sepan cómo deben responder a cada persona» (Col. 4:6). Tu curiosidad e iniciativa, tu discurso lleno de gracia y tu amable paciencia con el escepticismo de la gente pueden cautivar a un mundo perdido, ofreciéndole ayuda y esperanza a través de Jesús. Solo escucha y comparte, no discutas sobre cuestiones secundarias. No necesitas ser un comunicador magistral ni un impresionante erudito de la Biblia. El Espíritu Santo es capaz de darte las palabras que debes decir (Luc. 12:11-12), convencer a la gente de su pecado (Juan 16:8), abrir sus ojos a la verdad espiritual (1 Cor. 2:11-12) y atraerla a la salvación (Juan 6:44; Tito 3:5). Todo esto, de manera que, «volviendo en sí, escapen del lazo del diablo, habiendo estado cautivos de él para hacer su voluntad» (2 Tim. 2:26).

He aquí cinco formas eficaces de compartir el evangelio con los demás:

Comparte tu testimonio. La gente puede discutir tus creencias, pero no tu historia. Tanto la mujer del pozo como el apóstol Pablo utilizaron sus testimonios personales para llegar a mucha gente con el evangelio. ¡Tú también puedes!

Comparte el evangelio utilizando un versículo. A veces, la forma más eficiente y eficaz de comunicar el corazón de Dios a alguien es guiarlo lentamente a través de un solo versículo. Juan 3:16, por ejemplo, explica el evangelio de forma sucinta. Otros versículos son Romanos 6:23; 10:9; Hechos 2:38; 16:31 y 2 Corintios 5:21.

Comparte el evangelio utilizando un volante. Los tratados evangélicos son pequeñas versiones impresas y baratas de la buena nueva que puedes entregar fácilmente a un desconocido o leer con él durante una conversación. Pueden ser una herramienta útil para guiar la conversación o para dejárselos a alguien para que los lea más tarde.

Comparte el evangelio a través del prisma de las relaciones. El evangelio gira alrededor de las relaciones. Comunícalo de este modo. Dios nos creó para tener una *relación* con Él. El pecado nos separó de nuestra *relación* con Dios. No podemos reconciliar esta *relación* por nuestra cuenta con buenas obras. Dios envió amorosamente a Jesús para rescatarnos de nuevo a una *relación* al vivir una vida perfecta, morir por nuestros pecados en la cruz y resucitar de la tumba. Jesús ofrece una relación restaurada a cualquiera que se arrepienta de sus pecados y ponga su fe en Él.

Comparte el evangelio utilizando el «Camino de Romanos». Los siguientes seis versículos del libro de Romanos se han utilizado durante mucho tiempo como una hoja de ruta eficaz para guiar a alguien a través del mensaje del evangelio.

Romanos 3:10: «No hay justo, ni aun uno». Esto plantea la pregunta: «¿Por qué todos son injustos?». El versículo siguiente responde a esa pregunta.

Romanos 3:23: «por cuanto todos pecaron y no alcanzan la gloria de Dios». Pregunta: «Entonces, si todos somos injustos, ¿qué hizo Dios al respecto?».

Romanos 5:8:«Pero Dios demuestra su amor para con nosotros, en que siendo aún pecadores, Cristo murió por nosotros». Pregunta: «¿Por qué tuvo que morir Cristo?».

Romanos 6:23: «Porque la paga del pecado es muerte, pero la dádiva de Dios es vida eterna en Cristo Jesús Señor nuestro». Pregunta: «¿Y cómo consigo esta vida eterna?».

Romanos 10:9-10: «Si confiesas con tu boca a Jesús por Señor, y crees en tu corazón que Dios lo resucitó de entre los muertos, serás salvo. Porque con el corazón se cree para justicia, y con la boca se confiesa para salvación». Pregunta: «¿Puede alguien hacer esto?».

Romanos 10:13: «Todo aquel que invoque el nombre del Señor será salvo».

Subraya estos versículos en tu Biblia o memorízalos fácilmente para compartirlos con alguien, junto con tu testimonio. ¡Eso es estar preparado para difundir el evangelio!

Sabiendo que el Espíritu Santo está contigo, no te sorprendas cuando empiece a utilizar el sencillo mensaje del evangelio y tu sencilla historia para alcanzar el corazón de una persona para Jesús. Si Dios le abre los ojos y empieza a expresar el deseo de salvarse, prepárate para guiarla en una sencilla oración como esta:

«Jesús, sé que he pecado contra ti y merezco el juicio de Dios. Creo que moriste en la cruz para pagar por mis pecados y que resucitaste de entre los muertos. Elijo ahora apartarme de mis pecados y te pido perdón. Jesús, te hago Señor y Jefe de mi vida. Cámbiame y ayúdame a vivir el resto de mi vida para ti. Gracias por darme un hogar en el cielo contigo cuando muera».

Ver cómo Dios te utiliza para ayudar a alguien a conocer a Cristo es *LA* experiencia más estimulante y transformadora de la tierra. ¡Nunca pierde su emoción! Cuando veas cómo cambia un corazón y Dios convierte a alguien en una persona nueva, volverás a asombrarte del poder del evangelio. Así que mantente abierto a la guía del Espíritu Santo. Sigue orando y permaneciendo en Jesús. Dios puede hacer grandes cosas a través de tu vida y de tu voluntad de compartir a Jesús con los demás.

No solo la vida de otra persona nunca volverá a ser la misma. Tampoco lo será la tuya.

Padre, te doy gracias por cómo Jesús ha cambiado personalmente mi vida. Por favor, úsame a mí, a mi historia y a la verdad de las Escrituras para alcanzar a otros con el evangelio. Prepara mi corazón y abre puertas. Dame valor y claridad en mi discurso. Cambia vidas a través de mí. En el nombre de Jesús. Amén.

Para profundizar

Juan 4:39-42 • 1 Corintios 2:1-5 • 1 Tesalonicenses 2:8

50

Hacer verdaderos discípulos

¿Cuál es la misión principal de un discípulo?

... como el Padre me ha enviado, así también Yo los envío (Juan 20:21)

Cuando alguien viene a Cristo, ¡esto es solo el principio! ¡Qué alegría es ver a alguien convertirse en una nueva persona en Cristo, ante nuestros ojos! Pero es importante reconocer que todo nuevo creyente es un bebé espiritual, que necesita el apoyo cariñoso y la atención gentil de madres y padres espirituales y de hermanos y hermanas mayores. Al igual que nuestros propios hijos, esa persona también necesita protección, gente que no haga nada que las haga tropezar (Rom. 14:21; Mat. 18:6). Necesita creyentes maduros a su alrededor que puedan identificar sus necesidades y ayudarla a crecer en la Palabra y en su camino con Cristo. A crecer hasta convertirse en un creyentes maduro.

Este es el objetivo final del discipulado.

Pablo dijo que proclamaba apasionadamente a Cristo y enseñaba a la gente acerca de Él con el objetivo de «presentar a todo hombre perfecto en Cristo» (Col. 1:28). Pero, ¿cómo son realmente los creyentes maduros?

Para empezar, no sobreviven solo con la leche espiritual que tú y otros les dan, sino que están llegando a ser capaces de alimentarse con la carne espiritual de la Palabra (Heb. 5:12-14). No solo están dominando la verdad de lo que creen, sino que también están enseñando a los demás (Ef. 4:11-12).

Están creciendo en su discernimiento entre el bien y el mal (Rom. 12:9). Sus bocas ya no se llenan de palabras necias y tóxicas, sino que se convierten en fuentes de pureza, ánimo y bendición (Ef. 4:29). Están desarrollando la moderación y el autocontrol (Sant. 3:2), caminando en unidad en lugar de división (Ef. 4:13), y aumentando su capacidad de amar a los demás (2 Ped. 1:5-8).

Se están volviendo «completos, sin que nada les falte» (Sant. 1:4), «[equipados] para toda buena obra» (2 Tim. 3:17). Básicamente, aman a Jesús, actúan como Jesús y sirven a los demás como Jesús.

Los que están madurando en Cristo ¡están dispuestos a entregarle TODO a Jesús!

¿Y por qué no iban a estarlo? ¿Por qué no íbamos a estarlo *todos* nosotros? ¡Porque Jesús nos entregó TODO a nosotros!

Escúchalo en Su Gran Comisión: «Toda autoridad me ha sido dada en el cielo y en la tierra. Vayan, pues, y hagan discípulos de todas las naciones, bautizándolos en el nombre del Padre y del Hijo y del Espíritu Santo, enseñándoles a guardar todo lo que les he mandado; y ¡recuerden! Yo estoy con ustedes todos los días, hasta el fin del mundo» (Mat. 28:18-20).

Desde la eternidad, Dios Padre ha tenido la intención de darnos TODO. La Gran Comisión es la continuación natural de Sus propósitos incondicionales. Es Su forma de llamar y equipar a personas imperfectas para que se dediquen a Él de todo corazón, para que experimenten por sí mismas y luego extiendan a los demás lo que significa conocer y seguir a Jesús. Considera la naturaleza de TOTALIDAD en Sus palabras:

«Toda autoridad me ha sido dada»: TODOS los derechos y TODO el poder son de Él.
«En el cielo y en la tierra»: en TODOS los lugares.
«Id, pues, y haced discípulos»: hagan seguidores que estén dispuestos a entregar TODO a Cristo.
«De todas las naciones»: de TODO el mundo.
«Bautizándolos»: a TODOS.
«En el nombre del Padre y del Hijo y del Espíritu Santo»: TODO de Dios.
«Enseñándoles a guardar todo lo que les he mandado»: TODO de Su Palabra.
«Y ¡recuerden! Yo estoy con ustedes todos los días»: TODO el tiempo.
«Hasta el fin del mundo»: TODO el camino a casa.

¿Por qué no querríamos meternos de lleno en esta misión que todo lo consume, al ver que el Dios Todopoderoso, está metido de lleno en ella también, todo el día? Cultivando discípulos incondicionales.

La Gran Comisión es el mandato y el llamado más épico de todos los tiempos. Nosotros, como seguidores de Cristo, no estamos aquí simplemente para asistir a la iglesia y hacer cosas religiosas, para empaparnos de las bendiciones de la salvación mientras esperamos Su regreso. Nos ha desafiado a ocuparnos y mantenernos ocupados en el discipulado. No solo para conocerlo, sino para darlo a conocer. No solo para *ser* Sus discípulos, sino para *hacer* Sus discípulos. Para seguirlo plenamente ayudando a otros a seguirlo plenamente también. Está llamando a todos Sus discípulos a centrarse y comprometerse grandemente con la agenda más importante para la causa más importante.

¡Su Gran Comisión!

Es lo que hacen los discípulos. No solo los que han ido al seminario. No solo los que predican desde un púlpito. La Gran Comisión es para todo creyente nacido de nuevo y bautizado que se dedica a seguir a Cristo y a obedecer Sus mandamientos.

Estar comprometido con la Gran Comisión no significa que tengas que dejar tu trabajo, vender la granja, llevar sandalias en la Tierra Santa o formar parte del personal de una iglesia. Puede que exteriormente nada cambie, aparte de que Dios sea ahora lo primero en tu corazón. Pero a medida que camines diariamente en una relación permanente y obediente con Él, a medida que Él dé fruto a diario a través de ti, empezará a utilizar tu tiempo y tus talentos, tus responsabilidades, relaciones y recursos para Sus propósitos más elevados. Para hacer avanzar Su reino para Su gloria. Para ayudar a otras personas a conocerlo y a ser también Sus discípulos. Él te guiará y tú lo seguirás.

Tal vez te conviertas en un vendedor de coches usados, un entrenador de fútbol, un bombero o un policía que ama a Jesús, que comparte el evangelio, que sirve a la gente y hace discípulos. Podrías convertirte en un productor de cine independiente y canoso que empieza a hacer discípulos en los platós mientras hace películas que hablan de Jesús. Podrías convertirte en un fontanero con muchísimo trabajo, que ayuda a la gente a encontrar agua viva, o en un vendedor de abono lleno del Espíritu que comparte cómo Dios puede sacar vida fructífera del hedor de la muerte. Servimos a un Dios perfecto que utiliza a personas imperfectas llenas de Jesús para compartir cómo Él las ha cambiado. Todos somos una obra en proceso. Pero Él puede arar hileras rectas con bueyes imperfectos. Utiliza activamente las manos llenas de cicatrices de clavos y los pies ensangrentados del cuerpo de Cristo cada día, mientras lo amamos y servimos.

¿Serás hoy alguien que esté dispuesto a decirle «sí» a Dios? ¿Alguien que simplemente camina con Jesús? ¿Alguien que esté dispuesto a obedecer, incluso con manos temblorosas? ¿Alguien a quien el Señor sabe que puede llamar? ¿Alguien que hará lo que Él diga e irá adonde Él envíe? Incluso si no estás seguro, aun si tienes miedo de implicarte, ¿considerarás las promesas de TODO lo que Dios ha hecho para estar contigo? ¿Para ayudarte? ¿Para ejercer Su propia autoridad eterna a tu favor? ¿Para que Su Espíritu Santo te guíe a cada paso del camino? ¿Para llenarte, darte poder y guiarte desde adentro?

Como hijo amado de Dios, nunca estás solo y nunca se te dejará solo. Estás sobre los hombros imponentes de los planes y las promesas de Dios, que nunca flaquean. Estás respaldado por el poder de resurrección del mismo Dios que dio vida a las galaxias y resucitó a Jesucristo de entre los muertos. Estás estrechando lazos con la gran «nube de testigos» (Heb. 12:1) que han marchado fielmente al compás de Su Gran Comisión durante siglos, por todo el mundo.

Estás llamado a esto. Se te dará lo que necesitas para ello. Tú puedes hacerlo.

Dios mismo te apoya. Con todo Su corazón.

Querido Padre celestial, no hay nada que no puedas hacer. Has demostrado tu persona y tu poder sin igual, no solo a lo largo de la historia, sino a lo largo de mi vida. Produce en mí una nueva determinación para formar parte de tu llamado a hacer discípulos. Muéstrame cómo. Muéstrame a quién. Y te seguiré. Me atreveré a creerte. Quiero darte gloria por lo que solo tú puedes hacer a través de mí, mientras derramas sobre otra persona la misma verdad y gracia que me has dado. Te lo pido en el nombre de Jesús. Amén.

Para profundizar

Lucas 24:46-49 • Hechos 1:7-8 • 1 Timoteo 6:12-16

51

Los pasos del discipulado

¿Cómo empiezo a hacer discípulos?

Vayan, pues, y hagan discípulos de todas las naciones...
(Mateo 28:19)

¿Dudas de que Dios pueda utilizarte en gran medida para hacer discípulos? No tengas miedo. Él prefiere a los oprimidos antes que a los poderosos. A menudo recluta a los pobres antes que a los ricos. A los indignos antes que a los engrandecidos. A los últimos y a los más insignificantes. A los más decepcionantes e improbables de todos (1 Cor. 1:26-31).

¿Por qué? Porque son más humildes y más enseñables. Más agradecidos y dispuestos a servir. Más propensos a darle a Dios el mérito en lugar de regodearse en su propia gloria.

Dios eligió al temeroso Gedeón, al fracasado Moisés, a David, el hermano menor, y a la humilde María. Eligió a la mujer samaritana con menos probabilidades de evangelizar a su pueblo (Juan 4:39-42), y escogió a un tipo desnudo, sin hogar y endemoniado para que llevara el evangelio a su ciudad natal (Luc. 8:38-39). ¿Quién lo hubiera imaginado?

La última opción para nosotros puede ser la primera elección de Dios. Pero Él *siempre* elegirá a los discípulos disponibles que estén dispuestos a obedecer Su Gran Comisión. A hacer discípulos. La primera parte de hacer discípulos es ser tú mismo un discípulo humilde. No puedes desafiar a la gente a entregarle TODO a Jesús si tú mismo estás comprometido a medias. El verdadero discipulado es más que tener palabras que decir; es dar un ejemplo a seguir. No necesitas ser perfecto. ¡Nadie es perfecto! Pero, ¿vives con pecado oculto? ¿Te resistes a Su Palabra? ¿No estás realmente convencido de que el evangelio puede cambiar la vida de las personas?

Antes de lanzarte a enseñar, puede que primero necesites pedirle a alguien que te discipule *a ti*. Está bien. Tienes mucho que ganar al humillarte para aprender bajo la tutela de alguien cuyo ejemplo pueda seguir señalándote constantemente a Jesús.

Pero cuando estés preparado, el Señor te impulsará a convertirte en el mentor de otra persona, compartiendo con ella conversaciones enriquecedoras y enseñándole a leer y obedecer la Palabra de Dios.

Podría ser alguien de tu iglesia. Tu hijo o ese amigo suyo más joven que siempre está en tu casa. Puede ser un vecino de enfrente o del edificio de al lado. Puede ser alguien del trabajo. Un cliente. Un nuevo conocido. Cualquiera que Dios elija. Mantente sensible para que el Señor te señale a alguien que esté hambriento de verdad, que esté haciéndose preguntas más profundas que la mayoría de la gente, que esté buscando orientación para su vida. ¡El Señor te guiará!

Qué increíble honor sería acompañar a alguien a lo largo de todo su camino de discipulado, desde el principio, desde el momento en que Dios abrió por primera vez la tierra endurecida de su corazón. Jesús lo hizo. Se quedó con Sus discípulos hasta que supo que estaban preparados para hacer discípulos ellos mismos. Pablo lo hizo con Timoteo.

Pero a menudo, estas relaciones de discipulado son solo por una temporada. Solo estás allí durante una parte de su viaje. Quizás un año. Tal vez una década. Plantando. Regando. Confiando en que Dios les dará a la persona (¡y a ti!) un tiempo de verdadero crecimiento mientras caminan juntos (1 Cor. 3:7).

Algunas personas, a medida que Dios te conduzca hacia ellas, llegarán a escuchar el mensaje del evangelio de tus labios por primera vez. En el caso de otras, puede que sea la decimoquinta vez, pero cuando lo compartes, el Espíritu Santo les quita las vendas de los ojos y creen (Hech. 16:14). Puede que ayudes a algunos a bautizarse, a conseguir su primera Biblia o a aprender a estudiarla y aplicarla. Otros serán creyentes en tu iglesia a los que animas semanalmente. Puede que Dios te utilice para consolarlos o ayudarlos a salir de un valle oscuro. Quizás veas crecer a algunos hasta la plena madurez. ¡A otros podrías enviarlos a plantar iglesias y a cambiar naciones! Esto es vivir en el reino. Hacer discípulos en abundancia. ¡Algo digno de toda nuestra vida! Sea quien sea el que Dios te envíe, sé fiel en esa temporada y estate abierto a seguir participando de su vida.

Ora específicamente ahora mismo para que Dios ponga en tu camino a una o más personas a las que puedas ayudar a dar el siguiente paso. Pídele a Dios que te lo aclare mientras oras.

Cuando te encuentres con alguien, hay muchas formas de ayudarlo en su crecimiento. Todo el mundo tiene siempre una necesidad del momento. Haz preguntas sinceras para intentar discernir su situación actual: dónde está, cómo le va. ¿Qué puedes orar con esa persona? Tanto en lo espiritual como en cuestiones prácticas. A veces, la gente está dispuesta a abrirse solo después de que *tú* te hayas abierto y hayas demostrado sinceridad, o después de que hayas suplido una necesidad genuina en sus vidas. Sé paciente.

Siempre está bien ayudar a la gente a meterse en la Palabra. Lean juntos las Escrituras, algún libro (como este) o hablen de sus tiempos de quietud con el Señor. Pasen tiempo conversando sinceramente. Oren unos por otros. Compartan las alegrías y las cargas mutuas, aplicando la Palabra. En cualquier caso, intenta dar ejemplo de humildad, bondad, paciencia y generosidad amorosa. Y arrepentimiento. Pídele al Señor por cuestiones concretas. No trates de impresionar. Sé sincero pero audaz en la oración.

Puede que, a medida que conozcas a alguien, descubras que nunca ha creído de verdad en el evangelio para salvarse. En ese caso, puedes empezar a orar por esa persona, a contarle tu historia y, posiblemente, disfrutar de la emoción de verla recibir a Cristo.

O tal vez haya abrazado el evangelio, pero actualmente no adora en una buena iglesia local. Invítala a tu iglesia para que se siente contigo. O quizás nunca se bautizó. ¿No es esa una parte de la Gran Comisión? «Vayan [...] y hagan discípulos [...], bautizándolos» (Mat. 28:19). Puedes ser tú quien la anime a hablar con los dirigentes de su iglesia sobre el bautismo. No des por sentado que tiene un ejemplar de la Biblia con una traducción que pueda entender. Si no lo tiene, ¿qué mejor regalo para que aprenda más sobre Dios?

Pero no limites la formación de discípulos a un estudio bíblico de seis semanas en una iglesia. El proceso de enseñarle «a guardar todo lo que les he mandado» (Mat. 28:20) puede darse en los encuentros y conversaciones más comunes. En la cafetería. En el colegio. Después del entrenamiento deportivo. En la sala de descanso. En tu sala de estar. Durante meses e incluso años.

Deja que esa persona entre en tu vida y en tu mundo. Dale un ejemplo que valga la pena seguir. Enséñale cómo gestionas tu tiempo o cómo eliges mejores actividades y entretenimientos que honren al Señor y tu testimonio. Habla con ella sobre cómo manejas el dinero y tomas decisiones desde una perspectiva bíblica. Pregúntale si tiene alguna duda. Responde lo que puedas y busca en oración en la Palabra de Dios y en buenos consejos lo que no sepas.

Camina con humildad. Nada queda fuera del señorío. Él es Rey de todo. De todo lo que somos.

No, esto no es fácil. Se supone que nos cueste y que lleve tiempo. Es una inversión eterna y abarcará algunas partes de tu agenda que antes reservabas para cosas menores y más egoístas. Pero será emocionante, nuevo y merecerá absolutamente la pena. Aquí y en la eternidad.

No hay alegría comparable a ver a alguien enamorarse de Jesús y ser poderosamente moldeado a Su imagen. El apóstol Juan habló de los que había ganado para Cristo y dijo: «No tengo mayor gozo que este: oír que mis hijos andan en la verdad» (3 Jn. 4). De un hombre que caminó con Jesús y vio tantos milagros, ¡eso es mucho gozo!

Es la pasión y el premio del hacedor de discípulos.

Sea lo que sea que esperes de esto, será incluso mejor.

Padre celestial, haz de mí un discípulo que camina en integridad y hace discípulos de los demás. Dame el valor que necesito y hazme lo suficientemente humilde y vulnerable como para creer que puedes utilizarme. Me ofrezco a ti para la mayor aventura espiritual de todas, para tu gloria. Ayúdame a formar parte del cumplimiento de tu Gran Comisión, en el nombre de Jesús. Amén.

Para profundizar

Deuteronomio 6:4-7 • Salmo 145:4-7 • 3 Juan 2-4

52

Seguir a Jesús hasta el final

¿Qué hace falta para terminar bien como Su discípulo?

Y este evangelio del reino se predicará en todo el mundo como testimonio a todas las naciones, y entonces vendrá el fin (Mateo 24:14)

Primero, ¡ora para que Dios hable a tu corazón!

Al final de Su ministerio terrenal, después de entrenarlos durante tres años, Jesús dio Su Gran Comisión a once discípulos fieles que habían dejado a un lado todo obstáculo y estaban dispuestos a guiar fielmente a otros (Mat. 28:16). Es alentador que no los hubiera enviado al principio de Su ministerio a hacer «discípulos de todas las naciones» (v. 19) antes de que estuvieran preparados, antes de que comprendieran quién era Él, lo que Dios podía hacer a través de ellos o lo que significaba plenamente el discipulado.

Un discípulo es un *seguidor* devoto. Un *aprendiz* leal. Alguien que intencionadamente sigue de cerca e imita a su maestro, a su rabino. Cuando el rabino da un paso, su discípulo da un paso en la huella dejada atrás. Es una relación paso a paso. Los pies de un discípulo deben cubrirse con el polvo de las sandalias de su rabino.

Jesús modeló perfectamente el papel de maestro y rabino para Sus discípulos. No se limitó a invitarlos a seguir Sus palabras. Su invitación fue: «Vengan, síganme». *Caminen conmigo. Sigan lo que digo y lo que hago. Aprendan y crezcan mientras siguen mis pasos.*

Piensa en cómo esta sencilla comprensión del discipulado arroja luz sobre todo el ministerio de Jesús. Ahora Sus invitaciones tienen aún más sentido. ¿Qué pasos dio Jesús que luego les pidió a Sus discípulos que dieran?

En primer lugar, como Hijo de Dios en el cielo, Jesús renunció voluntariamente a Sus derechos eternos (Fil. 2:5-8), Su gloria divina (Juan 17:5), Su amada relación con Su Padre (v. 23) y todas Sus posesiones celestiales (2 Cor. 8:9), para poder obedecer a Su Padre, venir a la tierra y entregar Su vida por nosotros. Renunció a todo para hacer la voluntad de Su Padre. Todo por amor fiel a Él y a nosotros.

¿Qué invitó entonces Jesús a hacer a Sus discípulos? *Lo mismo.* Les pidió que se despojaran de cualquier estorbo que les impidiera seguirlo plenamente, incluidas sus posesiones (Luc. 14:33), sus relaciones e incluso sus propias vidas (v. 26), exactamente como Él había hecho antes de venir a la tierra.

Cuando dijo: «el Hijo del Hombre no vino para ser servido, sino para servir» (Mat. 20:28), los estaba desafiando simultáneamente a morir a su propia grandeza y a adoptar el papel de siervo.

Al dirigirse hacia la cruz y decir: «Si alguien quiere seguirme, niéguese a sí mismo, tome su cruz cada día y sígame» (Luc. 9:23), solo les estaba pidiendo que hicieran lo que Él ya había modelado para ellos.

Casi al final de Su tiempo con ellos, cuando supo que los había amado hasta el final y que pronto regresaría a Su Padre, Jesús lavó humildemente los pies de Sus discípulos, diciendo: «Si Yo, el Señor y el Maestro, les lavé los pies, ustedes también deben lavarse los pies unos a otros. Porque les he dado ejemplo, para que como Yo les he hecho, también ustedes lo hagan» (Juan 13:14-15).

Luego, cambió de marcha. Tras limpiarles el polvo de los pies que se les había pegado de su rabino, les reveló algo nuevo. No podían dar el siguiente paso con Él. «Adonde Yo voy, tú no me puedes seguir ahora, pero me seguirás después» (Juan 13:36). Al único lugar al que ellos (y nosotros) no podían seguirlo era a hacer lo que solo Él podía hacer: entregar Su vida como nuestro sustituto, para representarnos en Su papel de sumo sacerdote. Cuando Él fue crucificado, nosotros también lo fuimos, debido a Su representación. Cuando Él murió, nosotros morimos. Cuando fue sepultado, nosotros fuimos sepultados. Cuando resucitó, resucitamos con Él (Rom. 6:3-11).

Sin embargo, Él seguía discipulando a estos discípulos. En Su horrible sufrimiento, Jesús mostró cómo glorificar a Dios incluso durante épocas de gran dolor y persecución. Como escribió Pedro a los creyentes: «Porque para este propósito han sido llamados, pues también Cristo sufrió por ustedes, dejándoles ejemplo para que sigan Sus pasos» (1 Ped. 2:21).

Tras Su resurrección, Jesús dijo: «Como el Padre me ha enviado, así también Yo los envío» (Juan 20:21). Siguieron Su ejemplo y salieron, imitando Su ministerio: predicando amorosamente el evangelio de ciudad en ciudad por el poder del Espíritu

Santo, orando con fe, bautizando a los creyentes, supliendo las necesidades auténticas, realizando milagros y enseñando la Palabra de Dios.

Este es el camino del discípulo —paso a paso—, una forma mucho más eficaz, eficiente y agradable de formar a la gente que limitarse a hablarles desde la distancia. Las personas aprenden exponencialmente más rápido cuando la verdad que oyen está envuelta en una relación amorosa y en un ejemplo que pueden ver e imitar.

Jesús es para siempre nuestro rabino y maestro, el primer y principal ejemplo a seguir para cualquiera, pero nuestras vidas se convierten en Su herramienta de enseñanza cuando lo seguimos ante los demás. Como dijo Pablo: «Sean imitadores de mí, como también yo lo soy de Cristo» (1 Cor. 11:1). Donde Jesús guía, nosotros vamos. Donde Él pisa, nosotros pisamos. Lo que Él ama, nosotros lo amamos. Lo que Él odia, nosotros lo odiamos. Lo que Él dice, lo decimos nosotros. Como Él sirvió, nosotros servimos. Donde Su Palabra y Su Espíritu nos guían, nosotros lo seguimos. Entonces los demás nos siguen, igual que nosotros seguimos a Cristo.

Pero nosotros mismos debemos seguir plenamente a Jesús si pedimos a los demás que nos sigan.

Si eres nuevo en la fe, si no estás preparado para liderar espiritualmente, mantente centrado pacientemente en convertirte en Su discípulo durante esta temporada: esforzándote, dejándote enseñar, caminando en obediencia y abandonando cualquier pecado o estorbo que se interponga en tu camino. Sigue compartiendo tu historia y el evangelio, por supuesto, pero sigue permaneciendo en Él cada día, aprendiendo a obedecer Su Palabra y creciendo.

Llegará el momento. Te darás cuenta. Otros lo verán y lo confirmarán. Cuanto más te rindas y más fiel seas, más se derramará

Él a través de ti en los demás. Cada paso que des más cerca de Cristo, más pasos podrás ayudar a dar a los demás.

¿En qué punto de tu camino te encuentras? ¿Necesitas ser discipulado, o estás preparado para discipular a otros? ¿Hay algo en tu vida que te impida caminar de todo corazón con Jesús?

La Palabra de Dios dice: «Despojémonos también de todo peso y del pecado que tan fácilmente nos envuelve, y corramos con paciencia la carrera que tenemos por delante, puestos los ojos en Jesús, el autor y consumador de la fe, quien por el gozo puesto delante de Él soportó la cruz, despreciando la vergüenza, y se ha sentado a la diestra del trono de Dios» (Heb. 12:1-2).

Como discípulos suyos, un día seremos recompensados por cada gramo de dolor, sufrimiento o persecución que hayamos soportado por Su causa. Cada derecho temporal, posesión mundana o relación entorpecedora que dejemos por Cristo valdrá la pena en la eternidad. Debemos seguir buscándolo en oración y en Su Palabra, siempre dispuestos a servirlo mientras camina delante de nosotros y nos pastorea hacia delante.

Nuestro Dios nos ha dado todo lo que necesitamos para serle fieles (2 Ped. 1:3). Tenemos un ejemplo perfecto en nuestro Salvador, que nos ha reconciliado completamente con Dios. Tenemos un Padre amoroso que nos ha bendecido con toda bendición espiritual, incluido el acceso constante a Él en oración. Tenemos al Espíritu Santo como compañero, consuelo y ayuda constante. Tenemos una nueva identidad en Cristo como hijos amados de Dios. Tenemos la comunión y el apoyo de otros creyentes. Tenemos la misma herencia rica y eterna que Jesús. Él está a nuestro *favor*. Está *con* nosotros. Está *en* nosotros. Nunca nos dejará ni nos abandonará.

Este mundo es pasajero. La eternidad es la prioridad. Debemos adaptarnos en consecuencia. No pasará tanto tiempo antes de que estemos en casa con Él para siempre. Así que abracemos la vida de devotos discípulos. Desechemos cualquier obstáculo, corramos con resuelta resistencia y alcancemos intencionalmente a esta próxima generación para Cristo. La Gran Comisión se cumplirá mediante el discipulado, no solo mediante la evangelización. Debemos ayudar al cuerpo de Cristo a formar y enviar discípulos maduros a las naciones, que serán hallados fieles incluso en el fuego de la persecución.

Nuestra oración y esperanza es presentarnos ante el trono de Dios, revestidos de la justicia de Cristo y agradecidos por haber entregado nuestras vidas de todo corazón a Él y a Su digno nombre. Nos uniremos a los que entraron en la eternidad antes que nosotros, así como a los que entren después que nosotros, disfrutando juntos de nuestro Salvador, contemplando Su gloria para siempre… no solo paso a paso, sino cara a cara.

¿Te unirás a nosotros? Que así sea, Señor Jesús.

> *«Y a Aquel que es poderoso para guardarlos a ustedes sin caída y para presentarlos sin mancha en presencia de Su gloria con gran alegría, al único Dios nuestro Salvador, por medio de Jesucristo nuestro Señor, sea gloria, majestad, dominio y autoridad, antes de todo tiempo, y ahora y por todos los siglos. Amén» (Judas 24-25). ¡A Dios sea la gloria!*

La Gran Comisión

Acercándose Jesús, les dijo: «Toda autoridad me ha sido dada en el cielo y en la tierra. Vayan, pues, y hagan discípulos de todas las naciones, bautizándolos en el nombre del Padre y del Hijo y del Espíritu Santo, enseñándoles a guardar todo lo que les he mandado; y ¡recuerden! Yo estoy con ustedes todos los días, hasta el fin del mundo»
(Mateo 28:18-20)

La Palabra de Dios en mi vida

Deja que esta proclama te ayude a acercarte correctamente a la Palabra de Dios.

La Biblia es la Palabra de Dios.

Es santa, inerrante, infalible y completamente autorizada *(Proverbios 30:56, Juan 17:17, Salmo 119:89)*

Es útil para enseñar, para reprender, para corregir y para instruirme en justicia *(2 Timoteo 3:16)*

Me hace madurar y me prepara para estar listo para toda buena obra *(2 Timoteo 3:17)*

Es una lámpara a mis pies y una luz para mi camino *(Salmo 119:105)*

Me hace más sabio que mis enemigos *(Salmo 119:97-100)*

Me trae estabilidad durante las tormentas de la vida *(Mateo 7:24-27)*

Si creo en su verdad, seré libre *(Juan 8:32)*

Si la atesoro en mi corazón, estaré protegido en tiempos de tentación *(Salmo 199:11)*

Si permanezco en ella, me transformaré en un verdadero discípulo *(Juan 8:31)*

Si medito en ella, tendré éxito *(Josué 1:8)*

Si la guardo, seré recompensado y mi amor será perfeccionado *(Salmo 19:7-11, 1 Juan 2:5)*

Es la Palabra viva, poderosa y perspicaz de Dios *(Hebreos 4:12)*

Es la espada del Espíritu *(Efesios 6:17-21)*

Es más dulce que la miel y más deseable que el oro *(Salmo 19:10)*

Es indestructible y está firme en los cielos *(2 Corintios 13:7–8, Salmo 119:89)*

Es completamente cierta y no tiene error *(Juan 17:17, Tito 1:2)*

Es completamente veraz con respecto a Dios *(Romanos 3:4, Romanos 16:25, 27, Colosenses 1)*

Es completamente veraz con respecto al hombre *(Jeremías 17:9, Salmo 8:4–6)*

Es completamente veraz con respecto al pecado *(Romanos 3:23)*

Es completamente veraz con respecto a la salvación *(Hechos 4:12, Romanos 10:9)*

Es completamente veraz con respecto al cielo y al infierno *(Apocalipsis 21:8, Salmo 119:89)*

Señor, abre mis ojos para que pueda ver la verdad, y mis oídos para que pueda escucharla.
Abre mi corazón para recibirla por fe.
Renueva mi mente para conservarla en esperanza.
Doblega mi voluntad para que pueda vivirla con amor.
Recuérdame que soy responsable cuando la escucho.

Ayúdame a desear obedecer lo que dices en ella.
Transforma mi vida para poder conocerla.
Carga mi corazón para poder comunicarla.

Habla ahora, Señor.
Dame pasión para conocer y seguir tu voluntad.
Nada más. Nada menos. Ninguna otra cosa.

Cómo elegir una Iglesia

Dios quiere que Sus hijos participen de a una comunidad sólida de creyentes. Elegir la iglesia adecuada donde asistir es de vital importancia. Puede influir mucho en tu vida y en tu familia a largo plazo. Un cuerpo sólido de creyentes es una muestra del cielo. Una iglesia tóxica no debe ser tu hogar. No hay dos iglesias exactamente iguales. Tienen una amplia gama de estilos de liderazgo, enseñanza, música, culto y servicio. He aquí algunos consejos mientras buscas una iglesia donde echar raíces.

1. ORA PARA QUE DIOS TE GUÍE. Pídele que te dé sabiduría, discernimiento y dirección. Puede que vivas en una región sin opciones. Puede que sea ilegal seguir a Cristo en tu país. Pero Dios puede proporcionar cualquier cosa, en cualquier lugar, y suministrar incluso un pequeño grupo de creyentes genuinos para crecer en privado contigo. ¡Lee Hechos 2:42 y ora pidiendo ayuda!

2. HAZ TUS DEBERES. Si es posible, investiga su sitio *web*, examina sus creencias y busca señales de salud, crecimiento y vitalidad espiritual. Considera la posibilidad de visitar varias iglesias de tu zona hasta que encuentres una que se ajuste realmente a lo que necesitas y valoras.

3. BUSCA UNA IGLESIA BÍBLICAMENTE SÓLIDA. Únete a una iglesia que crea que Jesús es el Hijo de Dios y el único camino de salvación, y que la Biblia es la verdadera e

infalible Palabra de Dios. Si no estudian la Biblia o si afirman que otros libros religiosos son igual de verdaderos, vete.

4. BUSCA UNA IGLESIA UNIFICADA Y AMOROSA. Los verdaderos creyentes se distinguen por su amor. Todas las iglesias tendrán su parte de problemas mientras atienden a personas quebrantadas, pero si los líderes se pelean regularmente por cosas secundarias, probablemente sea mejor criar a tu familia en una iglesia diferente y unificada en otro lugar.

5. BUSCA UNA IGLESIA FRUCTÍFERA. Busca una iglesia en la que se comparta el evangelio y la gente se acerque a Cristo. Si nunca ves cambios de vida, bautismos o que se formen discípulos crecientes de Cristo, sigue buscando.

6. BUSCA UN LUGAR DONDE PUEDAS CRECER Y SERVIR. Una buena iglesia te ayudará a crecer espiritualmente. Escuchar la Palabra con regularidad, adorar y tener comunión con otros creyentes debería ser una experiencia muy edificante. También deberías poder encontrar formas de servir que te bendigan a ti y a las personas a las que sirves.

7. BUSCA UNA IGLESIA QUE ORE. Jesús dijo: «Mi casa será llamada casa de oración» (Mat. 21:13). Los verdaderos creyentes oran juntos con regularidad y ven respuestas a esas oraciones. Si la oración es una ocurrencia tardía en una iglesia y no hay respuestas, no es una buena señal.

8. SIGUE AL ESPÍRITU SANTO. Si varias iglesias enseñan la Biblia y marcan todas las casillas como buenas opciones, pero Dios te da paz sobre una y no sobre otras, confía en Él por la fe y sigue Su paz (Col. 3:15). Cuando encuentres una iglesia sólida, la búsqueda y la espera habrán valido la pena. ¡No te rindas!

Tablero de Oración

«Pidan, y se les dará; busquen, y hallarán; llamen, y se les abrirá» (Mateo 7:7)

Dios recompensa a aquellos que lo buscan. Conoce tu corazón, tus cargas y tus verdaderas necesidades, y te invita a buscarlo respecto a estas cosas como parte de tu fe creciente y de tu relación diaria con Él. Él es el Señor, y Sus respuestas y tiempos son siempre perfectos. Utiliza esta página para empezar a escribir tus necesidades más apremiantes. Luego, ora diariamente pidiendo Su ayuda «en el nombre de Jesús», y anota cuándo responde a esas oraciones. Deja que Sus respuestas fortalezcan tu fe mientras sigues esperando otras respuestas y buscándolo para cosas mayores.

Necesidades prácticas de la provisión e intervención de Dios

____

____

____

____

Decisiones que necesitan la sabiduría, la claridad y la dirección de Dios

____

____

____

____

Problemas y preocupaciones que necesitan la paz o la intervención de Dios

____

____

____

____

____

____

Problemas de relación que necesitan la guía y la gracia de Dios

____

____

____

____

____

____

Necesidades espirituales de revelación, dirección y cambio radical

____

____

____

____

____

____

Acerca de los Autores

ALEX KENDRICK es un consumado autor, actor y director de cine, cuyos créditos incluyen *Desafío a los gigantes, A prueba de fuego, Reto de valientes, Cuarto de guerra, Vencedor* y, más recientemente, *La forja*. Artista creativo con corazón de pastor, Alex habla internacionalmente sobre el poder del cine y el poder superador de Cristo. Él y su esposa Christina tienen seis hijos.

STEPHEN KENDRICK es escritor, conferenciante y productor cinematográfico apasionado por compartir la verdad y el amor de Jesús entre las naciones. Produce las películas de los hermanos Kendrick y ha coescrito (con Alex) éxitos de librería del *New York Times*: *El desafío del amor*, *La resolución para hombres* y *El plan de batalla para la oración*. Stephen es un conferenciante habitual sobre el matrimonio, la paternidad, el discipulado y la oración. Él y su esposa Jill tienen seis hijos.